나남출판 원고지

일본인 88인의 이야기

인물을 통해 알아보는 일본

나남
nanam

나남신서 2212

일본인 88인의 이야기

인물을 통해 알아보는 일본

2025년 10월 1일 발행
2025년 12월 5일 3쇄

지은이 김황식
발행자 趙相浩
발행처 ㈜나남
주소 10881 경기도 파주시 회동길 193
전화 (031) 955-4601(代)
FAX (031) 955-4555
등록 제 1-71호(1979.5.12)
홈페이지 http://www.nanam.net
전자우편 post@nanam.net

ISBN 978-89-300-4212-3
978-89-300-8655-4 (세트)

책값은 뒤표지에 있습니다.

일본인 88인의 이야기

인물을 통해 알아보는 일본

김황식 지음

나남
nanam

책머리에

일본은 우리의 이웃 나라이다. 양국은 애증이 교차하는 가운데 오랫동안 서로 교류하며 지내 왔다. 일본이 일찍이 한반도로부터 벼농사, 철기, 한자, 불교 등 다양한 문물을 전수받았고, 근세에는 서양문명을 먼저 받아들인 일본으로부터 한국이 이를 전수받는 등 서로 다양한 영향을 주고받았다.

정치적으로도 마찬가지였다. 4세기 일본에 성립된 야마토大和 정권은 한반도의 가야에 이어서 백제와 긴밀한 관계를 맺었고, 백제가 660년 나당 연합군에 패퇴하여 멸망하자 일본은 663년 원군을 보내 백제를 구원하고자 하였다. 하지만 백강구白江口 전투에서 대패하여 퇴각한 후 나당 연합군의 침공을 우려하여 정치적·군사적 대비를 강화하였다. 이를 주도한 천지 천황天皇이 사거死去한 후 그 후계를 둘러싼 내란(임신의 난)도 백제의 멸망과 부흥 노력과 무관치 않다.

13세기에는 고려를 종속시킨 몽골군이 고려군을 끌어들여 두 차례나 일본을 침공하였으나 마침 불어닥친 태풍 때문에 실패하였다. 고려의 삼별초군이 몽골에 항거하는 바람에 몽골군의 침공이 지연된 것도 실패의 한 원인이기도 하다. 당시 일본의 가마쿠라 막부는 몽골 침입을 운 좋게 막아냈지만 그 후유증으로 막을 내리게 되었다.

이어서 일본의 대마도 등에 근거를 둔 왜구들이 한반도 해안을 약탈하였고, 왜구 퇴치에 큰 활약을 하여 명성을 얻은 이성계는 고려를 멸망시키고 조선을 건국하였다. 조선은 1419년 왜구 퇴치를 위해 대마도를 침공하였다. 이 사건 후 대마도주 소씨宗氏가 조선과의 교섭에서 창구 역할을 하게 되었고, 이후 양국의 무역관계가 활발해졌다.

일본의 통일을 이룬 도요토미 히데요시는 1592년 조선을 침공하여 7년간 지속된 전쟁에서 양국에 막대한 피해를 입히고, 특히 조선인에게 일본에 대한 한을 품게 만들었다. 이 무모한 전쟁은 도요토미 정권의 힘을 약화시켜 세키가하라 전투를 거쳐 결국 도쿠가와 이에야스의 에도 막부를 탄생시켰다.

조선 침공에 거리를 두었던 도쿠가와 이에야스는 대마도주 소씨를 통해 조선과의 외교관계를 회복하였고, 조선은 에도 시대에 12차례나 조선통신사를 파견하고 일본 사회는 이에 열광하였다.

그러나 구미 열강의 아시아 진출에 대응하여 근대화에 앞선 일본에서는 정한론征韓論을 둘러싸고 정변이 발생할 지경에 이르렀고, 일본은 청일전쟁과 러일전쟁을 거쳐 결국 조선을 합병하기에 이르렀다. 이후 일본은 군국주의의 길로 나아가 중일전쟁과 태평양전쟁을 일으켰으나 패망하였다.

미국의 점령 통치를 받던 일본은 한국전쟁을 기회로 삼아 경제 회복을 시작하여 경제 대국으로 우뚝 서게 되었다. 1965년 국교를 수립한 양국은 자유민주주의와 시장 경제를 기반으로 인류 보편적 가치를 공유하며 교류 협력하는 우방이 되었으나, 한편으로는 과거사 문제 등이 말끔하게 해결되지 않고 남아 있다.

이처럼 한국과 일본은 우리가 생각하는 것보다 훨씬 더 큰 영향을 주고받는 관계였으며, 앞으로도 이러한 관계는 지속될 것이다. 인접한 나라의 지정학적 숙명이다.

그렇다면 우리는 일본과 일본인을 잘 알아야 할 필요가 있다. 특히 일본의 역사나 일본인의 삶을 들여다보면 다른 나라에서는 볼 수 없는 독특하고 흥미로운 점을 많이 발견할 수 있다. 배우고 참고해야 할 점과 그렇지 않아 멀리해야 할 점 등.

그러한 일본을 이해하기 위한 책들은 역사책 외에도 무수히 많다. 필자가 접한 책으로는 루스 베네딕트의《국화와 칼》, 이어령 선생의《축소지향의 일본인》, 시바 료타로의《일본, 일본인 탐구》, 사카이야 다이치의《일본을 만든 12인》, 가노 마사나오의《근대 일본의 사상가들》, 후지와라 마사히코의《대표적 일본인》, 우치무라 간조의《인물 일본사》, 태가트 머피의《일본의 굴레》 등이다.

그 가운데 일본을 이해하는 데 가장 유익하고 흥미 있었던 책은

《일본을 만든 12인》이었다. 이는 오늘의 일본이 있게 한 12인을 선정하여 그들의 행적을 통해 일본과 일본인의 특성을 이해하게 하는 책이었기 때문이다.

이 책을 계기로 일본에 어떤 사람들이 어떤 생각으로 살았으며, 그것들이 오늘의 일본에 어떤 영향을 주었는지를 살펴보는 것도 의미 있을 것 같아, 우선 88인을 선정하여 정리해 보았다. 88인에는 저자의 주관적 감정에 의해 선정된 인물도 포함되어 있으며, 특별한 선정 기준은 두지 않았다.

그리고 한 권의 책에 너무 많은 사람을 다루다 보니 피상적으로 소개할 수밖에 없어 출간하는 것이 주저되었으나, 가까운 지인들과 이웃 나라에 이런 사람들이 이러한 생각을 갖고 이렇게 살았다는 가벼운 이야기라도 나누는 가운데 조그마한 교훈이나 재미를 얻을 수 있으리라는 생각에 감히 이 책을 출간하게 되었다.

이 책의 출판을 선뜻 맡아주신 나남출판사 조상호 회장님과 정성을 다해 책 출간을 실무적으로 챙겨주신 신윤섭 상무에게 감사드린다.

2025년 여름

김황식

차례

5 책머리에

야마토·아스카 시대, 나라 시대

18 **쇼토쿠 태자** 새로운 제도와 사상을 도입하여 일본의 기틀을 만든 정치가
24 **덴지 천황** 소가씨를 몰아내고 대화개신의 개혁을 단행하다
28 **덴무 천황** 임신의 난으로 천황을 쟁취하고 강력한 천황 권력을 행사하다
31 **쇼무 천황** 불교의 힘으로 국태민안을 기원하여 도다이지를 건립하다
35 **교기** 불교 전파와 함께 사회사업에 열심이었던 승려

헤이안 시대

41 **간무 천황** 백제계 천황으로 천년 도읍 교토를 건설하다
45 **스가와라노 미치자네** 견당사 파견을 중단시키고, 사후 학문의 신으로 추앙받다
49 **후지와라노 미치나가** 헤이안 시대 귀족의 정점을 찍은 권력의 화신
53 **무라사키 시키부** 일본이 자랑하는 소설《겐지 이야기》작가
56 **시라카와 천황** 천황에서 물러난 뒤에도 43년간 원정을 펼치다
59 **다이라노 기요모리** 헤이시가 아니면 사람이 아니라 할 정도로 헤이시 전성시대를 열다

가마쿠라 · 무로마치 시대

66 미나모토노 요리토모 일본 최초의 막부, 가마쿠라 막부의 개설자

71 미나모토노 요시쓰네 일본인의 사랑을 받는 비운의 무장

75 호조 마사코 가마쿠라 막부의 버팀목이 된 여걸

79 고다이고 천황 막부를 폐하고 천황 중심의 정치를 꿈꾸었던 천황

83 아시카가 다카우지 교토에 무로마치 막부를 개설하여 쇼군이 되다

86 아시카가 요시미쓰 무로마치 막부를 안정시켜 남북조 시대를 끝낸 3대 쇼군

90 아시카가 요시마사 '오닌의 난'을 야기하여 막부를 쇠락의 길로 이끈 쇼군

전국 · 아즈치 모모야마 시대

97 다케다 신겐 가이의 호랑이, 병사로 오다에게 천하 통일의 기회를 주다

104 오다 노부나가 천하 통일을 꿈꾸었던 개혁 무장

112 도요토미 히데요시 흙수저 출신으로 일본 통일을 이룬 과대망상의 무장

117 센 리큐 일본 다도를 완성시킨 도요토미 히데요시의 차 스승

120 이시다 미쓰나리 세키가하라 전투를 기획, 이에야스와 대결했던 히데요시의 심복

에도 시대

127 도쿠가와 이에야스 전략과 인내로 천하 통일을 이루어 에도 막부를 개설한 쇼군

138 도쿠가와 이에미쓰 에도 막부의 전국 지배를 공고히 한 3대 쇼군

142 미야모토 무사시 무적을 자랑하는 전설적 검객

145 나카에 도주 오미의 성인으로 추앙받는 양명학의 원조

149 아마쿠사 시로 시마바라의 난을 이끈 17세 미소년 크리스천

152 마쓰오 바쇼 하이쿠를 고급 예술로 승화시켜 국민문학으로 만든 시인

156 도쿠가와 쓰나요시 학문과 함께 동물을 지나치게 좋아한 괴짜 '개 쇼군'

159 도쿠가와 요시무네 교호개혁으로 막부를 구한 '쌀 쇼군'
162 이시다 바이간 상도를 확립하고 상인의 이익 추구를 정당화한 생활 철학자
166 우에스기 요잔 케네디 대통령이 존경한 일본인, 뛰어난 다이묘
169 마쓰다이라 사다노부 간세이 개혁을 이끈 청렴한 로주
172 니노미야 손토쿠 새로운 발상으로 지역 재건 사업을 성공시킨 농정 사상가
175 미즈노 다다쿠니 실패로 끝난 덴포 개혁을 주도한 로주
178 히라가 겐나이 다양한 재능을 보인 팔방미인의 선구적 난학자
181 이노 다다타카 걸어서 일본 지도를 만든 집념의 천문학자이자 측량가
185 가쓰시카 호쿠사이 일본이 세계에 자랑하고, 세계가 극찬하는 우키요에 화가
189 스기타 겐파쿠 번역서 〈해체신서〉를 발간해 난학 발전의 길을 열다
192 오시오 헤이하치로 가난한 백성을 위해 난을 일으킨 전직 관리

막말 · 메이지 유신 이전

197 이이 나오스케 에도 말기 정치적 혼란기에 강단 있게 일하다가 암살된 대로
200 요시다 쇼인 메이지 유신을 이끈 제자들을 길러낸
'송하촌숙'의 개설자이자 정한론자
203 가쓰 가이슈 막부의 협상 대표로서 에도를 전화에서 구한 막신
206 사카모토 료마 삿초동맹을 성사시켜 새로운 시대의 막을 연 풍운아
210 도쿠가와 요시노부 대정봉환으로 일본의 분열을 막은 에도 막부의 마지막 쇼군
214 곤도 이사미 막부 보호를 명목으로 조직된 준사법 조직 '신선조'의 수장
218 이와쿠라 도모미 메이지 정부를 수립한 주역이자 이와쿠라 사절단을 이끈 정치가
221 에토 신페이 근대적 사법제도 확립에 공헌, 반란으로 처형된 불운의 정치인
224 사이고 다카모리 유신의 주역이면서도 메이지 정부를 향해 반란을 일으킨
마지막 사무라이
228 오쿠보 도시미치 새로운 일본을 설계한 유신 정부의 핵심
232 기도 다카요시 문무를 겸비한 조슈번 출신으로 유신3걸의 일인

메이지 시대와 그 이후

238 메이지 천황 일본 근대화의 시작인 메이지 시대를 연 천황
243 후쿠자와 유키치 학문적·사상적으로 일본 근대화를 뒷받침한 계몽 사상가
247 이토 히로부미 일본 근대화를 이끈 정치가이자 한국 침략의 설계자
252 이타가키 다이스케 국민의 자유와 권리를 위해 노력한 정당 정치가
255 오쿠마 시게노부 일본 최초 정당 내각의 총리이자 와세다대학을 건립한 교육자
259 시부사와 에이이치 일본 자본주의의 아버지
263 이와사키 야타로 메이지 시대에 등장한 재벌 기업 미쓰비시의 창업자
266 무쓰 무네미쓰 불평등 조약을 개선한 일본 외교의 선구자
269 고무라 주타로 관세 자주권을 확보하여 불평등 조약을 개선한 외교관
272 시바 고로 의화단 공격에 용맹하게 맞서 일본의 국익에 기여한 무관
275 도고 헤이하치로 러일전쟁을 승리로 이끈 일본 해군의 영웅
278 다나카 쇼조 공해 피해자를 위해 투쟁했던 일본 최초의 환경운동가
281 요시노 사쿠조 다이쇼 데모크라시를 대표하는 정치학자이자 사상 운동가
285 니토베 이나조 《무사도》를 저술하여 일본을 알리고 국제연맹 사무차장을 지낸 세계인
288 이누카이 쓰요시 폭주하는 군부에 맞서 헌정을 유지하려다 암살당한 비운의 정치인
292 우치무라 간조 무교회주의적 기독교 신앙을 추구했던 기독교 사상가
295 노구치 히데요 세균학 연구에 목숨을 걸었던 세균학자
298 나쓰메 소세키 일본 문학의 아버지로 불리는 대문호
302 히구치 이치요 25세에 요절한 천재 여성 소설가
305 이시카와 다쿠보쿠 26세에 요절한 일본의 국민 시인
308 아쿠타가와 류노스케 일본 유명 문학상 아쿠타가와상의 원천인 작가
311 미야자와 겐지 〈은하철도의 밤〉을 쓴 순결한 영혼의 동화 작가
314 쓰다 우메코 7세에 미국 유학을 한 일본 여성 교육의 선구자

317 요사노 아키코 여성의 자립과 연애의 자유를 주장한 정열의 가인
320 히라쓰카 라이초 '원래 여성은 실로 태양이었다'고 주장한 일본 페미니즘의 원조
323 이치카와 후사에 여성 참정권 도입의 최고 공로자, 평화 운동가
326 스기하라 지우네 유대인 6천 명의 목숨을 구한 일본판 오스카 쉰들러
330 도고 시게노리 외무대신을 두 번 지내고 전범으로 몰려 옥사한 한국계 일본인
334 유카와 히데키 일본인의 사기를 드높여준 일본 최초의 노벨상 수상자
337 요시다 시게루 전후 일본을 재건한 보수 본류의 시조 격 정치인
340 마쓰시타 고노스케 일본식 경영방식과 철학을 창출한 경영의 신
345 이케다 하야토 소득배증계획의 성공적 실천으로 일본을 경제대국으로 이끈 총리
350 엔도 슈사쿠 "인간이 이렇게도 슬픈데, 주여! 바다가 너무나 푸릅니다"의 작가
353 이나모리 가즈오 '경영의 신'으로 불리는 교세라 창업자, 우장춘 박사의 사위
357 무라카미 하루키 현대 일본을 대표하는 베스트셀러 작가로 강력한 노벨 문학상 후보자
362 오타니 쇼헤이 실력과 인품으로 일본의 자긍심을 높이고 있는 '이도류' 야구 선수

야마토·아스카 시대,
나라 시대

야마토 정권은 3세기 말부터 7세기 중반까지 일본 열도에 존재했던 고대 지배체제로, 야마토(지금의 나라현) 지역의 호족들이 대왕大王(오키미, 현재의 천황)을 중심으로 만든 연합정권이었다. 차츰 동북 지방과 규슈 지방까지 세력을 확장하며 훗날 일본 국가의 전신으로 평가된다.

이 시기 전반에는 권력자의 무덤인 고분古墳(거대 분묘)이 많이 만들어져 '고분 시대'라고 불린다. 야마토 정권의 대왕의 후손이 오늘날의 천황으로 이어졌다. 6세기 이후 정권의 중심지가 아스카로 옮겨지면서, 수도를 다시 헤이조쿄平城京로 옮긴 710년까지의 시기를 '아스카 시대'라고 부른다. 이 시기는 국제적으로 한반도와 중국의 영향을 받아 최초로 국가의 기틀을 다지는 시기였으며, 특히 한반도와의 관계가 일본 정치에 큰 영향을 미쳤다. 국내적으로는 대왕 세력과 호족 세력 간 권력 다툼이 심했으나, 차츰 대왕 권력이 강화되면서 중앙집권적 율령국가로 발전해 나가는 과정이었다.

나라奈良 시대는 수도를 헤이조쿄(지금의 나라)로 옮긴 710년부터 다시 헤이안쿄平安京(지금의 교토)로 수도를 옮긴 794년까지 70여 년 동안의 시대를 가리킨다. 그러나 수도의 위치만으로 한정하지 않고, 사회·문화사적 관점에서 7세기 말부터 9세기 초까지 약 1세기를 나라 시대로 보기도 한다.

이 시기에는 천황을 중심으로 하는 중앙집권적 율령 정치 체제가 완성되었다. 정치적으로 호족인 후지와라씨 세력과 황족들이 다투며 번갈아 정권을 담당하였으며, 천황들은 불교를 깊이 신앙하였기 때문에 불교 세력이 정치에 개입하였다. 토지 공유公有의 원칙이 무너지며 귀족과 사찰의 사유지가 확대되었고 장원莊園이 등장하기 시작했다. 문화적으로는 대륙

문화의 영향을 강하게 받았으며, 거국적 사찰 및 불상 건립의 대사업이 추진되었다. 이로 인해 국가 재정이나 백성들의 생활은 큰 어려움을 겪기도 했다.

쇼토쿠 태자

聖德 太子(574~622)

새로운 제도와 사상을 도입하여
일본의 기틀을 만든 정치가

쇼토쿠 태자는 아스카 시대의 왕족이자 정치가였다. 요메이用明 천황(재위 585~587)의 차남으로 본인은 천황이 되지 못하고 숙모인 스이코推古 천황의 치세에서 섭정(천황을 대신하여 정치를 하는 직)을 맡아 호족 소가노 우마코蘇我馬子와 협력하여 국정을 이끌었다. '관위 십이계冠位十二階', '17조 헌법'을 제정하여 일본 정치 체제를 확립하고, 중국에 사신을 파견하여 새로운 사상이나 제도를 도입하는 한편, 많은 사원을 건립하여 불교를 널리 보급하고 융성하게 한 인물이다. 동시에 열 사람과 대화를 나눌 수 있었다는 전설이 있을 만큼 뛰어난 재능의 천재로 추앙받으며 일본인이 자랑하고 사랑하는 인물이다.

***

한반도로부터 538년 불교가 일본에 전래되었고, 이와 함께 건축, 공예, 토지 개량, 의료 기술 등도 들어왔다. 이처럼 불교와 우수한 문화와 기술을 갖고 한반도에서 건너온 사람(도래인 또는 귀화인) 중 상당수가 호족 세력을 형성하며 일본 사회에 큰 영향을 주었다.

6세기 중엽, 야마토 조정大和朝廷에서는 불교를 둘러싸고 권력 분쟁이 발생하였다. 불교 숭배파 소가씨蘇我氏와 불교 배척파인 모노노베씨物部氏 사이의 대립이었다. 양 세력 간의 대논쟁이 진행되던 중 비다쓰敏達 천황이 죽고 요메이 천황이 즉위했다. 요메이 천황은 비다쓰 천황의 동생이자 쇼토쿠 태자의 아버지이다. 요메이 천황이 재위 1년 8개월 만에 죽자 후임 천황 선정을 둘러싸고 양 진영 사이에 분쟁이 더 커졌다. 일본 전통의 신을 숭상하는 모노노베씨와 이를 지지하는 호족들과, 불교를 국교로 삼으려는 소가씨를 중심으로 한 귀화인 세력 및 이를 지지하는 호족들 사이에 전쟁이 발발하였다. 숭불파는 신권정치보다도 새로운 기술이나 사회제도에 의한 문명적 진보를 원했다.

쇼토쿠 태자는 소가씨 측에 가담하여 전쟁에서 승리를 거두었다. 소가씨 측이 스슌崇峻 천황을 옹립했으나 스슌 천황은 정치적 고민에 빠졌다. 아마테라스(일본 신도의 태양신, 천황가의 시조 신격)의 자손인 초대 진무神武 천황의 후예로만 천황이 승계되는 신도神道 신화는 불교, 유교나 도교의 교리와 맞지 않기 때문이다. 특히 함께 전래된 역성혁명易姓革命 사상은 신도 사상과 충돌하였다. 천황가의 위기라 할 만했다.

결국 스슌 천황은 불교 배척 입장에 서게 되었다. 이를 용납하지 않은 소가노 우마코蘇我馬子는 스슌 천황을 암살해 버렸다. 이는 소가씨 세력이 얼마만큼 막강했는지를 보여준다. 일본 역사상 천황이 암살된 두 케이스 중 하나였다.

후임 천황으로는 쇼토쿠 태자의 숙모인 스이코 천황이 추대되었다. 천황가와 소가씨의 타협의 결과였다. 종교 문제 등 해결할 일이 많은 이때에 천황가 출신 쇼토쿠 태자가 593년 섭정으로 등장하였다.

쇼토쿠 태자는 열렬한 불교 신자였다. 법화경 등 불교 경전을 연구·전파하고 불상을 제작하거나 호류지法隆寺 등을 건립하여 당시 일본 불교의 최고 권위자가 되었다. 그러나 옛날부터 전해온 일본의 신을 부정하지 아니하고, 즉 신도神道를 배척하지 않고 '경신敬神의 조詔'를 반포하기도 하였다. 신도를 이해하고 후원한 것이다. 이것은 일본인의 종교관을 결정하는 중요한 계기가 되었다. 개인적으로는 불교 신자이지만 정치인으로서는 천황가의 일원으로서 신도를 보호할 수밖에 없었던 것이다. 이 모순적 상황을 해결하기 위한 것이 신·불·유神·佛·儒 습합사상習合思想이다.

이것은 일본 토착 종교인 신도, 인도에서 만들어져 한반도를 거쳐 일본에 전래된 불교, 중국에서 발생하여 일본에 전래된 생활규범적 도덕률인 유교를 서로 배척하지 아니하고 절충·조화시켜 받아들이는 것이었다. 동일인이 3개의 종교로부터 좋은 점만을 받아들이고 나머지는 배척하는 것이 허용되는 체계이다.

그래서 일본에서는 기독교의 구교와 신교 간이나, 기독교와 이슬람교 간에서와 같은 종교 간의 대립, 종교 전쟁 등은 발생하지 않는다. 다만 쇼토쿠 태자 시대 불교와 관련하여 소가·모노노베 간의 싸움이 유일하고, 그 이후에는 새로운 종교가 유입되어도 절충하고 조화되어야 할 대상이 하나 늘어나는 것에 불과하였다. 이처럼 다른 나라와는 달리 일본은 새로운 종교가 유입되더라도 신·구 종교 간의 대립이나 전쟁이 생기지 않고 조화를 이루는 국가가 된 것이다. 물론 일본에서도 외래 종교를 핍박하거나 금지하는 일은 있었지만, 이는 정권을 유지하기 위한 조치였지, 종교 간의 대립은 아니었다.

이와 같은 발상은 일본인들이 종교뿐 아니라 외국의 문화나 기술을 받아들여 조화롭게 활용하는 데까지 영향을 미쳤다. 크리스마스를 즐기고, 결혼식은 교회에서, 장례식은 절에서, 신년에 복을 비는 것은 신사에서 하는 것이 이상하지 않은 일이다. 또한, 메이지 시대에 서양 문명을 받아들일 때에도 우수한 기계 기술은 적극 수용해 철도나 통신망을 설치하고, 의회·교육·징병 제도는 도입했지만, 서양의 자유사상이나 가족제도는 받아들이지 않은 것도 마찬가지이다. 이른바 '화혼양재和魂洋才'이다. 새로운 문화가 들어와도 고래의 문화를 즉각 버리는 것이 아니라 시간을 두고 생각하며 처리해 나가는 식이다. 그리고 도입한 제도나 기술을 더 뛰어나게 발전시켜 원래의 것을 뛰어넘는 경우가 많았다. 그 출발점이 바로 쇼토쿠 태자의 습합사상이었다.

정치적으로 쇼토쿠 태자는 '17조 헌법'과 '관위 십이계'를 제정하는 등 국가 제도를 정비하여 일본을 호족 지배 국가로부터 관료제도의 국가로 변화시키고자 노력하였다. 당시 호족들은 사유지와 사유민을 갖고, 일족마다 성姓(카바네)이라는 칭호가 부여되어 재무, 제사, 군사 등의 직무를 분담하였다. 그러나 이러한 씨성氏姓 제도에서는 유능한 인재를 적재적소에 활용할 수 없다고 생각한 쇼토쿠 태자는 개혁 작업에 나섰다. 공직을 12개로 나누어 집안이 아니라 능력에 따라 인재를 등용하고, 관冠의 색깔로 계급을 구분하였다. 일본 관료제도의 출발이었다. 그러나 소가씨 등 호족 세력의 영향으로 천황 중심의 중앙집권 국가 체제 확립은 쉽지 않았다.

17조 헌법은, 화和를 귀히 여겨 서로 협력할 것(1조), 불교를 신봉할 것(2조), 천황의 명령을 따를 것(3조) 등 공직자가 지켜야 할 도리 및 국가 운영의 기본원리를 규정하였다. 일본 최초의 성문법인 셈이었다.

또, 쇼토쿠 태자는 수나라에 사신[遣隋使]을 보내 새로운 사상이나 제도를 도입하였다. 견수사의 대표 인물이 607년 파견된 오노노 이모코小野妹子이다. 그가 소지한 국서는 "해 뜨는 나라의 천자가 해 지는 나라의 천자에게 보낸다"라는 도발적 문구를 담고 있었다. 당시 일본이 독립적이고 대등한 국가임을 보여주기 위함이었다. 이를 받은 수양제隋煬帝는 노발대발하였으나, 마침 수나라가 고구려와 전쟁 중이어서 일본을 적으로 돌리지 않기 위하여 참고 우호 관계를 맺었다.

이모코는 608년 다시 견수사로서 일본 유학생들을 데리고 수나라로 건너갔다. 수나라로부터 학문과 제도가 수입되고 교역도 확대되었다. 이모코는 609년 귀국하여 관위 12계의 최고직까지 승진하였다. 목숨을 걸고 바다를 건너야 했던 시대임을 감안하면 본인의 임무에 충실한 공직자의 자세를 보여준 인물이다.

1958년에 일본에서 발행된 1만 엔권 지폐.
오른쪽에 위치한 쇼토쿠 태자의 초상.

쇼토쿠 태자는 일본 역사에서 영향력 면에 있어서 열 손가락 안에 드는 중요한 인물이다. 그의 행적은 정치·외교뿐만 아니라 종교·문화에도 깊은 영향을 미쳤다. 또한 오늘날 일본 사회에까지 여전히 큰 영향을 미치고 있다. 1958년 일본 지폐 1만 엔권에 그의 초상이 등장한 것도 그 때문일 것이다.

덴지 천황

天智 天皇(626~671)

소가씨를 몰아내고
대화개신大化改新의 개혁을 단행하다

덴지 천황(재위 668~671)은 황자皇子 시절인 645년 귀족인 나카토미노 가마타리中臣鎌足와 협력하여 당시 야마토 조정에서 천황을 뛰어넘는 강력한 권력을 행사하던 호족 세력인 소가씨를 '을사乙巳의 변變'으로 불리는 일종의 쿠데타를 통해 몰아내고 이후 천황 중심의 정치 체제를 구축하기 위한 정치 개혁인 대화개신大化改新을 단행하였다. 663년에는 백제 부흥을 위해 나당 연합군과 백제 땅 백강에서 싸웠으나 패배하였고, 그들의 공격에 대비하여 각종 방비책을 강구하는 한편 법령 및 호적 정비 등을 통해 천황 중심의 국가 체제 확립에 힘썼다.

＊＊＊

쇼토쿠 태자가 죽은 뒤 조정 권력은 소가노 우마코蘇我馬子로부터 소가노 에미시蘇我蝦夷, 소가노 이루카蘇我入鹿로 승계되며 소가 가문에 집중되었다. 쇼토쿠 태자와 소가노 우마코는 협력 관계였으나 두 사람이 죽은 뒤 다음 세대는 대립하였다. 쇼토쿠 태자의 아들 야마시로는 우마코의 손자인 소가노 이루카에 의해 살해되었다. 이처럼 소가씨 세력은 막강해졌다.

이에 반감을 품은 나카노오에中大兄 황자(덴지 천황)와 그의 측근인 나카토미노 가마타리中臣鎌足는 645년 한반도에서 온 외교 사절과의 연회 자리에서 소가노 이루카를 살해하였고, 이 소식을 들은 소가노 에미시는 자기 집에 불을 질러 자살하였다. 이것이 '을사의 변'이다. 이로써 소가 가문의 세력은 급속히 쇠퇴하였다.

나카노오에가 이루카를 암살할 당시의 천황은 나카노오에의 어머니인 고교쿠皇極였다. 당시 사건 현장에 있었던 고교쿠 천황이 충격을 받고 천황 자리에서 물러나자, 삼촌인 가루輕 황자를 고토쿠孝德 천황으로 추대하고, 도읍을 소가씨의 세력권이었던 아스카에서 나니와궁難波宮으로 이전하였다. 고토쿠 천황이 죽자 고교쿠 천황이었던 사이메이齊明 천황을 다시 추대하고 나카노오에는 황태자로서 개혁 정책을 추진하였다. 소가씨 추종 세력들은 차례로 제거되었고 천황가는 권력의 중심으로 등장하였다.

나카노오에는 당시까지 지방 호족들의 사실상 연합왕국이었던 야마토를 중앙집권국가로 만들고자 하였다. 이에 따라, 토지와 인민을 천황에게 귀속시키는 공지공민제와 농민에게 농지를 경작케 하여 세금을 징수하는 반전수수법班田收授法을 시행하고자 하였다. 그러나 천황의 권력이 아직 확립되지 않아 호족들의 땅을 빼앗을 수 없어 개혁은 순조롭게 진행되지 않았다.

그렇지만 당나라의 제도를 본받아 법령 및 호적 제도를 정비하는 등 중앙집권 국가 체제를 위한 각종 개혁이 단행되었다. 이러한 일련의 과정이 대화개신이다.

사이메이 천황의 두 번째 치세 동안 주목할 만한 사건은 백제의 멸망과 백제 구원의 노력이다. 사이메이 천황은 660년 나당 연합군의 침공을 받은 백제의 구원 요청을 받고, 661년 백제로 구원병을 파병하기로 결정하였다. 사이메이 천황과 나카노오에는 함께 규슈 쓰쿠시筑紫까지 가서 전쟁을 지휘하였다. 그러나 사이메이 천황은 쓰쿠시에서 사망하였고, 백제에 보냈던 구원군도 663년 백강 전투에서 나당 연합군에 대패하였다.

신라의 보복 공격을 두려워한 나카노오에는 쓰쿠시에 수성水城을 쌓았으며, 백제 망명 장군의 지도 아래 다자이후大宰府 주변과 세토瀨戶 내해 연안, 야마토 지역에 오노성大野城·기이성基肄城 등을 쌓았다. 더하여 대마도對馬·이키壹岐·규슈 북부에 봉화를 설치했고, 규슈 북부를 중심으로 하는 서해의 경비를 위해 수비대防人를 배치하였다. 이와 함께 도읍을 오미近江의 오쓰노미야大津宮로 옮겨 방위에 힘쓰면서 호족 간 융화를 꾀하고 국내 제도 정비에 힘을 쏟았다. 또한 이때까지 칭제稱制 형식으로 국정을 지휘하며 즉위식을 미루어오던 나카노오에는 668년 덴지 천황으로 즉위하였다.

670년에는 전국적으로 새로운 호적(경오년적)을 만들고 671년에는 최초의 율령법전인 오미령近江令을 시행하여 국가 체제 정비에 힘을 쏟았다. 덴지 천황은 오랫동안 자신을 도왔던 가마타리의 공적을 기려 최고의 관위와 함께 후지와라藤原라는 성을 하사하였다. 이후 후지와라 가문은 수많은 황후를 배출하여 조정 내에서 큰 권력을 가진 명문가로 발전하였다.

덴지 천황은 오랫동안 천황이 아닌 황자의 지위에서, 천황이 되는 것을 미루면서도, 실질적으로 대화개신의 개혁 정책을 강력하게 추진하였다. 특히 대화개신은 천황의 지위와 권력이 불안정했던 일본 역사에서 천황 중심의 중앙집권 정치 체제를 이루려 하였다는 점에서 중요한 개혁이다. 당시 천황이라는 칭호 대신 오키미大王라는 명칭이 사용되었으나, 대화개신 이후 천황天皇이라는 칭호가 오키미와 병용되기 시작하였다. 일본 역사 최초로 연호 '대화大化'가 사용된 것도 이 시기이다. 우리나라와의 관계에서 덴지 천황은 백제의 부흥을 위하여 노력한 천황이었다.

덴무 천황

天武 天皇(?~686)

임신壬申의 난으로 천황을 쟁취하고
강력한 천황 권력을 행사하다

덴무 천황(재위 673~686년)은 덴지 천황의 동생으로 덴지 천황의 아들인 오토모大友 황자와의 후계 싸움(임신의 난)에서 승리하여 천황이 되었다. 천황이 된 후 형 덴지 천황과 마찬가지로 천황 중심의 정치 체제를 정비하였다. 《고사기古事記》와 《일본서기日本書紀》를 편찬할 것을 명하였고, 아내인 지토持統 천황이 황위를 승계하여 부부가 모두 천황이 되었다. '일본'이라는 국호와 '천황'이라는 명칭도 이 시기부터 본격적으로 사용되기 시작하였다.

***

660년대 후반, 수도를 오미近江로 옮긴 덴지 천황은 원래 같은 어머니에게서 태어난 동생 오아마大海人 황자를 황태제로 세웠지만, 671년 아들 오토모 황자를 태정대신太政大臣(현 국무총리에 해당하는 직책)으로 삼고 그에게 정권을 승계할 의사를 보였다. 그 뒤 덴지 천황은 병에 걸리자, 오아마는 형인 덴지 천황에게 오토모를 황태자로 삼을 것을 권하면서 스스로 출가를 청해 요시노노미야吉野宮(지금의 나라현 요시노)로 떠나갔다. 조카와 천황 자리를 둘러싸고 분쟁이 생겨 자신의 목숨이 위태로울 수 있다는 우려 때문이었다. 덴지 천황은 오아마의 청을 받아들였다.

덴지 천황은 672년 오미노미야에서 46세로 사망했다. 뒤를 이은 오토모는 덴지 천황의 태자이자 태정대신이었으나 당시 나이 24세로 정치적 경험이 부족했다. 이에 오아마는 지방 호족들의 협조를 얻어 군사를 일으켰다. 그는 오미 조정군과 벌인 전투에서 승리를 거듭하였고, 세타瀨田 다리의 싸움에서 오미 조정군을 대패시켰다. 결국 오토모 황자는 자결하였고, 난은 막을 내렸다. 이것이 '임신의 난'이다. 이 난은 고대 일본사 최대의 내란으로, 일본 역사에서는 예외적이게도 반란을 일으킨 측이 승리한 사례였다.

이 난에서 승리한 오아마는 673년 새로 완성된 아스카기요미하라飛鳥浄御原 궁에서 천황으로 즉위하였다. 이 사람이 덴무 천황이다.

덴무 천황은 호족 위에 군림하는 황족 우위 정치를 시작하여 호족들이 갖고 있던 사유지, 사유민을 빼앗아 숙원이었던 공지공민제公地公民制를 실현하였다. 수도는 오미에서 다시 아스카로 옮겼다. 또한 난의 공로자에 대한 논공행상과 질서 회복을 위해 종래의 신분질서를 폐지하고, 황족을 최상위에 둔 새로운 체제를 확립하였다. 그는 호족보다 황족을 상위에 두는 '8색色의 성姓'을 만들어 호족들을 지배하였다. 부본전富本錢이라는 화폐를 발행하고, 복제 및 관위제도를 개정하는 등, 덴무 천황은 형 덴지 천황보다 더 강력하게 중앙집권화를 추진하였다. '천황天皇'과 '일본'이라는 호칭을 공식적으로 사용하기 시작한 것도 이때이다.

또한 일본 역사를 정리하는 작업을 시작하였다. 이는 천황가가 신의 자손임을 내세워 천황의 권위를 높이고 지배를 정당화하기 위함이었다. 그 결과물인《고사기》와《일본서기》는 그의 사후인 712년과 720년에 각각 완성되었다. 이러한 편찬 의도 때문에 사실과 다르거나 왜곡된 내용이 많은 역사서들이다.

그가 686년에 죽자 황후가 지토持統 천황으로 황위를 승계하였다. 지토 천황은 남편이 계획했던 율령국가 완성에 힘을 쏟고, 22권으로 된 법령집[飛鳥浄御原令]을 편찬·시행하였다. 또한 일본 최초의 도성, 즉 중국식으로 성곽을 두른 계획도시인 후지와라쿄藤原京를 축조하는 등 남편의 업적을 잘 이어 나갔다.

덴무 천황은 천황 후계 싸움에서 목숨을 잃을 위험을 예견하고 출가까지 하며 물러섰다가 기회를 얻어 난을 일으켜 천황이 되는 지혜(?)를 발휘했다. 즉위 후에는 카리스마와 권력 집중을 통해 강력한 천황 통치를 보여준 능력 있는 천황이다. 그가 죽자 황후가 부창부수夫唱婦隨하듯 황위를 승계하여 업적을 이룬 것은 일본사에서 흥미로운 사례로 꼽힌다.

쇼무 천황

聖武 天皇(701~756)

불교의 힘으로 국태민안을 기원하여 도다이지를 건립하다

덴부 천황의 손자로 나라 시대를 대표하는 천황이다. 처 고묘光明 황후•와 함께 불교의 힘으로 나라를 지키고 평화로운 세상을 만들겠다는 생각으로 도다이지東大寺를 비롯하여 전국 각지에 사찰과 불상을 건립하고 불교를 전파하였다. 특히 9년에 걸쳐 752년에 건립된 도다이지의 대불은 세계 최대의 불상이다.

＊＊＊

겐메이元明 천황이 710년 나라奈良에 헤이조쿄••를 만들어 도읍을 옮겼다. 이후 도읍을 헤이안쿄로 옮길 때까지 80여 년간이 나라 시

• 귀족 출신인 고묘 황후는 황족이 아닌 여성이 황후가 된 최초의 사례이다. 황후는 훗날 '대리' 천황으로 즉위할 가능성이 있다는 이유로 반드시 황족 출신이어야 한다는 관습이 있었으므로, 고묘가 황후가 되는 과정에서 후지와라씨 측과 황족 나가야오(長屋王) 사이에 쟁투가 벌어져 결국 나가야오는 자살에 이르렀다.

•• 헤이조쿄는 남북의 길이가 5km 남짓으로 10만 명이 거주할 수 있는 규모였다. 지금 나라시 옛터에 복원 중이다. 중요한 의식이 행해지던 태극전은 2010년 천도 1300년을 기념하여 9층 높이의 건물로 복원되었다.

대•이다. 쇼무 천황은 나라 시대인 724년 즉위하였다. 아버지 몬무 천황이 사망할 때 7세에 불과했기 때문에 24세에 천황에 즉위할 때까지, 할머니 겐메이 천황과 고모 겐쇼元正 천황이 황위의 공백을 메웠다.

그는 지진 등 자연재해가 발생하고 역병(천연두)이 창궐하여 민생이 어려워지자, 부처의 힘을 빌려 국가를 재앙으로부터 보호한다[鎭護國家]는 생각으로 전국에 사찰과 불상을 세우도록 하였다. 743년에는 일본 곳곳에 새로운 사원을 설립하라는 칙령을 반포하여 고쿠분지國分寺 등 여러 사찰이 전국에 건립되고, 나라에는 그 총본산으로 도다이지가 건립되었다.

또한 황무지 개간을 장려하기 위한 법령[墾田永年私財法]을 제정하여 새로 개간한 토지의 개인 소유를 인정하였다. 이를 계기로 귀족이나 사찰, 신사가 농민을 동원해 황무지를 개간하면서 장원莊園이라고 불리는 대규모 사유지를 갖게 되었다. 그러나 이것은 율령국가 일본의 근간인 공지공민제의 붕괴를 초래하는 조치이기도 했다. 744년에는 나니와로 도읍을 옮기고 745년에는 시라카키쿄를 수도로 선포하였으나, 곧 다시 헤이조쿄로 환도하였다. 이는 역병과 자

• 나라 시대는 겐메이 천황이 710년 도읍을 헤이조쿄로 옮긴 후 다시 간무 천황이 헤이안쿄로 옮겨 헤이안 시대가 시작되기까지 80여 년간 지속되었다. 헤이조쿄는 지금 나라시에 있었으며, 헤이조궁은 지금 유네스코 문화유산으로 등록되었다. 후지와라씨와 그 밖의 유력 황족 등이 정쟁을 벌이며 번갈아 정권을 담당한 시기였다.

연재해를 피하기 위함이었다.

마침내 752년에는 도다이지에 대불(비로자나불)을 만들어 만여 명의 승려와 수천 명에 달하는 무희가 모인 가운데 대불에 혼을 불어넣는 성스러운 의식을 거행하였다. 당시 인도에서 건너온 한 승려가 직접 이 의식을 집전하였다. 16m 높이의 대불은 세계 최대의 불상으로 알려졌으며, 대불과 대불전 건립에는 당시 인구의 절반인 연 260만 명이 공양 등에 참여하였다.

현재의 대불전은 화재로 소실된 뒤, 1709년에 재건된 것이며, 원래보다 규모가 줄었지만 여전히 세계 최대의 목조 건물이다. 대불 역시 지진 등으로 수차례 부분적으로 파괴되어 다시 주조되었다. 현재 불상 손 부분은 아즈치 모모야마安土桃山 시대에, 머리 부분은 에도 시대에 만들어졌다.

쇼무 천황은 당나라에 사절을 보내 교류를 활발히 하였다. 그리하여 당나라의 영향을 받은 사찰이나 불상을 건립하였을 뿐만 아니라 공예품, 악기, 유리 제품 등도 전래되어 문화가 번성하게 하였다. 이렇게 형성된 당시의 귀족 문화를 쇼무 천황 시대의 연호를 따서 '덴표天平 문화'라고 부른다.

한편 쇼무 천황은 749년 딸이자 황태자였던 아베阿倍에게 천황 자리를 양위하고 출가하여 승려가 됨으로써 남자로서 태상천황이 된 최초의 사례이다.

또한 사후에는 그가 생전에 아끼던 덴표 시대의 많은 미술, 공예품

도다이지 쇼소인.
주로 일본 황실의 재산이 보관되어 있다.

등 유품들이 도다이지에 봉납되었는데, 그 일부가 오늘날까지 도다이지(사실상 황실)의 창고인 쇼소인正倉院에 보관되어 있다. 정창원에 소장된 물건들은 매년 그 일부가 봄, 가을에 잠깐 동안 외부에 공개되는데, 이때는 국내외에서 관람객이 구름같이 몰려든다.

쇼무 천황은 부처의 힘으로 국태민안을 이루겠다는 신념으로 수많은 사찰을 건립하는 가운데 도다이지와 대불을 만들어 오늘날 일본이 자랑하는 문화유산을 남겼다. 또한 경작지를 넓히기 위해 사유토지를 인정해주는 정책을 시행하고, 중국과 교류를 통해 문화를 진흥하는 등 적극적이고 부지런했던 천황으로 평가된다.

교기

行基(668~749)

불교 전파와 함께
사회사업에 열심이었던 승려

나라 시내의 승려로 전국 각지를 다니며 불교의 가르침을 전파할 뿐만 아니라 민중을 지도하여 교량, 제방, 도로 등을 만들고 세금을 운반하는 농민을 위한 휴게시설을 만드는 등 사회사업에도 열중하였다. 초기에는 그러한 활동이 조정에 의하여 금지되었으나 나중에는 허용되었으며, 조정이 펼치는 도다이지 대불 사업 등에도 적극적으로 협력하였다.

***

교기는 백제계 도래인의 후손이며, 불가에 입문한 이후 배운 스승들은 대부분 한반도 출신의 승려들이었다. 교기는 전국 각지를 걸어 다니며 민중에게 불교의 가르침을 전하는 한편, 교량, 제방, 우물, 저수지 등 지역에 필요한 시설을 만들도록 지도하였다. 또한 지방에서 수도로 세금을 운반하는 농민들의 편의를 위하여 식사나 휴식을 할 수 있는 공간이나 곤궁한 사람들을 위한 호시야布施屋(일종의 무료급식소)를 만들어 백성들을 보살폈다. 이러한 사회사업을 앞세운 교기의 불교 전파는 조정으로부터 민중을 선동하는 행위로 여겨졌고, 조정은 교기와 그의 제자들의 탁발托鉢을 비롯한 모든 활동을 금지하였다. 심지어 교기와 제자들을 체포해 감옥에 가두기도 하였다.

그러나 당시 조정의 승정직을 맡고 있던 승려 지연이나 의연 등은 교기의 활동을 "불우한 중생을 구제하고 불법佛法으로 이끄는 일이므로 단속할 것이 아니라 장려해야 한다"고 적극적으로 옹호하였다. 민중 사이에서 교기의 인기가 날로 높아져 추종자가 1천 명을 넘어가자, 조정도 이를 억제할 명분이나 힘이 없었다. 결국 교기의 활동이 반정부적 의도가 아니고 오히려 정부 정책과 부합한다는 사실을 확인한 조정은 방침을 바꾸어 그의 활동을 허용하였다.

더 나아가 쇼무 천황이 도다이지의 비로자나 대불을 만드는 데 협조해줄 것을 요청하자, 76세의 교기는 제자들과 함께 전국을 돌며 대불 완성을 위한 모금 활동을 벌였다. 745년, 78세의 나이로 그는 대불 공사에 크게 기여한 공로로 대승정에 올랐다. 당시 일본의 승직으로서 최고위에 해당하는 지위였다.

한편 대불 축조가 한창이던 749년, 교기는 쇼무 태상천황(쇼무 천황은 749년에 천황직에서 물러났다)의 출가를 받아들이기도 하였다. 그 해 교기는 정작 대불 완성은 보지 못하고 나라의 스가와라데라菅原寺에서 82세를 일기로 세상을 떠났다.

조정은 그에게 '보살'의 칭호를 내려 '교기 보살'이라 불렀다. 교기가 맞이해 온 천축국의 승려 보리천라菩提僊那는 752년에 쇼무 태상천황의 명에 따라 도다이지 대불 개안 공양 행사를 주도하였다.

백제계 도래인 후손 교기 승려의 노력으로 만들어진 도다이지 대불.

또한 교기는 일본 각 지방을 돌아다니며 지도를 작성하였다. 이것이 지금도 남아 있는 옛 방식의 일본 지도인 교기도行基圖이다.

교기는 불교 교리의 전파뿐만 아니라 현실 생활에서 어려움을 겪는 중생을 위하여 다양한 사회사업을 시행하고 그 과정에서 겪게 된 조정의 핍박에도 굴하지 않은 승려였다. 또한 필요에 따라서는 조정과의 협력도 마다하지 않았다. 이처럼 그는 종교의 역할을 넓히고 재정립한 승려였다.

헤이안 시대

헤이안 시대는 794년 간무桓武 천황이 헤이안쿄(지금의 교토)로 도읍을 옮긴 때부터 12세기 말 가마쿠라 막부鎌倉幕府 설립까지 약 400년간을 가리킨다.

초기에는 흔들리는 율령제律令制를 바로잡아 이를 재건하려는 시도들이 이어졌다. 그러나 중기로 들어서면서 귀족 세력인 후지와라 북가北家가 섭정攝政과 관백關白을 독점하며 부패가 횡행했다. 천황 정치의 적극성도 사라지고 반전수수班田授受의 토지제도는 유명무실해져 율령제도가 사실상 붕괴되었다. 그 결과 하급 귀족의 반란이 잇따르고 도적이 설치는 시대가 되었다. 한편 대외적으로는 견당사遣唐使도 폐지되었다.

후기는 원정院政의 시기로, 천황이 퇴위한 뒤 상황上皇이 되어 장기간 전제 정치를 하였다. 토지 제도 면에서는 장원공령제莊園公領制가 확립되었다.

말기에는 무사 다이라노 기요모리平清盛가 이끄는 헤이시平氏 가문이 정권의 중심 세력으로 부상하며 무가武家 정권의 시대가 열렸다. 이러한 흐름은 가마쿠라 막부를 시작으로 무로마치 막부와 에도 막부를 거쳐 약 700년 동안 이어졌다.

간무 천황

桓武 天皇(737~806)

백제계 천황으로 천년 도읍 교토를 건설하다

수도 헤이안쿄(지금의 교토)를 건설하고 천도함으로써 나라 시대를 마감하고 이후 400여 년 동안 이어지는 헤이안 시대(794~1185)를 열었다. 이로써 교토는 1868년까지 천 년 동안 일본의 수도가 되었다.

간무 천황은 737년 고닌光仁 천황과 백제인 후손인 화씨 부인 다카노노아소미니가사高野朝臣新笠 사이에서 태어났으며 덴지 천황의 증손자이기도 하다.

***

781년 즉위한 간무 천황은 율령제 재건에 힘쓰는 한편 대립하는 유력 귀족 세력이나 불교 세력의 정치 개입을 막기 위하여 784년 도읍을 나라 헤이조쿄에서 나가오카쿄長岡京로 이전하였다. 그곳에서는 관립 외에는 절을 짓지 못하도록 하였고, 실력 위주로 인재를 등용하였다.

천도를 위한 실무 책임자는 후지와라 다네쓰구藤原種繼였다. 그러나 그는 785년 간무 천황 반대 세력에 의해 암살되고 말았다. 범죄 연

루자로 간무 천황의 동생인 사와라早良親王가 체포되어 아와지로 유배를 갔으며, 도중에 항의의 표시로 단식을 하다 죽었다.

이후 수해 등 자연재해가 연달아 일어나고, 간무 천황의 황후와 어머니가 차례로 죽는 등 천황의 주변에 불행한 일들이 벌어지자, 사람들은 사와라 친왕親王의 저주로 여겨 두려움에 떨었다. 이에 간무 천황은 동생인 사와라 친왕에게 '스도崇道 천황'이라는 시호를 내려 정중히 제사를 지내 그 노여움을 달래고자 했다.

그 연장선에서 794년 근교에 새 도읍을 다시 건설하였다. 이곳이 헤이안쿄平安京, 즉 현재의 교토이다. 오래 평안하고 번영할 곳이기를 소망하면서. 400년 헤이안 시대의 시작이자 천년고도 교토의 출발이었다.

헤이안쿄 조성 공사를 진행하는 한편, 조정의 지배력이 미치지 않던 동북 에미시 지역에 사카노우에노 타무라마로坂上田村麻呂를 파견하여 정벌을 시작하였다. 이에 따라 백성들의 병역과 세금 부담이 가중되어 불만이 고조되었다. 그 해결책을 둘러싸고 조정 내에서는 논쟁이 벌어졌다. 후지와라노 오쓰구藤原緒嗣와 스가노노 마미치菅野真道 사이의 이른바 덕정상론德政相論이다. 간무 천황은 후지와라노 오쓰구의 건의를 받아들여 805년에 공사와 정벌을 중단하였다. 백성들의 부담을 줄이기 위한 결단이었다. 백성들은 크게 기뻐하였고 천황을 찬양하였다.

헤이안 천도 이후 간무 천황은 관제와 군제, 토지 문제의 변혁을 통해 백성의 부담을 줄이고, 율령제의 정비와 통치의 안정을 꾀했으며, 그에 따라 정부 조직과 기능을 적극적으로 개선하려고 시도했다. 그리고 이런 천도와 제도 정비 과정에서 자신의 부황인 코닌 천황의 옹립에 크게 기여했던 후지와라 가문을 신임하여 중용하고, 후지와라 가문의 여인을 황후로 맞이했다. 특히 '후지와라 북가'의 인물들을 발탁했는데, 그 덕에 헤이안 시대에는 천황가와 강대한 귀족 후지와라 가문 간의 협치가 계속 이어졌다.

또한 간무 천황 시기부터 일본에서 중국 및 한반도의 영향이 대폭 축소되고, 견당사遣唐使가 중단되어 자국 중심적이며 독특한 국풍 문화가 점차 발달하게 되었다. 다만 중국과의 비공식적 교류는 송대까지 어느 정도 이어졌다.

아키히토 천황은 2001년 12월 23일, 만 68세 생일을 맞은 기자회견에서 "간무 천황의 생모가 백제 무령왕의 자손이라고《속일본기》에 기록돼 있는 사실에 한국과의 깊은 인연을 느낀다."라고 말하기도 하였다. 이 발언에 대해 일본 사회는 떨떠름한 분위기 속에서 그에 따른 파장이 최소화되도록 관리하는 모습을 보였다.•

간무 천황은 세계사에서 유례를 찾기 힘든 천년 고도 교토를 만들

• 일본의 한국 식민통치를 뒷받침한 일본 언어학자 가나자와 쇼사부로(金澤廣三郎)는 간무는 백제인이라고 주장했고, 많은 일본사 참고서에서도 간무 천황이 도래계(渡來系)라고 언급되고 있다.

었다는 점에서 일본 역사에 있어 중요 인물로 평가된다. 헤이안쿄 조성과 동북 정벌 정책으로 백성들의 병역 및 세금 부담이 커지고 불만이 증대하자 과감히 이를 중단하여 백성들의 목소리에 귀를 기울였던 천황이었다.

스가와라노 미치자네

菅原道眞(845~903)

견당사 파견을 중단시키고,
사후死後 학문의 신으로 추앙받다

일본 헤이안 시대의 문인, 관료로서 견당사 파견 입무를 담당하게 되었으나, 당나라 내의 내란 등을 이유로 견당사 파견을 중단시켰다. 이를 통해 일본에서 당풍唐風의 문화가 일본 특유의 국풍 문화国風文化로 변모, 발전하는 계기를 만들었다.

스와가라노 미치자네는 억울한 죄로 규슈의 다이자후太宰府로 좌천되었고, 그곳에서 시를 짓고 학문에 정진하다 사망하였다. 사후에는 신격화되어 학문을 관장하는 '학문의 신'으로 추앙받았다. 그를 모시는 신사인 덴만구天満宮가 전국 곳곳에 세워졌다. 1871년부터 통용된 일본제국은행 5엔권의 도안 인물이기도 하다.

＊＊＊

스와가라노 미치자네는 헤이안 시대 천재라는 칭송을 받으며 격이 낮은 귀족 출신임에도 재상급인 우대신右大臣까지 올랐다. 그는 우선 견당사遣唐使 파견을 폐지시켰다. 일본 조정은 쇼토쿠 태자가 견수사遣隋使를 파견한 것을 시작으로 견당사를 계속 파견하고 있었는데, 스가와라는 당唐에서 내란이 발생하고 국력이 쇠락하는 것을 보고 894년 견당사 파견 계획을 취소시켰다. 이제 일본이 당으로부터 배우지 않아도 될 수준에 이르렀다는 자신감도 작용하였을 것이다. 실제로 얼마 못 가서(907년) 당이 멸망하였다.

이를 계기로 그때까지 일본에 영향을 준 당풍 문화가 국풍(일본풍) 문화로 교체되어 일본 고유의 독자적 문화를 꽃 피우는 결과를 가져왔다. 이리하여 중국과의 교류는 무로마치 시대까지 사실상 중단되었다.

그러나 그는 당시 실권을 장악하고 있는 후지와라 일족의 음해와 질시를 많이 받았다. 또한 그가 시도한 여러 가지 정치 개혁이 기득권의 반발에 부딪히며, 천황 폐위를 시도하였다는 누명을 씌운 '쇼타이昌泰의 변変' 사건으로 수도에서 멀리 떨어진 규슈의 다자이후大宰府로 좌천되었다.

그런데 미치자네가 사망한 후 일본에서 기이한 일들이 일어났다. 지방에서는 대규모 역병과 각종 자연재해가 연달아 발생했다. 중앙에서는 후지와라노 도키히라藤原時平 등 중앙 정계의 거물들이 요절하거나 사고로 죽고, 천황의 거처인 청량전이 번개에 맞아 많은 신료들이 죽거나 중상을 입는 낙뢰 사건이 발생했다.

이러한 흉한 일들은 스가와라노 미치자네의 원령怨靈이 일으킨 복수라는 공포가 귀족 사회에 퍼졌다. 조정은 스가와라노 미치자네를 규슈로 추방하라고 명령한 칙서를 불태우고 그에게 우대신 관직을 추서하는 조치까지 취했다.

당시는 일본의 상류층에서 미신과 점복이 유행했던 시기였다. 우연의 일치였겠지만 차츰 재앙이 잦아들었다. 이제 그는 원령이 아니라 학문의 신으로 숭배되기에 이르렀다. 그렇기에 입시철이 되면 스가와라노 미치자네를 모신 신사는 자녀의 시험 합격을 비는 부모들로 북적거리고 그 덕분에 신사는 큰 수입을 올리고 있다.

스가와라노 미치자네를 모신 신사 중 특히 유명한 곳이 후쿠오카에 있는 다자이후 텐만구天滿宮이다. 많은 한국인들이 후쿠오카를 여행할 때 들르는 곳이기도 하다.

다자이후 텐만구에는 매화나무가 많은데, 스가와라노 미치자네가 교토에서 다자이후로 좌천될 때 그의 덕과 학문을 흠모한 매화들이 날아왔다는 전설이 있다. 이것을 토비우메飛梅라 부른다. 이와 관련된 그의 시 한 수이다.

동풍 불거든 꽃향기 보내다오	東風吹かば 匂おこせよ
매화꽃이여	梅の花
주인이 없다 해도	主あるじなしとて
봄을 잊지 말지니	春を忘するな

스가와라노 미치자네를 모신 후쿠오카의 다자이후 텐만구.
한국인 관광객들은 물론, '학문의 신'을 찾아오는 현지 방문객들로 붐비는 곳이다.

미치자네는 견당사 파견을 중단하여 일본 고유의 국풍 문화를 일으켰지만, 이것이 무로마치 시대까지 일본을 사실상 쇄국으로 이끈 결과를 가져왔다. 당나라 말기의 정치적 혼란에도 불구하고 나침판 발명 등 중국의 발전은 계속되었으니, 견당사 파견 중단으로 일본의 발전도 그만큼 지체된 셈이다.

후지와라노 미치나가

藤原道長(966~1027)

헤이안 시대 귀족의 정점을 찍은 권력의 화신

헤이안 시대의 귀족이자 정치가이다. 명문 후지와라 가문 출신으로 형과 조카들과의 경쟁에서 승리하여 네 명의 딸을 천황과 혼인시켰고, 그 사이에서 태어난 3명의 외손자가 천황이 되었다.

1016년 외손자가 고이치조後一条 천황이 되자 섭정(천황을 대신하여 정치를 하는 것)을 맡았다. 이듬해에는 아들 요리미치賴通에게 그 지위를 넘기고 자신은 태정대신이 되는 등 당시 일본의 최고 정치 실력자로서 헤이안 귀족 가운데 최고의 영화를 누렸다.

***

후지와라 가문은 율령국가가 붕괴되던 헤이안 시대에 최고의 영화를 누린 가문이었다. 딸들을 천황과 결혼시키고 거기에서 태어난 외손자를 천황으로 옹립하여 섭정을 함으로써 권력을 독점하였다. 당시 아이가 태어나면 외가에서 양육하는 것이 관행이어서 외조부의 영향을 받고 자라났기 때문이기도 하다. 후지와라 가문의 이러한 권세는 후지와라 가문 중에서도 후지와라노 미치나가 때 절정을 이룬다.

그는 셋째 아들이었기 때문에 가문을 대표할 처지는 아니었다. 그런데 995년 이치조 천황대에 형 미치다카와 미치가네가 차례로 병으로 세상을 떠나자 미치나가에게 기회가 주어졌다.

미치나가는 장녀 쇼시彰子(당시 11세)를 이치조 천황과 결혼시키고 그 사이에서 외손자 둘을 얻었으나, 이치조 천황이 수년 후 급사하는 바람에 이치조 천황의 사촌인 산조三条가 천황으로 즉위하였다. 외손자를 천황으로 만들고자 했던 미치나가는 낙담하였다. 한편 그는 동궁 시절의 산조 천황에게 차녀 겐시姸子를 후궁으로 들여놓았었다.

산조 천황과 미치나가는 사사건건 대립하였다. 결국, 미치나가는 실명 위험의 눈병을 앓던 산조 천황을 압박하여 천황 자리를 외손자에게 넘기게 하는 데 성공하였다. 드디어 1016년 외손자가 9세의 나이로 고이치조 천황으로 등극하였다, 미치나가는 섭정이 되었다가 1년 후 아들 후지와라노 요리미치에게 자리를 넘겼다.

일단 정치 일선에서는 물러났지만 그 뒤에도 젊은 요리미치의 후견인으로 그를 통해 정무에 관여했다. 요리미치는 후지와라 가문의 권세를 과시하기 위해 지금의 교토 우지시에 뵤도인의 호오도平等院鳳凰堂를 건축하였다. 오늘날 10엔 주화에 새겨진 건물이다.

1018년 고이치조 천황이 11세가 되자 미치나가는 셋째 딸인 이시威子를 황후로 삼게 하였다. 한 집안에서 세 황후가 나온 것이다. 그러나 그것이 끝이 아니었다. 여섯째 딸 기시嬉子는 훗날 천황이 될

교토 우지시에 있는 뵤도인의 호오도. 오늘날 일본의 10엔 주화 속 건물로 헤이안 시대의 상징적인 문화유산이다.

고스자쿠後朱雀(고이치조 천황의 동생)의 동궁비가 되었으나 요절하였다. 결국 네 황후가 나온 셈이다.

세상의 모든 권력과 부를 거머쥔 그는 한 축하연에서 "이 세상이 내 세상이라고 생각하니 보름달이 이지러지는 일도 없는 듯하도다(この世をば　わが世とぞ思ふ　望月の　欠けたることも　なしと思へば)"라고 노래하였다. 그러나 달도 차면 기우는 법, 온갖 영화를 누리던 미치나가는 1019년 보름달이 이지러지는 것처럼 당뇨병 등에 시달렸으며, 마지막에는 머리를 깎고 출가하였다.

한편 그는 33세 때부터 56세 때까지의 일을 적은 일기[御堂關白記]를 남겼다. 이는 헤이안 시대의 정치나 귀족 생활을 연구하는 데 중요한 자료로서 일본의 국보이자 세계기록유산으로 지정되었다.

미치나가는 인간의 허영과 욕심이 끝이 없음을 보여준 인물이다. 외손자에게 이모에 해당하는 딸을 혼인시키는 등 항렬을 완전히 무시하며, 권력 유지를 위해 온갖 노력을 다하였다. 헤이안 시대 최고의 영화를 누린 귀족이었지만, 동시에 추악한 인간 모습을 보여주었다.

무라사키 시키부

紫式部(973?~1016?)

일본이 자랑하는 소설《겐지 이야기》작가

헤이안 시대의 여류 소설가이자 시인으로, 일본이 세계적인 문화유산으로 자랑하는 소설《겐지 이야기源氏物語》(겐지모노가타리)의 저자이다. 20대 중반에《겐지 이야기》를 쓰기 시작하여 유명해졌다. 그 때문인지 후지와라노 미치나가의 주선으로 황실의 궁녀로 들어가 이치조 천황의 황후인 쇼시의 가정교사 역할을 하였다. 오늘날 일본인들은《겐지 이야기》와 무라사키 시키부의 존재를 일본 문학의 자부심으로 여기고 있다.

＊＊＊

무라사키 시키부의 아버지는 명문 후지와라 가문 출신이긴 하지만 본류에서 벗어난 하급 귀족으로, 학자이자 지방 관리였다. 그러한 아버지 밑에서 자라며 한문과 가나 문자를 배웠고 책을 많이 읽어 소설가가 될 자질을 갖추었다. 20대 중반에 아버지뻘 되는 사람과 결혼하였으나 곧 남편이 죽고, 그 무렵 소설《겐지 이야기》를 쓰기 시작하였다.

후지와라노 미치나가는 1005년경 무라사키를 자기 딸인 쇼시 황후의 가정교사 역할을 하는 시녀로 삼게 하였다. 무라사키는 궁정에서 시녀로 일하면서도 계속 글을 썼고 그 때문에 그녀의 작품에는 헤이안 시대 궁정 생활의 세밀한 모습이 생생하게 그려져 있다. '무라사키 시키부'는 필명이고, 본명은 알려지지 않았다.

《겐지 이야기》는, 천황의 아들로서 문무를 겸비한 미남에다가 다재다능한 주인공 히카루 겐지光源氏가 세상을 자기 멋대로 거침없이 살아가면서 겪게 되는 일과 궁정 암투, 수많은 여자관계(심지어 아버지의 후궁과도 관계를 맺음)를 포함한 주변 사람들과의 다양한 관계를 다룬, 54회의 에피소드로 구성된 방대한 소설이다. 자유분방한 연애와 성 묘사로 음란하다는 평가를 받기도 했지만 묘사가 세련되고 문학적 풍취가 뛰어나 고대 최대의 걸작으로 평가받고 있다.

특히《겐지 이야기》가 최초의 소설이자 일본을 대표하는 문학으로 평가받는 것은, 근대 소설과 마찬가지로 등장인물의 심리와 행위, 동기 등 내면묘사를 잘 그리고 있기 때문이다. 노벨 문학상 수상자인 가와바타 야스나리는 "《겐지 이야기》는 일본 문학의 최고봉이다. 오늘날에 이르기까지 이 책과 비교할 만한 소설은 하나도 없다"고 극찬하였다.

한편 무라사키와 동시대에 일본 수필문학의 효시로 꼽히는 대표적 고전문학 작품인《마쿠라노소시枕草子》를 쓴 세이 쇼나곤清少納言과의 관계도 흥미롭다. 두 사람은 모두 하급 귀족 출신이며, 무라사키가 이치조 천황의 황후 쇼시를 섬긴 시녀였다면, 세이 쇼나곤은 이치조

《겐지 이야기》를 바탕으로 만들어진 〈겐지모노가타리 에마키〉(12세기경, 교토 황실 제작) 일부. 그림과 글을 결합한 두루마리 형식의 가장 오래된 작품으로서 일본 국보로 지정되었다.

천황의 또 다른 황후 데이시를 섬긴 시녀였다. 세이 쇼나곤은 일상에서 느낀 감정을 그대로 표현하는 형식의 수필들을 남겼다. 그러나 두 사람은 알게 모르게 라이벌 관계였다. 무라사키가 내성적 성격이었음에 반하여 세이 쇼나곤은 외향적으로 성격도 달랐다 . 실제로 무라사키 시키부가 그녀의 일기에서 세이 쇼나곤의 인격과 실적을 폄하하는 내용을 기술하기도 했다.

무라사키 시키부는 그 옛날에 현대 소설과 견주어도 손색이 없는 스타일의 방대한 작품을 썼다는 점에서 일본이 자랑할 만한 인물이다. 평론가 사카이야 다이치는 주인공 히카루 겐지의 자유분방한 생각과 생활 태도가 오늘날 일본인의 문화 속에 남아 있다고 지적하기도 한다.

시라카와 천황

白河 天皇(1053~1129)

천황에서 물러난 뒤에도 43년간 원정院政을 펼치다

고산조後三條 천황의 아들로 20세에 천황이 되었다. 34세 때 황위를 양위한 아들 호리카와堀河 천황(당시 8세)을 시작으로 하여 이어진 도바鳥羽 천황(즉위 당시 5세), 스토쿠崇德 천황(즉위 당시 5세)에 이르기까지 3대에 걸쳐 상황上皇으로서, 또는 출가한 법황法皇으로서 43년간 실권을 갖고 정치를 하는 원정院政을 펼쳤다. 그리하여 그를 "치천治天의 군君"이라 불렀다. 겐지源氏와 헤이시平氏, 두 무사 세력을 경호에 활용하였으며, 이것이 훗날 무사 정권의 등장 원인이 되었다.

***

시라카와 천황은 1073년 아버지인 고산조 천황이 급사하자 20세에 천황이 되었다. 고산조 천황은 어머니가 후지와라 가문 출신이 아니었기 때문에 다른 천황과는 달리 후지와라 가문에 의존하지 않고 독자적으로 정치를 펼쳤다. 고산조 천황에 이어 즉위한 시라카와 천황은 황후 겐시賢子의 아버지인 후지와라노 모로자네藤原師実를 관백關白으로 삼고 협력하며 정치를 하면서도 귀족들에게 휘둘리지 않았다. 예컨대 귀족들의 소유지인 장원을 정리하는 등 귀족들의 간섭을 받지 않고 독자적으로 정치를 하였다.

1084년 황후 겐시가 죽자 시라카와는 2년 후 겐시 사이에 태어난 어린 아들 호리카와(당시 8세)를 천황으로 즉위시키고 자신은 상황으로 물러났다. 그러나 자신이 시라카와인白河院에서 정무를 맡는 이른바 원정院政 정치를 최초로 시작하였다. 이후로 임명된 섭정攝政이나 관백은 실권이 없는 명목상의 존재에 가깝게 되었다.

그러나 시라카와 상황이 처음부터 강한 권력을 가지고 있던 것은 아니었다. 그는 천황 재위 당시부터 관백이었던 후지와라노 모로자네와 협조 관계를 유지하며 정치를 하였다. 즉, 친정기 및 원정 초기에는 종래의 섭관 정치(섭정과 관백의 정치)와 큰 차이는 없었다.

그러나 모로자네가 갑자기 죽어 미숙한 섭정이 등장하고 또 호리카와 천황의 사망으로 어린 손자인 도바 천황이 즉위하자 시라카와 상황에게 권력이 집중될 수밖에 없었다. 실권을 장악한 시라카와 법황은 중·하류 귀족 및 무가 출신의 신하를 임용해 전제적인 정치를 실시했다.

시라카와는 자신의 신변을 보호하기 위하여 겐지源義家(미나모토노 요시이에)와 헤이시平正盛(다이라노 마사모리) 두 무사 세력을 활용하였다. 이는 훗날 무사 세력 등장의 원인이 되었다. 미나모토노 요시이에는 가마쿠라 막부의 초대 쇼군인 미나모토노 요리토모의 선조로 동북 지방의 반란을 진압했던 인물이고, 다이라노 마사모리는 헤이시의 전성시대를 열었던 다이라노 기요모리의 조부이다.

아무튼 시라카와는 천황, 상황, 법황으로서 56년이라는 오랜 세월 동안 권력을 장악하였다. 불교를 열심히 믿어 교토에 호쇼지法勝寺를 건립하기도 했다. 시라카와는 자신의 권세를 자랑하듯이 세상에 뜻대로 되지 않는 것은 세 가지가 있다며, 그것은 "교토 가모강賀茂河의 범람, 쌍륙판의 주사위 눈금, 말을 듣지 않는 히에이산의 승병僧兵"이라고 하였다.

역사적으로 일본에서는 정치권력의 이중구조가 늘 문제 되었다. 즉, 천황과 귀족, 천황과 상황이나 법황, 천황과 쇼군 사이의 권력 배분이 일본 사회를 불안하게 한 요소였다. 시라카와 천황이 시작한 원정이나 무사 세력의 활용이 이런 문제를 촉발시키거나 악화시켰다는 점에서 역사적 책임을 피할 수 없는 인물이다.

다이라노 기요모리

平清盛(1118~1181)

헤이시가 아니면 사람이 아니라 할 정도로 헤이시 전성시대를 열다

헤이안 시대 말기의 무장으로 1156년 고시라카와 천황과 스토쿠 상황 사이의 싸움인 '호겐保元의 난'에서 고시라카와 천황을 도와 승리하였다. 3년 후에는 또 다른 무장으로서 라이벌인 미나모토노 요시토모源義朝와의 싸움인 '헤이지平治의 난'에서 승리하여 무사로서는 처음으로 귀족의 최고직인 태정대신이 되었다. 딸 도쿠코德子를 다카쿠라高倉 천황의 황후로 만들고, 손자(도쿠코의 아들)를 안토쿠安德 천황으로 즉위시켜 헤이시平氏 가문의 전성시대를 열었다.

***

다다이라노 기요모리의 아버지인 다이라노 다다모리平忠盛는 시라카와와 도바 상황의 원정院政을 무력으로 뒷받침하여 헤이시 세력을 넓혀 나갔다. 1155년 다다모리가 죽자 기요모리가 그 지위를 승계하였다. 1156년 7월, 헤이안 시대 말기 황위 계승 문제와 섭관가摂関家로 영향력을 발휘하던 후지와라 가문의 내분으로, 조정이 스토쿠崇德 상황파와 고시라카와後白河 천황파로 분열되어 교토에서 두 세력이 내전을 치른 끝에 고시라카와 천황파가 승리하였다. 이 '보원保元의 난'에서 일본의 황실과 유력 가문들인 후지와라, 다이라, 미나모토가 서로 갈라져 싸웠다. 심지어 같은 가문도 갈라져 서로 얽혀 싸웠기에 비정한 전쟁이라 할 만하였다.

이 전쟁에서 실제로 무력을 동원해 싸워 공을 세운 건 겐지源氏와 헤이시平氏 양대 무가였다.• 당연히 이들의 세력과 영향력이 커지고, 종래의 후지와라 가문에 의한 섭관 정치와 원정院政이 무너지게 되었다.

그런데 전후 겐지에 비해 헤이시 가문이 받은 보상과 권력이 컸기 때문에 겐지의 요시토모義朝(요리토모의 아버지)가 불만을 품었다. 즉, 헤이시의 수장 다이라노 기요모리平清盛가 정4위의 관직은 물론 장원까지 받게 되면서 세력을 키우기 시작하게 되었지만, 겐지의 요시토모는 기요모리보다 낮은 정5위의 관직밖에 못 받아, 이러한 논공행상에 불만이 많았다. 또한 겐지와 헤이시는 무사 가문의 양대 세력으로 서로를 라이벌로 여겼기 때문에 요시토모는 헤이시의 약진에 열등감을 느낄 수밖에 없었다.

그러던 중 1159년 다시금 니조 천황을 중심으로 한 천황파 세력과 고시라카와 상황을 중심으로 한 상황파 세력 사이에 내전이 발생

• 헤이안 시대에 등장한 장원제 아래에서 장원을 실제 경영한 것은 현지의 무사 세력들이었다. 그들의 권한은 점차 확대되어 귀족을 무시하거나 귀족으로부터 독립하고, 무사 사이에 권력 다툼이 전개되었다. 대표적인 세력이 겐지와 헤이시였다.

하였다. 헤이시는 천황파로, 겐지는 상황파로 전쟁에 가담하였다. 이것이 '헤이지平治의 난'(헤이지는 당시의 연호)이다.

천황파 세력의 무력을 담당하던 헤이시 가문이 승리를 거두면서 헤이시를 중심으로 한 헤이케 정권이 수립되었다. 헤이시의 수장인 다이라노 기요모리平清盛는 무사로서는 최초로 귀족 최고직인 태정대신에 취임하였다. 효고현 셋쓰에 항구를 열어 송나라와 무역을 시작하여 큰 이익을 얻기도 하였다.

그러니 곧 태정대신을 그만두고 출가하였지만, 딸을 다가쿠라高倉 천황의 황후로, 외손자를 안토쿠安德 천황으로 만들어 헤이시 전성시대를 이루었다. '헤이시가 아니면 인간이 아니다'라는 말이 있을 정도였다.

당연히 헤이시에 대한 황족이나 귀족과 겐지의 불만이 커져 갔다. 고시라카와 법황은 헤이시 타도를 시도하였으나 실패하였고 오히려 유폐되었다. 그러나 헤이시는 조정의 틀 안에서 큰 영향력을 발휘했을 뿐 막부와 같은 무사 정권을 따로 수립한 것은 아니었다.

그런데 '헤이지의 난'에서 승리한 기요모리는 패배한 요시토모의 아들인 요리토모(당시 13세)를 죽이지 않고 이즈伊豆 지방으로 귀양 보냈으나 그 요리토모가 장성하여 헤이시를 멸망시킴으로써 헤이시의 세상은 막을 내리고 가마쿠라 막부가 탄생하였다.

기요모리가 '헤이지의 난'에서 승리하였을 때 왜 요리토모를 죽이지 않고 귀양만 보냈는지는 역사의 수수께끼로 남아 있다. 승자의 여

유였을까, 아니면 의외로 여린 성품이었을까? 역사에 가정은 없다지만, 그때 만약 기요모리가 요리토모를 죽였더라면 가마쿠라 막부는 나타나지 않았을 것이고 일본의 역사는 완전히 달라졌을 것이다.

가마쿠라·무로마치 시대

헤이안 시대 말기, 미나모토노 요리토모源頼朝가 동국東国 지방의 무사를 모아 조정의 실질적 지배자인 헤이시 타도를 목표로 거병하여 성공했고, 1192년 쇼군將軍이 되어 가마쿠라에 막부幕府를 세웠다. 막부는 천황이 실권 없는 상징적 존재로 남고, 쇼군이 실권을 갖는 정치체제였다. 가마쿠라 막부는 일본 최초의 무사 정권으로 140여 년간 지속되었다.

미나모토가의 지배는 3대 쇼군으로 끝나고, 요리토모의 처가 일족인 호조가北条家가 대대로 정권을 담당하였다. 호조가는 무사 정권에 걸맞은 제도와 법률을 정비하는 등 무가武家 정권으로 막부를 안정시켰으나, 차츰 권력이 호조가에 집중되고 전제화되면서 막부 내 쇼군의 부하인 어가인御家人(고케닌)들의 반발이 심화되었다. 여기에 두 차례 몽골 침입의 여파가 겹치면서 막부의 힘은 약화되었고, 마침내 고다이고 천황의 친정親政 의지에 따라 막부는 막을 내렸다.

이후 들어선 무로마치 막부는 가마쿠라 막부에 이어 1336년부터 1573년까지 일본을 통치한 막부이다. 고다이고 천황은 1333년 호조가가 지배하던 가마쿠라 막부를 멸망시키고 친정을 시도했으나 불과 3년 만에 붕괴하였다. 아시카가 다카우지足利尊氏가 다른 천황을 옹립하고 교토의 무로마치에 막부를 열었기 때문이다. 고다이고 천황이 나라현 요시노로 옮겨가 자신이 정통 천황이라고 주장함에 따라 교토의 북조와 요시노의 남조가 서로 대립하는 남북조南北朝 시대가 열렸다.

3대 쇼군 아시카가 요시미쓰足利義満가 60년간 지속된 남북조를 통일시키고 유력한 수호 다이묘守護大名들을 지배하며 쇼군의 권위를 높여 나갔다. 그러나 6대 쇼군 요시노리義教는 수호 다이묘에 의해 살해되어 막부의 권위는 땅에 떨어졌다. 8대 쇼군인 요시마사義政 시대에는 '오닌의 난'이 발생하여 막부의 권위는 완전히 실추되었고 일본은 바야흐로 하극상의 전국시대로 접어들었다. 무로마치 막부는 1573년에 그 막을 내렸다.

미나모토노 요리토모

源頼朝(1147~1199)

일본 최초의 막부, 가마쿠라 막부의 개설자

미나모토노 요리토모는 일본 최초의 무가武家 정권인 가마쿠라 막부鎌倉幕府를 개설한 인물이다. 1180년 모치히토왕以仁王의 명을 받아 관동 지역의 무사들, 동생 노리요리範頼, 요시쓰네義經와 함께 헤이시 타도에 나서 1185년 그들을 멸망시켰다. 관동 지방인 가마쿠라를 본거지로 삼고 전국에 지시를 내리고 각지에 치안을 담당하는 관리와 토지 관리 및 세금 징수를 맡은 관리를 두어 막부의 기초를 다지고 1192년 수장인 쇼군의 자리에 올라 가마쿠라 막부를 개설하였다.•

***

가마쿠라 막부의 탄생 원인은 앞에서 본 '호겐의 난'과 '헤이지의 난'으로 거슬러 올라간다. 헤이지의 난에서 승리한 기요모리는 1159년

• 쇼군(將軍)은 정이대장군(征夷大將軍)의 약칭으로, 794년 간무 천황 때 동북 지방의 에미시(蝦夷)를 토벌하기 위하여 처음 임명된 총지휘관 직책이었다. 이후 가마쿠라 막부 성립과 함께 무가 정권의 최고 지위를 가리키는 칭호로 정착하였다.

패배한 요시토모의 셋째 아들인 요리토모(당시 13세)를 동정한 탓인지 죽이지 않고 이즈伊豆에 유배시켰다. 그러나 이것이 20여 년 후 헤이시平氏가 겐지源氏에 의해 멸망하는 결과로 이어졌다. 기요모리의 중대한 판단 착오였다.

요리토모는 그곳에서 호조 마사코北条政子와 연애를 하여 결혼하였다. 유력 세력인 호조 가문과 인연을 맺게 된 것이다. 요리토모는 1180년 헤이시 때문에 천황이 되기 어렵다고 판단한 고시라카와 법황의 아들인 모치히토왕以仁王의 밀명을 받고 헤이시 타도를 위해 거병하였다. 당시 대기근이 발생하여 민심이 흉흉해진 것과 도중에 기요모리가 열병으로 사망한 것도 헤이시 패배에 영향을 주었다. 그리고 요리토모의 동생 요시쓰네의 뛰어난 전술·전략에 의한 활약도 승리의 요인이었다. 마침내 단노우라(현재 야마구치현)에서의 승리로 원평합전源平合戰의 대미를 장식하였다.•

요리토모는 관동 지방에서 고시라카와 법황의 사적(율령제에 따른 법적 근거가 아닌) 후원으로 전국에 수호守護(각지의 치안을 담당하는 직책), 지두地頭(토지를 관리하고 세금을 징수하는 직책)를 임명하고, 제국의 무사들을 자신의 직속으로 만들었다. 쇼군의 직속 부하인 어가인(가신 조직)을 관리하는 시소侍所, 행정사무를 담당하는 공문소公文所,

• 보통 2명이 한 팀이 되어 복식으로 치는 당구 게임을 '겐페이'라 하는데 이는 원평전쟁에서 유래한 것이다. 또한 흔히 두 편으로 나뉘어 경쟁하는 홍백전(紅白戰)도 원씨는 흰색, 평씨는 붉은색을 상징색으로 사용한 것에서 연원한다.

재판을 담당하는 문주소問注所를 설치하였다.

이로써 실권을 장악하고 마침내 1192년 정이대장군征夷大將軍, 즉 쇼군에 취임함으로써 가마쿠라 막부가 출범하였다. 막부란 원래 전장에 차려진 최고 장수의 지휘소를 의미하지만, 일본 역사에서는 가마쿠라 막부, 무로마치 막부, 에도 막부처럼 쇼군을 정점으로 하는 무가 정권을 가리킨다.

그러나 시기심이 많고 냉혹한 성품인 요리토모는 동생 노리요리를 반란 혐의로 죽이고, 동생 요시쓰네는 자신의 허락도 없이 조정으로부터 관위를 받았다는 이유로 죽이고자 하였다. 요시쓰네는 동북 지방 오슈奧州의 후지와라씨의 거점인 히라이즈미平泉로 도망하였으나, 요리토모의 추적 공격을 받고 결국 자결하였다. 요시쓰네를 보호하였던 당주인 후지와라 야스히라泰衡마저 죽임을 당했다. 뿐만 아니라 요리토모는 가까운 친척이나 공신들까지 많이 처형하였다.

요리토모는 1199년 사망하였다. 실권은 처 호조 마사코와 장인인 호조 도키마사 등 호조 가문에 넘어갔다.

요리토모는 주로 관동 지방에 머물면서 전쟁에도 별반 참여하지 않았고 교토에도 두 번밖에 올라가지 않았다. 말하자면 뒷전에 머물면서 요령 있게 사람들을 부려 목표를 달성해가는 독특한 스타일이었다. 그래서 그는 정치적으로는 뛰어난 재능을 가진 인물이었지만, 그 때문에 일본인들에게 대중적인 인기는 얻지 못했다. 이에 반하여 형의 핍박을 받으며 억울하게 죽어간 동생 요시쓰네는 일본인의 사랑을 받는 인물이 되었다.

막부幕府와 쇼군將軍은 일본 역사에서 중요한 위치를 차지한다. 그러므로 간단한 설명을 덧붙인다.•

막부는 조정, 즉 천황으로부터 쇼군이 임명되는 형식을 취하지만 천황은 실권이 없는 상징적 존재로 남고 쇼군이 실권을 갖는 정치체제였다.•• 나라 시대부터 이어온 율령제(이관팔성二官八省을 둔 천황 중심의 중앙집권체제)를 형식상 존속시키면서도 무가武家 정치를 전개하는 '권력기구의 이중구조', 즉 '권위와 권력의 이중구조'를 만든 셈이다.

뿐만 아니라 막부의 행정 중심지를 조정 소재지인 교토로부터 멀리 떨어진 관동지방 가마쿠라에 둠으로써 권력과 권위의 이중구조를 지리적으로도 관철하였다. 공가公家와 무사武士와의 격리였다. 이러한 막부 체제는 가마쿠라 막부가 시작된 1192년부터 메이지 유신明治維新으로 에도 막부가 막을 내린 1868년까지 지속되었다.

• 사카이야 다이치의 《일본을 만든 12인》, 〈미나모토노 요리토모〉 편 참조.

•• 물론 가마쿠라 막부는 귀족이나 사찰·신사의 토지에 대한 지배권은 없었고, 태정대신 이하 율령제하의 관직 임명권도 없어 그 권한은 제한적이었다. 다만 무력을 갖고 있어서 귀족이나 천황가의 일족을 체포하여 유형을 보내는 등 강력한 권한을 행사하였다.

일본인은 혼네本音와 다테마에建前, 실태와 형식을 구분하는 경향이 강하다. 요리토모가 율령제라는 형식과 막부라 는 실태의 이중구조로 공적 통치조직을 만든 것도 이러한 예의 하나로, 요리토모의 독창적 작품이라 할 만하다. 이는 중국이나 한국과 달리 역성혁명易姓革命 사상이 없는 만세일계萬世一系의 일본에서 부득이한 타협의 산물이기도 하다. 앞서 본 바와 같이 쇼토쿠 태자의 종교관도 이와 비슷하다.

막부의 행정 중심지를 교토로부터 멀리 떨어진 가마쿠라에 둔 것도 공가와 무사의 직접적 대립을 피하고 타협하기 위한 것이었다. 이것들이 요리토모가 일본 역사와 국민성 형성에 끼친 영향이다. 흔히 일본 사회의 정부나 기업에서 형식상으로는 하급자가 실질적으로는 더 강한 권한을 갖는 경우가 자연스럽게 용인되는 문화도 가마쿠라 막부의 성립과 운영에서 기원을 찾을 수 있다.

미나모토노 요시쓰네

源義經(1159~1189)

일본인의 사랑을 받는 비운의 무장

미나모토노 요리토모의 이복동생으로, 형을 도와 헤이시를 물리치고 가마쿠라 막부를 개설하는 데 큰 공을 세운 무장이다.

어릴 적 아버지 미나모토노 요시토모가 헤이시와의 싸움에서 패배하여 전사하자 교토의 절에 맡겨졌다가, 후에 오슈奧州의 히라이즈미平泉(지금 이와테현)에서 후지와라 히데히라藤原秀衡 밑에서 자라났다.

1180년 형 요리토모의 부름을 받고 헤이시와의 전쟁에 참여하여 1185년 단노우라에서 헤이시를 멸망시켰다. 그러나 그 후 형의 미움을 받고 생명의 위협을 느껴 히라이즈미로 도망하였다가 그곳에서 자결하였다.

***

요시쓰네는 아버지 요시토모가 헤이시와의 싸움에서 패배하고 사망하자, 어머니 도키와 고젠이 헤이시의 수장이었던 다이라노 기요모리의 첩으로 들어가는 대신 아들들의 목숨을 구하였다. 요시쓰네는 목숨만 건진 채 구라마산의 절에 유폐되었다. 후일 출가할 것을 강요당하자 동북 지방 오슈奧州의 히라이즈미平泉(지금 이와테현)로 도망쳤다. 그곳에서 독자적 정권을 구축한 후지와라씨의 3대 당주 후지와라노 히데히라藤原秀衡에게 의탁하여 그 밑에서 자라는 등 불우한 유년 시절을 지냈다.

1180년 셋째 형인 미나모토노 요리토모가 헤이시 토벌을 위해 거병하자 요시쓰네는 오슈에서 돌아와 후지가와 전투에서 막 헤이시에게 승리를 거둔 요리토모를 대면하고, 이후 겐지군의 사령관이 되어 요리토모군의 선봉에 섰다.

예상을 깬 기습전법 등 뛰어난 전술·전략으로 이치노다니一ノ谷(지금의 효고현 고베시 부근), 야시마屋島(지금의 가가와현 다카마쓰시) 전투에서 대승을 거두고 마침내 1185년 단노우라檀ノ浦(지금의 야마구치현 시모노세키시)에서 헤이시를 멸망시켰다. 헤이시 정권이 성립한 지 18년 만이었다.

이치노다니 전투의 경우, 북쪽은 험난한 절벽을 끼고 있어서 접근이 불가능한 것으로 보였으나, 요시쓰네는 정찰에 나섰다가 사슴이 절벽을 오르내린다는 말을 듣고 "말도 갈 수 있겠는데!"라 하며 단 70기의 기병을 이끌고 절벽을 뛰어 내려가 기습하여 승리를 거두었다. 이것이 유명한 가케오토시崖落し, 즉 '벼랑길을 타고 내려와 기습한 전술'이다.

또한 단노우라 전투에서는 헤이시의 보호를 받던 안토쿠安德 천황

이 바다에 몸을 던져 죽음으로써 전쟁은 겐지의 승리로 끝났다.•

당연히 요시쓰네의 인기가 치솟았다. 그는 가마쿠라에 돌아가 형 요리토모의 환대를 받을 것을 기대하였다. 그러나 요리토모는 요시쓰네의 가마쿠라 입성을 막았다. 견제와 푸대접의 결과였다.

요리토모는 이미 동생 노리요리를 반란 혐의로 죽인 바 있으며, 요시쓰네가 자신의 허락 없이 고시라카와 법황에게 교토의 치안을 담당하는 사에몬노죠左衛門少尉의 관위와 함께 게비이시検非違使 판관判官이라는 관직을 받았다는 이유로 엄벌하고자 하였다. 목숨의 위협을 느낀 요시쓰네는 다시 어릴 적 지냈던 히라이즈미로 도망쳤으나 끝내 요리토모의 추적 공격을 받고 자결하였다.

또한 요시쓰네의 부하인 승려 벤케이弁慶도 뛰어난 용기와 충성심으로 인기가 높다. 그는 요시쓰네를 보호하기 위하여 화살을 온몸에 맞고도 쓰러지지 않은 채 서서 죽었다는 전설이 전해진다. 이들의 이야기는 소설이나 드라마 등에서 자주 다루어진다.

작은 체구에 아름다운 용모를 가졌다고 알려졌으며, 뛰어난 능력으로 승승장구하였으나 30세의 젊은 나이에 형에게 죽임을 당한 비극으로 인하여 지금까지도 일본 국민으로부터 많은 동정과 사랑을 받고 있다.

• 이때 천황의 어머니 도쿠코(德子)도 바다에 몸을 던졌으나 겐지군에 구조되어 불가에 귀의해 여생을 보냈다.

유명 소설가 요시카와 에이지吉川英治는 요시쓰네를 "파멸의 영웅"이라 명명하였다.

이처럼 요절한 영웅, 그리고 패자와 약자를 동정하고 사랑하는 경향은 일본적 기질의 한 모습이다. 사카모토 료마나 주신구라의 '47인의 번사들'이 사랑받는 것도 마찬가지이다. 화려하게 피었다 덧없이 저버리는 벚꽃을 좋아하는 일본인들의 성향이 사람에 대한 평가에서도 드러나는 것이다.•

• 요시쓰네의 아명은 우시와카마루(牛若丸)인데, 지금도 작은 체구에 민첩한 사람을 "우시와카마루"라고 표현한다. 또한 당시 죽지 않고 생존하였다는 설을 비롯하여 심지어 몽골로 건너가 징기즈 칸이 되었다는 황당한 설까지 존재한다. 이 모든 것은 요시쓰네에 대한 일본인의 애정 표현이라 할 것이다.

호조 마사코

北条政子(1157~1225)

가마쿠라 막부의 버팀목이 된 여걸

가마쿠라 막부의 초대 쇼군 미나모토노 요리토모의 처로서 요리토모 사후 출가하였음에도, 두 아들을 각각 2대, 3대 쇼군으로 만들고 아버지 도키마사時政와 동생 요시토키義時와 함께 막부 정치를 관장하였다. 그래서 '비구니 쇼군'이라 불렸다.

1221년의 '조큐承九의 난'에서는 쇼군의 부하인 어가인들을 설득하여 막부의 승리를 이끌어 막부를 튼튼히 하는 한편 친정인 호조씨 세력을 강화한 여걸이다.

＊＊＊

호조 마사코는 이즈伊豆에 유배된 미나모토노 요리토모를 만나 요리토모의 인물됨을 알아보고 적극적으로 대시하여 요란한 연애 끝에 결혼하였다. 마사코의 아버지인 도키마사는 헤이지의 난 이후 유배된 요리토모에 대한 감시 역할을 부여받았으므로 마사코와 요리토모의 연애에 반대할 수밖에 없었다. 그러나 도키마사의 결혼 승낙은 요리토모의 인물됨을 알아본 결과이다. 일본 역사를 방향 짓는 독특한 만남과 결혼이었다.

가마쿠라 막부를 개설한 미나모토노 요리토모가 죽자 마사코는 출가하였다. 그러나 출가 후에도 아들인 요리이에賴家와 사네토모実朝를 2대·3대 쇼군으로 내세우고, 아버지인 도키마사와 동생인 요시도키와 함께 막부 정치에 깊이 관여하였다. 그녀는 가마쿠라 막부의 버팀목의 역할을 하여 '비구니 쇼군尼將軍'이라 불렸다. 사실상 남편이 개설한 가마쿠라 막부를 지켜낸 여걸이었다.

우선 요리이에가 쇼군에 취임한 뒤 그의 장인인 히키比企씨가 세력을 강화하여 쇼군의 본가와 처가 사이에 대립이 격화되자, 마사코는 13인의 어가인으로 구성된 합의체를 만들어 이것이 막부의 실질적 권한을 행사토록 하고 요리이에의 실권을 빼앗아 버렸다. 요리이에가 중병에 걸리자, 마사코는 요리이에의 아들 이치만一幡과 자기 아들인 사네토모에게 권한을 나누었다. 이에 요리이에의 처가인 히키씨쪽의 불만이 커지자 기다렸다는 듯이 아버지와 힘을 합쳐 히키씨를 제거하였다. 이어서 손자인 이치만을 살해하고 중병에서 회복된 요리이에도 강제로 출가시켜 슈젠지修禪寺에 유폐시켰다가 살해했다.

이어서 사네토모를 3대 쇼군으로 옹립하고, 아버지 도키마사를 막부의 사실상 최고직인 싯켄執權으로 앉혀 막정幕政 전체를 관장하게 하였다. 그러나 마사코는 아버지 도키마사가 사네토모를 폐위하려 하는 등 전횡을 저지르자 동생 요시토키와 협력하여 아버지를 추방하기도 하였다.

1219년 사네토모가 요리이에의 아들 구교公曉에 의해 살해당했다. 삼촌을 살해한 것이다. 요리이에가 사네토모에 의해 살해되었다고 생각한 앙심의 결과였다. 구교도 같은 날 처형되었다. 사네토모에게도 자식이 없었기 때문에 사네토모를 끝으로 미나모토노 요리토모의 직계 후손은 단절되고 말았다. 사실상 미나모토 가문은 끊긴 셈이다.

마사코는 부득이 막부 4대 쇼군으로 교토의 구조 요리쓰네九条頼經를 영입해왔다. 나이가 2세로 요리토모의 먼 친척이었다. 당연히 마사코와 호조 가문이 계속하여 막부 정치를 관장하였다. 이후에도 쇼군은 교토의 귀족이나 천황 일족에서 영입해왔으나, 그들은 상식에 지나지 않고, 호조 가문이 싯켄으로서 실질적 권한을 행사하였다.

그런데 1221년 고도바後鳥羽 상황이 막부를 뒤엎고 조정이 정권을 회복할 계획으로 거병하였다. '조큐承九의 난'이다. 막부의 어가인들이 동요하기 시작하자 마사코가 나섰다. 흔들리는 부하들 앞에서 "여러분이 받은 영지는 누구로부터 받은 것이냐? 요리토모로부터 받은 것이 아닌가. 지금이야말로 그 은혜를 갚을 때다. 그럼에도 조정의 편에 서고자 한다면 지금 바로 이 자리를 떠나라."

마사코의 이 대연설은 어가인들의 마음을 사로잡아 조큐의 난을 일으킨 반란 세력과의 전투를 승리로 이끄는 계기가 되었다. 고도바 상황 등 반란 세력은 체포되어 오키隱岐섬 등으로 유배되거나 처형되었다. 상황 측에 부역했던 무사들의 영지도 몰수되어 막부의 영지로 귀속되었다. 이로써 공가와 무가의 균형이 무가 쪽으로 기울게 되었다.

막부의 권위는 높아졌고 더불어 호조 일족의 권위도 높아졌다. 이후 대대로 호조 가문이 싯켄직을 도맡아 이른바 '싯켄 정치'가 이루어졌다.

이처럼 마사코는 권력욕이 강했고 남편이 개설한 막부를 유지·보존하고, 자신의 친정이 실권을 행사할 수 있도록 노력하였다. 뿐만 아니라 마사코는 요리토모가 생전에 측실을 두었을 때 그 집을 불살라 버리는 등 강한 성격의 여인이었다. 그래서 일본 3대 악녀로 꼽히기도 하지만, 모략이 판치는 중세 일본 겐페이源平전쟁의 난세 속에서 남편 요리토모의 유지를 이어 관동의 거친 무사들을 조정하고 가마쿠라 막부의 버팀목 역할을 하여 일본 역사에 큰 영향을 미쳤다.

고다이고 천황

後醍醐 天皇(1288~1339)

막부를 폐하고 천황 중심의 정치를 꿈꾸었던 천황

고다이고 천황은 구스노키 마사시게楠木正成와 아시카가 다카우지足利尊氏의 도움으로 가마쿠라 막부를 멸망시키고 천황 중심의 정치를 펼쳤다(건무 신정). 그러나 무사들의 지지를 잃고 다카우지에게 배반당하여 신정은 불과 2년 만에 막을 내렸다. 그 후 고다이고는 요시노(나라현)로 옮겨가 새로운 조정(남조)을 만들어 교토의 조정(북조)과 다투어 두 명의 천황이 존재하는 남북조 시대를 열었다.

＊＊＊

1274년과 1281년 두 차례에 걸쳐 몽골군(고려군 포함)은 일본 규슈 하카다만灣 방향으로 침공하였다. 각각 '문영文永의 역役'과 '홍안弘安의 역役'이라 부른다. 사전에 원나라 쿠빌라이 칸이 일본의 복속과 조공을 요구하는 국서를 보냈지만, 이를 받아들여 수교하자는 교토 천황 정부와는 달리 가마쿠라 막부의 싯켄 호조 도키무네北条時宗는 이를 한사코 거부하고 대비하였다. 마침 불어닥친 태풍으로 인하여 두 번 다 몽골군을 물리칠 수 있었다. 이 태풍을 신풍神風(가미카제)이라고 하여 일본은 신이 돕는 나라라는 의식이 자리 잡게 되었다. 태평양전쟁 때 목숨을 걸고 출격한 비행사를 '가미카제'라고 부른 것도 여기에서 연유한다.

이처럼 몽골 침입을 잘 막아냈지만, 막부의 어가인들은 침입에 대비하고 실제 방어하는 과정에서 경제적 손실을 입었다. 그러나 방위적 전쟁이었기 때문에 빼앗은 땅이 없어 영지 등을 보상받을 수 없었으므로 불만이 고조되었다.•

또한 겐지源氏 막부 정권은 3대에 그치고 사실상 호조北條 가문이 정권을 담당하는 싯켄 정치가 지속되었다. 이처럼 호조 가문의 본가인 도쿠소가得宗家의 가신이 쇼군의 가신인 어가인을 배제하고 권력을 독점하자 불만은 더욱 커졌다. 그러자 막부 내부에서도 도막倒幕의 분위기가 형성되었다.

이 무렵 일본에 중국의 주자학朱子學이 전래되었다. 주자학의 대의명분론에 영향을 받은 고다이고 천황은 군주인 천황이 직접 정치를 하여야 한다고 생각하였다. 측근과 함께 두 번에 걸쳐 도막倒幕 계획을 세웠으나 모두 사전에 발각되어 실패하였다. 두 번째 시도 후에는 체포되어 오키섬에 유배되었다.

• 일본어로 '목숨을 걸고 열심히 한다'는 뜻인 일생현명(一生懸命)은 원래 무사가 목숨을 걸고 영지를 지킨다는 일소현명(一所懸命)에서 유래하였다. 이처럼 무사들에게는 영지 보상이 중요했다.

이때 막부의 지배에 반발한 무장 집단의 일원인 구스노키 마사시게楠木正成가 막부 타도를 위해 거병하였다. 고다이고 천황은 1333년 오키섬을 탈출하였다. 반란을 진압하기 위하여 막부가 파견한 아시카가 다카우지足利尊氏가 거꾸로 천황 측에 가담하여, 막부가 교토에 조정 감시 목적으로 만든 기관인 로쿠하라 단다이六波羅探題를 공략하였고, 그 직후에 동국 지방(교토의 동쪽, 간토 지방)에서 거병한 닛타 요시사다新田義貞가 마침내 가마쿠라를 함락하여 호조 집안을 멸망시켰다.

교토로 돌아온 고다이고 천황은 1334년, 헤이안 시대의 연희延喜, 천력天曆의 시대를 본받아 천황이 친정하는 이른바 '건무建武의 신정新政'을 시작하였다. 바로 무사 정치를 폐한 천황 중심의 정치였다. 그러나 고다이고의 새 정책은 이상에 치우치거나 급격한 변화를 가져오는 것이었다. "지금의 관행도 예전에는 새로운 것이었다. 지금 시작하는 새로운 것은 나중에 관행이 된다"며 밀어붙였다.

또한 논공행상이 제대로 이루어지지 않았다. 막부 타도에 공이 컸던 무사들을 제대로 배려하지 않았고, 특히 다카우지를 푸대접하고 귀족들을 후대하였다. 어쩌면 무사 정치를 폐하고자 한 고다이고 천황으로서는 피할 수 없는 일이었다. 그러나 무사들의 불만은 컸고, 세상은 혼란스러워졌다. 교토에는 야습, 강도, 천황의 가짜 문서, 정권이나 권력자를 비난하는 낙서 등이 횡행하였다.

1336년 다카우지가 들고 일어났다. 고다이고 천황은 교토를 탈출하여 요시노吉野(나라현)로 도피하였다. 이로써 건무의 신정은 2년 만에 끝났다. 다카우지는 교토에서 새 천황으로 고묘光明 천황을 옹립하였다. 고다이고는 요시노에서 자신이 정통적 천황임을 내세우며 조정을 꾸렸다. 교토의 북조와 요시노의 남조로 나뉘어, 이른바 남북조 시대가 시작되었다.

고다이고 천황은 1339년 사망하였지만, 두 조정의 대립은 무로마치 막부室町幕府의 3대 쇼군 아시카가 요시미쓰足利義滿가 남북조를 통일하기까지 60년간 지속되었다.

고다이고 천황은 천황 중심의 개혁 정치를 용기 있게 시도하였으나, 현실을 고려하지 않은 성급함과 불공정한 논공행상으로 분규를 야기하여 천황이 두 사람 존재하는 기괴한 남북조 시대를 만들고 말았다. 꿈은 야무졌으나 지혜로운 실천력이 부족했던 천황이었다.

아시카가 다카우지

足利尊氏(1305~1358)

교토에 무로마치 막부를 개설하여 쇼군이 되다

일본 역사에서 두 번째 막부인 무로마치 막부를 개설하여 초대 쇼군이 된 인물이다. 아시카가 다카우지는 가마쿠라 막부의 유력 어가인이었으나, 막부가 겐지가 아닌 호조 가문에 의해 좌지우지되는 것에 불만을 품고 고다이고 천황을 도와 가마쿠라 막부를 멸망시켰다.

그 후 천황이 무사들을 홀대하고 공가 중심으로 정치를 해나가자, 다카우지는 1336년 봉기하여 친 천황파인 무장 구스노키 마사시게楠木正成를 물리치고 교토를 점령하여 무로마치室町 막부를 개설하였다.•

***

다카우지는 히에이산으로 쫓겨간 고다이고에게 화의를 요구했고, 고다이고도 이에 응해 3종 신기神器를 고곤光厳 상황의 아들인 고묘光明

• 다카우지(尊氏)의 본명은 원래 다카우지(高氏)였으나 고다이고 천황의 이름인 다카하루(尊治) 중 한 글자(尊)를 하사받을 정도로 신임을 받았다. 하지만 끝내 반기를 들고 적으로 돌아섰다.

천황에게 양도하였다. 이로써 새 천황으로 고묘 천황이 즉위하였다. 다카우지는 1338년 고묘 천황으로부터 정이대장군에 임명되어 무로마치 막부를 개설하였다. 무로마치는 교토에 속한 지명이다. 다카우지는 시정 방침으로 건무식목建武式目을 발표하여 정권을 확실하게 장악하였다.

그러나 고다이고는 양도한 3종 신기가 가짜라고 주장하며 교토를 탈출, 요시노(나라현)로 피신하여, 정통성은 자신에게 있다며 또 다른 조정을 수립했다. 이것이 남조이다. 이로써 천황이 두 명 존재하는 남북조 시대가 열리게 되었다.

이듬해 다카우지와 항쟁을 계속한 고다이고 천황이 죽자, 다카우지는 고다이고의 명복을 위해 덴류지天龍寺를 건립하기도 하였다. 이처럼 고다이고 천황과 대립하였지만 천황에 대한 존경심을 가졌고 대립을 후회하기도 하였다. 두 사람은 얼마든지 협조하며 정치를 해나갈 여지도 있었으나, 고다이고 천황의 명분만 내세운 정치가 결국 파멸을 가져온 셈이다.

다카우지는 본래 신 막부를 수립하면서 정무를 자신의 동생인 아시카가 다다요시에게 맡기고, 자신은 무사들의 구심점 역할을 수행하는 등 권력을 분담했는데, 이것이 막부 내부의 대립을 초래하여 1350년 내란('觀應의 騷亂')으로 발전하였다. 이 난으로 다카우지파 무사와 다다요시忠義파의 무사가 각지에서 전투를 벌였다. 이렇게 북조 세력이 양분되어 다투는 과정에서 다다요시파가 남조 측과 내통하여 남조가 일시적으로 교토를 탈환하기도 하는 등, 다카우지파·

다다요시파·남조의 3파가 때에 따라 서로 합종연횡合從連橫하여 끝장이 나지 않는 싸움이 60년간 지속되었다.

그러다가 남조의 고카메야마後龜山 천황이 북조의 고코마쓰後小松 천황에게 양위하는 형식으로 남북조의 통합이 이루어졌다. 이로써 정통을 주장하던 남조 계통(대각사통大覺寺統)은 천황에서 배제되고 북조 계통(지묘인통持明院統)이 오늘날까지 이어지고 있다. 당초 통합 시에는 양 계통이 번갈아 천황이 되기로 약정하였지만 지켜지지 않았다.

아시카가 다카우지는 같은 막부 창설자인 미나모토노 요리토모나 도쿠가와 이에야스에 비해서 일본인들에게 인기가 없는 편이다. 특히 유학이 유입된 에도 시대와 천황 중심 사관이 지배했던 메이지 유신 이후, 다카우지는 더욱 저평가되었다.

에도 막부 말기 대정봉환大政奉還(1867년, 도쿠가와 요시노부가 천황에게 정권을 반납한 사건) 이전인 1863년에는 다카우지 쇼군의 목상의 목이 잘려 효수되는 일까지 있었을 정도였다. 천황과 격렬하게 대립하며 천황이 있는 교토에 막부를 세웠으므로 유교적 근왕사상의 관점에서 부정적이고, 근대 제국주의 일본에서는 천황을 서양식 절대 군주처럼 숭상하고 신성시했기 때문이다. 일본인의 천황 숭배 사상의 한 모습이다.

아시카가 요시미쓰

足利義滿(1358~1408)

무로마치 막부를 안정시켜
남북조 시대를 끝낸 3대 쇼군

무로마치 막부의 3대 쇼군이다. 유력 다이묘들의 권한을 약화시키고, 남조와 북조로 나뉘어 있던 조정을 하나로 만들고 조정 내에서도 강력한 권한을 행사하였다. 명나라와의 무역을 통해 큰 이익을 얻었고, 명 황제로부터 '일본 국왕' 칭호를 얻었다. 교토의 북산北山에 금박으로 장식된 금각사金閣寺를 건립하였다.

＊＊＊

2대 쇼군 요시아키라義詮의 아들로 11세에 쇼군이 되었다. 쇼군을 보좌하는 관령管領과 교토의 경비를 담당하는 시소侍所를 설치하는 등 막부의 조직을 제대로 정비하여 쇼군으로서 강력한 권한을 행사하였다.

요시미쓰는 교토 무로마치, 천황의 거소 바로 앞에, 화려한 저택을 건축하였다. 그래서 아시카가의 막부는 '무로마치 막부'라고도 불리게 되었다. 주변을 아름다운 정원으로 꾸몄기에 사람들은 '꽃의 궁전'이라 불렀다.

요시미쓰는 쇼군의 힘을 강화하기 위하여 유력 수호 다이묘守護大名의 세력을 억제하고자 했다. 그러나 무로마치 막부 시대 수호 다이묘의 힘은 매우 강했다. 이들은 원래 막부로부터 지방 지배를 위임받아 관리하는 무사였으나 점차 스스로 영지를 나누어 주고 가신을 거느리는 영주로 성장했다. 어떤 경우에는 한 사람이 여러 지역을 동시에 지배할 정도로 권한이 막강했다.

요시미쓰는 도키씨土岐氏, 야마나씨山名氏 등의 세력을 약화시켜 중앙집권화를 도모하였다. 또한 공가들을 경제적으로 지원하여 우군으로 만들었다.

이러한 힘을 바탕으로 하여 남북으로 나뉘어 있던 조정을 하나로 통합하고자 나섰다. 1392년 요시미쓰는 남조에 사신을 보내, 북조의 고코마쓰後小松 천황을 정식의 천황으로 인정하고 이후에는 남조와 북조가 차례로 천황을 맡도록 하자고 제안하여 합의를 이끌어 내었다. 그 약속은 나중에 지켜지지 않았지만, 이로써 60년 만에 조정은 하나로 통합되었다.

요시미쓰는 1394년 아들 요시모치義持에게 쇼군직을 양위하였으나 뒤에서 정치를 계속하였다. 이듬해에는 태정대신의 직에서도 물러나 출가하였으나 그는 사실상 권력을 여전히 행사하였다. 요시미쓰는 일본 제 1의 권력자임을 과시하기 위하여 교토의 북산에 황금으로 장식한 호화로운 별장인 금각金閣을 건축하였다.•

• 금각의 1층은 공가풍(公家風), 2층은 무가풍(武家風), 3층은 사원풍(寺院風)으

아시카가 요시미쓰의 권력을 과시하기 위해 지어진 금각사.
황금으로 화려하게 장식한 것이 특징으로 교토의 대표 관광지이다.

이 무렵 일본인으로 구성된 해적인 왜구倭寇가 중국(명나라) 연안을 습격하여 약탈하는 일이 빈번히 발생하였다. 이에 명나라와 일본은 정식 무역을 함으로써 왜구를 단속하고자 하였다. 명나라가 발행한 무역허가 증명서인 감합부勘合符를 가진 무역선만이 무역을 할 수 있도록 하였다. 이것을 감합무역이라 한다. 일본 막부로서도 무역을

로 되어 있다. 이는 출가한 요시미쓰가 공가나 무가뿐만 아니라 사원 세력도 자신의 지배하에 두고자 하는 의도를 나타낸 것이다. 금각사는 교토의 문화재로서 세계문화유산으로 등록되어 있어, 많은 관광객이 방문하는 교토의 명소이다.

통해 큰 이익을 얻을 수 있는 기회였다. 일본은 동, 칠기, 칼 등을 수출하였고, 명나라는 동전, 생사, 견직물, 도자기 등을 수출하였다.

이 과정에서 요시미쓰는 1401년 명나라에 사신을 파견하고 명 황제로부터 '일본 국왕' 칭호를 얻었다. 이는 894년 견당사 파견이 폐지된 후 500년 만의 조공이었다.

요시미츠는 막부를 안정시키고 남북조를 통합하는 공을 세웠지만, 그가 명 황제로부터 자신이 천황을 넘어 일본 제 1인자로 인정받은 것에 만족하여 자랑스러워한 것은 일본으로서는 수치라 할 것이다. 이는 일본국의 지위를 조공국가로 격하하는 것이기 때문이다.•

• 그래서 요시미쓰의 아들인 4대 쇼군 요시모치는 조공 무역을 중단하였다. 그러나 20년 후 6대 쇼군 요리노리(義教)는 무역을 재개하였다. 막부 재정이 어려웠기 때문이다. 막부 세력이 쇠퇴한 말기에는 수호 다이묘가 무역을 담당하였다. 1523년에는 오우치씨(大內氏)와 호소카와씨(細川氏)가 무역 주도권을 둘러싸고 중국 영파(寧波)항에서 충돌하는 사건(영파의 난)이 벌어졌다.

아시카가 요시마사

足利義政(1436~1490)

'오닌의 난'을 야기하여
막부를 쇠락의 길로 이끈 쇼군

1449년 막부의 8대 쇼군으로 14세에 취임하였다. 할아버지인 요시미쓰 쇼군처럼 훌륭한 쇼군이 되겠다며 의욕적으로 정치에 나섰으나, 결단력이 없고 우유부단한 성품 탓에 20대 후반에 들어 정치에 대한 의욕을 상실하였다. 1467년 쇼군의 후계를 둘러싸고 '오닌應人의 난'이 발생하여 10년이나 계속되는 바람에 막부의 권위는 땅에 떨어지고 교토는 황폐해졌다. 그럼에도 교토의 동산東山에서 정원 가꾸기나 음악 등 예술에 탐닉하며 세월을 보냈다.

***

요시마사는 취임 초기에는 적극적인 정치 활동을 보이기도 했다. 그러나 측근과 수호 다이묘 사이의 대립으로 정치적 혼란이 계속되었다. 유력 수호 다이묘나 요시마사의 처 히노 도미코日野富子 등에 의해 막부 정치가 좌지우지되고, 농민 반란이 빈발하자, 그와 같은 정치 혼란에 싫증을 느낀 요시마사는 쇼군직을 성실히 수행할 의욕을 잃었다.

특히 1459년부터 1461년에 걸쳐 일본 전국을 덮친 대기근에도 대책을 세우지 않았다. 오히려 하루빨리 쇼군직을 양위하려는 생각이었다. 이에 따라 쇼군의 후계 문제를 둘러싸고 막부 내부뿐만 아니라 다이묘들까지 나뉘고 서로 얽혀 전쟁으로 발전하였다. 이것이 '오닌의 난'이다.

아들이 없는 요시마사는 1464년 성급하게도 출가하여 승려가 된 동생 요시미義視에게 쇼군직 계승을 부탁하였으나, 요시미는 요시마사가 아직 아들을 낳을 수 있다고 보아(당시 29세) 승계와 관련하여 분란이 있을 것을 예상하고 사양하기도 하였다. 하지만 요시마사가 "향후 아들을 얻더라도 승문僧門에 들이고 내 뒤를 잇게 할 생각은 없다"라고 약속하자 이를 받아들여 승낙하고 환속하였다. 그러나 이듬해 요시마사의 처 도미코는 아들 요시히사義尙를 출산하였다. 도미코는 요시히사를 쇼군으로 만들고자 하였고, 차기 쇼군을 둘러싸고 분쟁이 생기는 것은 당연하였다. 요시마사는 해결을 위한 아무런 노력도 하지 않았다.

요시미와 도미코는 유력 수호 다이묘들을 각기 자기편으로 끌어들여 세력을 규합하였고, 1467년부터 전국이 둘로 갈라져 싸움이 시작되었다.

그 무렵 무가에서의 상속은 분할상속으로부터 단독상속으로 변화하였기 때문에 무가 내부에서도 상속 분쟁이 많이 발생하였다. 그 분규의 결정권은 막부가 쥐고 있었으므로 무가들도 막부의 유력 세력에 줄을 대고 의지하려는 경향이 나타나, 결과적으로 어느 한 세력에 편입될 수밖에 없었다. 이 점도 분쟁을 더 확산시키는 원인이 되었다.

이 난은 발생 시점의 연호를 따서 '오닌의 난'으로 불리지만, 주요 사건이 분메이文明 연간에 걸쳐 일어났기에, '오닌·분메이의 난'이라고 불리기도 한다.

요시미를 지지하는 호소카와 가쓰모토細川勝元 및 지방 유력 수호 다이묘들로 구성된 동군과 요시히사를 지지하는 야마나 소젠山名宗全 및 지방 유력 수호 다이묘들로 구성된 서군이 전쟁을 벌였다. 지방의 유력한 수호 다이묘들은 영토를 확장하려는 의도를 갖고 참전하기도 하였다. 난은 규슈 등 일부를 제외한 대부분의 지역으로 확대되었으나 승자도 패자도 없이 10년이나 계속되었다.

그 결과 교토는 황폐해지고 막부의 권위는 땅에 떨어졌으며, 수호 다이묘도 힘을 잃었다. 이를 통해 무로마치 막부 체제는 주인도 어른도 없이 힘의 지배만 남은 군웅할거의 전국戰國(센고쿠) 시대로 전환되었고, 이 상태는 1세기 남짓 지속되었다.

형식상 무로마치 막부가 멸망한 것은 15대 쇼군 요시아키義昭가 오다 노부나가에 의해 교토에서 축출된 1573년이지만 실질적으로는 오닌의 난으로 무로마치 막부는 끝난 것이나 다름없다. 요시마사에 이어 쇼군이 된 요시히사는 교토 부근 야마시로山城 한 지역만을 차지한 수호 다이묘나 다름없게 되었다.

쇼군에서 물러난 아시카가 요시마사가 별장으로 지어 예술을 탐닉한 은각사.
일본의 동산 문화 발달에 커다란 영향을 미쳤다.

무로마치 막부의 멸망 원인을 제공한 요시마사는 무능하고 무책임하며 우유부단한 성품의 쇼군이었다. 그렇지만 그는 교토의 동산東山에 별장 은각銀閣을 짓고 노能와 차茶를 즐기는 우아한 생활을 하였다. 이때 꽃피운 문화가 할아버지인 요시미쓰의 북산 문화와 구별되는 동산 문화이다. 동산 문화는 공가, 무가, 선종의 문화가 한데 어우러진 것이 특징으로 정원, 건축, 다도, 수묵화, 화도 등 여러 분야에서 발전하였다. 그런 점에서 문화 예술의 발전에는 기여하였지만, 정치적으로는 역량 미달의 쇼군이었다.

전국·아즈치 모모야마 시대

15세기 후반 '오닌의 난' 이후 100여 년간은 전국 각지에서 센고쿠 다이묘戰國大名들이 군웅할거한 전국戰國 시대였다. 지방에서 수호대守護代(슈고다이)나 그 아래 국인國人(고쿠진)들이 세력을 잡아 수호의 영지를 빼앗는 하극상의 풍조가 나타났고 이들이 바로 실력으로 영토를 지배한 센고쿠 다이묘였다. 이는 막부로부터 임명받아 영국領國을 다스리던 수호 다이묘와 구별된다.

이후 전국 각지의 센고쿠 다이묘와 종래의 수호 다이묘들이 쟁패를 벌인 끝에, 오다 노부나가를 거쳐 도요토미 히데요시가 천하 통일을 이루었다. 이처럼 노부나가와 히데요시가 정권을 장악한 시기를 '아즈치 모모야마 시대'라고 하며, 보통 노부나가가 아시카가 요시아키를 등에 업고 교토에 입성한 1568년부터 히데요시가 일본을 통일한 후 임진왜란을 일으켰다가 1598년 사망할 때까지 또는 에도 막부가 성립한 1603년까지를 가리킨다.

오닌의 난 이후의 말기 무로마치 시대와 아즈치 모모야마 시대를 통틀어 '전국 시대'라고 부른다. 1603년 도쿠가와 이에야스가 정권을 장악하면서 아즈치 모모야마 시대는 끝나고 에도 시대가 시작되었다.

다케다 신겐

武田信玄(1521~1573)

가이甲斐의 호랑이, 병사病死로 오다에게 천하 통일의 기회를 주다

15세기 후반에 발생한 오닌의 난은 혼란스러운 전란의 시대의 서막이었다. 그 후 100여 년간 전국 각지에서 다이묘들이 군웅할거하는 전국 시대가 전개되었다. 이 시기 쇼군은 통제력을 완전히 상실하였다.

오닌의 난이 지속된 10년간 수호 다이묘들이 교토에 머물며 난에 휩쓸려 있는 사이, 지방에서는 수호 다이묘를 대신하여 영국領國을 관리하던 수호대나 그 수하의 국인들이 세력을 확장하였다. 그 가운데 영지를 탈취하여 스스로 다이묘가 됨으로써 기존 질서는 무너지고, 하급자가 상급자를 무너뜨리고 올라가는 하극상下剋上 풍조가 만연하게 되었다.

막부로부터 임명되어 영지를 지배하는 수호 다이묘와는 달리 센고쿠 다이묘는 자신의 힘으로 다이묘가 된 것이다. 심지어 떠돌이 낭인이나 기름 장수에서 치고 올라가 다이묘가 된 이즈伊豆·사가미相模의 호조소운北条早雲이나 미노美濃의 사이토 도산斎藤道三의 경우는 극적이라 할 만하다. 이처럼 다이묘가 되거나 다이묘에서 쫓겨나거나, 모든 것이 힘의 논리에 의존하므로 '센고쿠 다이묘'라 부르는 것이다.

그러나 센고쿠 다이묘가 되는 데는 전투력뿐 아니라 영국 경영이나 가신 통제의 능력이 필요하였다. 이런 능력을 잘 보여준 전국 시대의 대표

영걸로는 오다 노부나가, 도요토미 히데요시, 도쿠가와 이에야스를 들 수 있으나 그 밖에 천하 통일의 야망과 능력을 가진 센고쿠 다이묘로서, 다케다 신겐, 우에스기 겐신과 이마가와 요시모토를 들 수 있다.•

＊＊＊

다케다 신겐은 21세 때 아버지인 노부토라信虎를 몰아내고 가이甲斐(지금 야마나시현)의 다이묘가 되었다. 아버지가 폭정을 일삼아 영민들의 신뢰를 잃었고 가신들이 돌아섰기 때문이었다.••

신겐은 법·제도 정비, 광산 개발이나 홍수 대책 등에서 행정 능력을 보이면서 가이 지역은 물론 북부의 시나노信濃 지역의 유력한 호족들을 격파하여 패권을 장악하고 영지를 확장하였다. 막강한 기마부대를 구축하여 '풍림화산風林火山'의 깃발을 들고 전장을 누볐다. 그래서 붙은 별명이 "가이의 호랑이"였다.

• 수호 다이묘는 원칙적으로 교토에 체재하여야 하고 그 권위의 근원이 막부에서 기인한 것이나, 그렇지 아니한 센고쿠 다이묘는 자기 힘으로 영국 지배를 확실히 해야 하므로 가신과의 관계 설정 등에서 뛰어난 능력을 보여주어야 했다. 예컨대 가신에게 영지를 나누어 주고 그에 따라 가신으로부터 연공수입과 유사시 군역을 제공받는데 이를 매끄럽게 관리하는 것이 핵심이다. 또한 영국 내의 질서를 유지하고, 가신의 반란을 막기 위하여 영국 내에 적용되는 분국법을 정하여 관리했고, 가신의 사투(私鬪)를 금지하거나, 지정된 곳에 주거하도록 했다.

•• 신겐은 쿠데타 후 아버지를 스루가의 이마가와가(今川家)로 보내버렸으나 생활비를 송금해줬다. 아버지 노부토라는 이마가와의 영지에서 지내다가 오케하자마 전투에서 이마가와 요시모토가 죽자 이세를 거쳐 교토로 옮겨 살았고, 신겐보다 더 오래 생존하여 81세까지 천수를 누렸다.

풍림화산은 《손자병법》에 나오는 구절로, "군사를 움직일 때 그 빠르기는 바람과 같이其疾如風, 그 조용하기는 숲과 같이其徐如林, 침략할 때는 거세게 번지는 불과 같이侵掠如火, 움직이지 않을 때는 산과 같이 하라不動如山"는 뜻이다.

그러나 영지를 확장해나가는 과정에서 최후의 장애물은 북 시나노의 호족 무라카미 요시키요였다. 그는 나름대로 강하게 저항하다 에치고越後(지금의 니가타현)의 우에스기 겐신上杉謙信(1530~ 1578)에게로 도망쳐 원군을 요청하였다.

우에스기 겐신은 22세 때 가문 내부의 분쟁을 수습하고 에치고를 통일하였다. 이후 신겐이나 주변 센고쿠 다이묘들과 싸우며 실력을 키워나가다가, 1561년 관동 관령 우에스기 노리마사上杉憲政로부터 가문과 관령직을 물려받아 이름을 우에스기 마사토라上杉政虎로 바꾸었다.• 겐신은 나중에 출가한 후 바뀐 이름이다.

신겐과 겐신은 가와나카지마川中島에서 다섯 차례에 걸쳐 북 시나노의 패권을 두고 전투를 벌였다. 그 가운데 네 번째 전투인 하치만바라八幡原 전투에서 쌍방이 생사를 걸고 크게 맞부딪쳐 모두 괴멸적

• 관동 관령은 무로마치 시대의 관직으로 관동 지방을 다스리는 직책이었다. 쇼군 일족인 우에스기 가문이 대대로 맡아왔으나 차츰 힘을 잃자 나가오 가문 출신으로 에치고의 실력자였던 겐신에게 성과 관직을 넘겨주었다. 겐신의 본래 이름은 나가오 가게토라였다. 당시 관동 관령은 명목상의 자리로 실속이 없는 직이었다.

피해를 입었다. 보통 가와나카지마 전투라고 하면 이 네 번째 전투를 말한다.

이 전투의 결과로 신겐은 엄청난 손실과 함께 유능한 가신들을 다수 잃었으나 목표했던 가와나카지마의 패권을 장악했으므로 일단은 승리했다고 할 수 있지만, 시나노 북쪽은 결국 빼앗지 못하였다. 겐신은 잘 방어하고 인적 손실도 적었다. 그래서 역사는 이 싸움을 무승부로 보고 양자를 숙명의 라이벌로 평가한다.• 드라마 등에서 즐겨 다루어지는 테마다.

신겐은 전쟁을 통해 영지를 확장할 뿐만 아니라 법·제도를 정비하고, 지방 호족을 포섭하거나 능력 있는 자를 적극적으로 발탁해 활용하였다. 새 금광을 개발하고 발전된 제련 기술을 도입하여 막대한 양의 금을 생산하였다. 또한 금광 개발에 쓰인 토목공학적 기술을 전쟁에도 적극적으로 활용하였다. 또한 이런 공법을 사용해 강물의 흐름을 돌리고 수해를 방지하는 제방을 축조하는 등 홍수 대책 같은 민생 분야에서도 행정 능력을 보여주었다.

신겐은 그동안 쌓아온 힘을 바탕으로 다이묘들의 최종 목표라 할

• 적대적인 상대방이라도 어려움에 처하면 도와준다는 의미의 속담 "적에게 소금을 보낸다"는 말이 있다. 신겐의 영지인 가이는 산지라서 소금이 부족했는데 겐신이 신겐에게 소금을 보내주었다는 일화에서 나온 것이다. 또한 신겐은 겐신을 신뢰하여 죽기 전 아들 가쓰요리에게 어려움이 있으면 겐신에게 부탁해 보라는 유언을 남겼다고도 한다.

수 있는 상락上洛(교토 진출)에 나섰는데, 가이에서 교토로 가는 길목에는 빠르게 성장해 중앙에서 힘을 키워온 오다 노부나가와 도쿠가와 이에야스의 연합 세력이 버티고 있었다.

1572년 미카타가하라三方ヶ原에서 신겐군과 이에야스군 사이에 전투가 벌어졌다. 결과는 신겐군의 압도적 승리. 이에야스군은 2천 명의 사망자를 내고 오다 측 지원군은 사령관까지 사망하였다. 도쿠가와 이에야스는 혼쭐이 나서 바지에 똥을 지리며 도주할 정도였다고 전해진다. 이에야스의 일생일대의 수치였다.

그러나 이에야스군을 격파한 후 얼마 지나지 않아 신겐 자신이 병으로 쓰러지면서 상락은 물거품이 되고 말았다. 사실상 오다-도쿠가와 연합의 붕괴가 눈앞에 있던 것을 생각해 보면 오다 노부나가는 운이 참으로 좋은 무장이었다. 역사는 이처럼 운에 의하여 방향이 결정되기도 한다.•

한편 겐신은 1577년 노도能登(이시카와현)에서 오다 노부나가와 싸워 승리하였지만 이듬해 죽고 만다. 결국 오다 노부나가가 천하통일에 이르지만, 이는 오다 노부나가를 위협할 수 있는 능력을 가진 두 사람이 병으로 죽은 데 힘입은 바가 크다.

• 이때 노부나가는 한동안 잠을 못 이루다가, 신겐의 죽음을 듣고 3일 밤낮을 잠만 잤다고 한다. 이는 노부나가에게 위협이 되는 결정적 순간이었음을 의미한다. 훗날, 다케다가(武田家)는 신겐의 아들 다케다 가쓰요리(武田勝頼) 시대에 나가시노(長篠) 전투에서 노부나가에게 패배하여 멸망하였다.

그런데 오다 노부나가를 위협할 수 있는 또 다른 다이묘가 있었다. 다름 아닌 이마가와 요시모토今川義元(1519~1560)였다. 이마가와는 18세 때 전국 시대 동해 지방인 스루가駿河(지금 시즈오카현 중앙부)와 도토미遠江(지금 시즈오카현 서부) 지역을 지배하는 이마가와가의 다이묘가 되었다. 그는 법제를 정비하고 주변국 정보를 수집·경계하는 등 우수한 정치·행정력을 보여주었다. 교토의 문화에도 관심을 갖고 문화인과 교류하며 스스로 와카和歌를 짓는 등 풍류를 즐겼다.•

다케다씨, 호조씨와 더불어 3자 동맹을 맺어 지역 기반을 튼튼히 하고, 이를 교토나 오다 노부나가 공략의 기반으로 삼는 등 외교 정책에도 성공하였다. 이 모든 것은 다이겐 셋사이太原雪濟라는 군사君師의 조언을 받고 이를 잘 이행한 덕분이었다. 승려였던 셋사이는 요시모토에게 정치, 외교, 군사 등 다방면에 걸쳐 조언하였고 요시모토는 이를 잘 따랐다. 셋사이가 1555년 사거하였으나, 만약 그가 더 오래 살았더라면 이마가와가가 몰락하는 일은 없었을 것이라고 평가된다.

실제로 1560년 요시모토는 오다 노부가나가 오와리를 침략할 때 큰 실수를 저질렀다. 이마가와군은 25,000명의 병력이고, 오다군은 4,000명에 불과했다. 오와리 지역 오케하자마桶狭間에 진출하여 쉬고

• 치아를 검게 하는 등의 귀족풍 문화에 탐닉하기도 하고, '동해 지방 제 1의 명궁'의 명성도 얻었다.

있던 요시모토를 오다는 비가 내리는 틈에 소수 정예군을 편성, 습격하여 살해하였다. 요시모토의 방심을 틈탄 기적 같은 작전이었다. 오다가 이 지역을 잘 알고 있었기에 가능한 일이기도 했다. 요시모토가 죽은 후 도쿠가와는 그때까지의 이마가와와의 동맹을 깨고 오다와 동맹을 맺었다. 이마가와가는 일찌감치 몰락하여 오다 노부나가에게 천하 통일의 길을 열어 준 것이다.

이처럼 이마가와 요시모토의 방심으로 인한 죽음, 다케다 신겐과 우에스기 겐신의 갑작스러운 병사가 결국 오다 노부나가의 사실상 천하 통일에의 길을 열어 주었다. 이는 오다 노부나가의 행운이었고, 일본 역사의 흐름을 바꾸는 원인이 되었다.

오다 노부나가

織田信長(1534~1582)

천하 통일을 꿈꾸었던 개혁 무장

오다 노부나가는 일본 역사상 10대 중요 인물의 하나로, 전국 시대를 마감하는 천하 통일을 목전에 두었으나 부하 아케치 미쓰히데의 공격으로 꿈을 이루지 못한 인물이다. 그러나 현대 일본인은 그가 동시대 인물들과는 달리, 특히 구습에 얽매이지 않는 개혁 정신으로 시대 변화를 이끌었다는 점에서 매력을 느끼고 좋아한다. 그 결과 그의 행적이 많은 소설과 드라마의 소재로 등장한다.

***

1551년 18세 때 아버지 노부히데信秀에 이어 오와리尾張(지금 아이치현)의 다이묘가 되었다. 노부나가가 태어날 무렵 오다 가문은 오와리 수호守護인 시바斯波 가문을 허깨비로 만들고 정권을 잡은 센고쿠 다이묘였다. 하극상의 전형적인 사례였다. 그러나 오다 가문 내부도 복잡하게 얽혀 서로 다투었고, 오다 가문의 방계이자 가신이었던 아버지 오다 노부히데가 실권을 장악하였다.

부친이 사망하자 평소 노부나가를 마음에 들어 하지 않던 오다가에서는 노부나가의 친동생 노부유키信行를 후계자로 옹립하려 했다. 노부나가는 어릴 적부터 기괴한 행동으로 멍청이 취급을 받았기 때문이다.• 노부나가는 친동생 등 자신에게 반기를 든 세력을 차례로 제압하고 오와리를 완전히 지배하는 다이묘에 올랐다. 아버지가 죽은 후 8년 만이었다.

다이묘가 된 노부나가는 기존과 다른 혁신적 사고와 실천으로 경쟁 세력들을 제압해 나갔다. 그 무렵 일본 다네가섬種子島을 통해 철포가 들어왔고(1543년), 이어서 프란치스코 하비에르 선교사가 들어왔다(1549년). 농업 기술 등의 발달로 경제도 크게 발전하고 인구도 급증하는 시기였다. 노부나가는 이런 시대적 상황을 잘 이용했고, 아울러 천황이나 쇼군의 권위도 적절히 이용하였다.

우선 서양에서 들어온 철포를 다른 무장들보다 앞서 무기로 사용하기 시작하였다. 그리고 하급 무사를 고용하여 직업 군인으로 만드는 병농분리兵農分離를 통하여 전투력을 강화하였다. 병농분리 상태에서는 농번기와 관계없이 언제든, 얼마 동안이든 전쟁을 할 수 있어 전쟁의 주도권을 쥘 수 있는 이점이 있었다. 종래의 상식을 깨는 독창적 사고의 결과였다.

1560년 오케하자마 전투에서 절대적으로 부족한 병력(25,000명

• 아버지는 생전 노부유키를 더 사랑했다. 그런 탓인지 아버지가 죽었을 때도 노부나가는 통상복을 입고 나타나 아버지 위패에 향을 뿌리는 예의에 어긋나는 행동을 하였다.

대 4,000명)으로 이마가와 요시모토를 기습, 살해함으로써 강적을 제거하였다.* 이후 '천하포무天下布武(무력으로 천하를 얻다)'의 깃발을 내걸고 세력을 확대하며 적대 세력을 물리쳐 나갔다.

이 전투의 승리로 노부나가는 동쪽으로부터의 위협에서 벗어나고, 도쿠가와가와 동맹을 맺고, 서쪽의 미노·이세·오미를 넘어 교토로 향할 수 있는 발판을 마련했다. 이는 끈기 있는 인내와 전략적 사고의 결과였다.

노부나가는 먼저 처조카 사이토 다츠오키의 사이토 가문을 격파하여 미노(지금 기후현)를 수중에 넣었다.** 노부나가는 7년간 10여 회의 전쟁을 치르며 수차례 실패한 끝에 결국 미노를 수중에 넣을 수 있었다. 끈질긴 집념을 결과였다.

노부나가는 이에야스와 동맹을 맺고 연합군을 형성하여 1570년 오미국(지금 시가현) 아네가와姉川 전투에서 아사이가浅井家와 아사쿠라가朝倉家 연합군을 물리쳤다. 아사이 나가마사는 노부나가의 누이

• 이마가와군은 대군이었지만 종대로 길게 편성되어 있었고, 이 정보를 들은 노부나가가 옆에서 기습 공격하였기에 이마가와군의 다수는 큰 역할을 하지 못했다고 하고, 당시 소나기가 내린 것도 노부나가에겐 행운이었다. 이 때문에 노부나가는 적은 군사에 의한 기습 공격에 능한 무장으로 알려지기도 하였으나, 그 후 대부분의 전투는 수적 우위를 확보하여 신중하고 참을성 있게 진행하여 승리를 거두었다.

•• 미노의 다이묘는 오다 노부나가의 장인인 사이토 도산이었다. 사이토 도산도 기름 장수에서 출발하여 하극상으로 다이묘에 올랐다. 도산은 후계 문제로 아들인 사이토 요시타쓰(義龍)와 벌인 나가라강 전투에서 전사하였다. 다츠오키(龍興)는 요시타쓰의 아들이다.

인 오이치와 혼인하여 노부나가와는 좋은 관계였으나, 노부나가가 아사쿠라와 전쟁을 하게 되자, 아사쿠라가와의 전통적 우호관계 때문에, 패배를 예견하면서도 노부나가를 배반하고 아사쿠라에 붙었다 패망한 것이다.•

1568년 노부나가는 교토로 올라간 후 막부의 내분에 개입하여, 자신에게 지원을 요청해 온 요시아키義昭(쇼군 요시테루義輝의 아우)를 쇼군으로 만들어 막부의 실권을 장악하였다.•• 그러나 요시아키가 변심하여 자신을 제거하려는 움직임을 보이자, 1573년 노부나가는 요시아키를 교토에서 추방하여 무로마치 막부는 멸망하였다. 그리고 천황의 거소를 수리해주거나 세금을 징수해주는 등 도움을 주어 천황을 자기편으로 끌어들였고 그 권위를 활용하였다. 이처럼 노부나가는 정치 감각도 출중하였다.

- • 아사이 나가마사는 패전하여 자살을 앞두고 처인 오이치가 친정으로 돌아갈 수 있도록 배려하였다. 오이치는 남편과 함께 죽겠다며 거부하다 결국 노부나가에게 돌아갔다. 이때 양 군은 싸움을 멈추고 오이치가 무사히 돌아가도록 도왔다. 오이치는 노부나가의 부하인 시바타 가쓰이에(柴田勝家)와 재혼하였다.
- •• 미요시 요시쓰구(三好義継)가 1565년 기나이에서 쇼군 아시카가 요시테루를 살해하는 사건이 일어났다. 이 '에이로쿠(永祿)의 변'에서 요시테루의 유력 친족들은 절멸에 가까운 피해를 입었지만, 야마토에 기거하던 요시테루의 동생들 중 한 명인 요시아키는 마쓰나가 히사히데의 도움으로 목숨을 건졌다. 이렇게 살아남은 요시아키는 아사쿠라 가문과 교섭하여 야마토를 탈출, 이후 노부나가에게 몸을 의탁한다. 노부나가는 이에 응하여 군사를 이끌고 기나이로 들어가 끝내 그곳의 세력을 물리치고 교토로 입성한다.

오다 노부나가는 그를 적대시하는 승병僧兵 세력을 제거하기 위하여 히에이산 엔랴쿠지延曆寺를 불 질러 수많은 승려들을 학살하였다. 1580년에는 불교 세력인 잇코잇키一向一揆의 총본부인 오사카 이시야마石山 혼간지本願寺를 공격하여 그 지도자들을 오사카에서 축출하였다.

한편 노부나가의 최대 적인 다케다 신겐은 1573년 병으로 사망하였다. 힘을 잃은 다케다가를 신겐의 아들 다케다 가쓰요리勝賴가 계승하였다. 노부나가는 1575년 이에야스와 함께 다케다 가쓰요리를 나가시노長篠 전투에서 궤멸시켰다. 다케다군의 기마대는 최강을 자랑하였으나 오다군은 철포를 사용하여 승리를 거두었다.

1578년 우에스기 겐신이 병사한 뒤 우에스기가는 일족 사이에 내분이 일어나 오다군의 상대가 되지 못했다. 노부나가는 천하 통일을 목전에 두게 되었다.

노부나가는 1579년 오미近江(지금 시가현) 비와호琵琶湖 동쪽 아즈치安土에 거대한 성을 지었다. 5층 7중의 천수각은 당시 일본의 최대 건축물이었고, 노부나가의 자신감을 드러내는 표현이었다. 지금은 돌담만 남아 있다.

노부나가가 정치에서 역점을 둔 것은 전쟁 외에 재정 기반의 확충이었다. 전쟁도 재정이 뒷받침이 되어야 승리할 수 있기 때문이다. 이를 위한 방책이 라쿠이치·라쿠자樂市·樂座정책이다. 이는 누구라도 자유롭게 상업을 할 수 있도록 종래의 상인좌商人座(제한된 상인만 거래할 수 있도록 만든 상인조합)를 폐지한 것이다. 또한 지역 사이에 설치되어 통행세를 받던 국경의 세키쇼關所를 철폐하여 물건과 사람의 이동을 자유롭게 하여 상업의 진흥을 도모하였다. 지금으로 말하면 시장경제 활성화를 위한 규제 철폐이다. 이것이 경제 활성화와 재정 수입의 증대를 가져옴은 당연하다. 그 효과가 나타나는 데는 다소 시간이 걸렸지만 말이다.

또한 인재 등용도 철저히 능력 위주로 행하였다. 미천한 바늘 장수를 발탁하여 나중에 2인자로 만든 도요토미 히데요시가 그 대표적 예이다.

불교 세력에 대항하기 위하여 서양에서 들어온 기독교를 보호하고 난반지南蠻寺• 건립도 허용하였다.•• 그는 종교를 개인의 신앙 문제로 보고 종교가 정치에 관여하는 것을 배격하였다. 정교 분리의 원칙을 채택한 셈이다.

노부나가는 유럽과 무역을 활발히 하고(남만무역), 유럽의 물건·문화·지식 등을 적극적으로 수용하였다. 남만인(당시 일본에서 포르투갈과 스페인 사람들을 부르던 말)은 무역과 선교를 함께 하였으므로 무역을 통해 이익을 얻고자 하는 다이묘 가운데 기독교인이 되는 경우도 생겼다. 이른바 '기리스탄(당시 기독교인을 지칭하는 표현)

• 기독교 교회(성당)를 일본 사람들이 부르던 일반적인 호칭.

•• 당시 노부나가를 만난 루이스 프로이스는 노부나가는 신불, 점, 미신을 믿지 않는 사람이었다고 기록하였다.

가노 소슈, 〈오다 노부나가 초상〉(1583).
원본 장흥사 · 복제본 도쿄대학 사료편찬소 소장.

다이묘'이다. 분고후나이豊後府内의 다이묘 오토모 요시시게大友義鎭, 나가사키의 오무라 스미타다大村純忠, 히젠肥前의 아리마 하루노부有馬晴信가 그들이다.•

1582년 모리씨毛利氏와 전투 중이던 부하 도요토미 히데요시를 지원하기 위하여 빗추備中(지금 오카야마현)로 향하기 전, 노부나가는 교토의 혼노지本能寺에서 쉬던 중 부하 아케치 미쓰히데明智光秀의 공격을 받아 천하 통일을 목전에 두고 사망하였다.••

• 이 3인은 선교사의 청을 받아들여 4인의 소년을 로마 교황에게 파견하였다(天正遣歐使節). 이들은 8년 후 돌아왔지만 그때 선교사 추방령이 내려져 포교는 어렵게 되었다.

•• 혼노지에서 노부나가의 유해는 발견되지 않았다. 사건 후 아케치 편을 든 다이묘들이 극히 적었는데 이는 노부나가가 아직 살아 있다고 생각한 다이묘들이 많았기 때문이라는 설도 있다. 그 밖에도 노부나가는 파격적 개혁 정책 때문에 반대 세력으로부터 끊임없이 암살 위협을 받았다. 일본 속담에 "적은 혼노지에 있다"라는 말이 있는데 불의의 공격을 당했을 때 쓰는 표현이다.

아케치가 노부나가를 살해한 이유는 분명하지 않으며 여러 가지 설이 있다. 노부나가가 평소 아케치에게 모욕을 주는 등 거칠게 대한 것에 원한을 품은 탓이라는 설, 아케치 자신이 천하 지배의 야망을 가졌다는 설 등이 그것이다.

노부나가가 일본 역사에 남긴 것은 '천하포무'의 슬로건 아래 전국 통일의 절반 이상을 이루었고 이 토대 위에 이에야스의 전국 통일이 가능해졌다는 점이다. 그는 공가나 천황가의 정치 관여를 허용하지 않고, 지방 분권도 허용하지 않았으며, 오로지 무사가 중앙집권 정부를 확립하여 절대왕정을 세우는 것이 꿈이었다.

사카이야 다이치堺屋太一는 만약 노부나가가 10년을 더 살았더라면 일본은 절대왕정 국가가 되어 중상주의 정책을 취해 큰 경제 성장과 기술 진보를 이루었을 것이라고 말한다. 역사에서 가정은 무의미하다지만, 그가 더 오래 살았더라면 히데요시의 조선 침략으로 인한 막대한 피해도 없었을 것이다.

도요토미 히데요시

豊臣秀吉(1537~1598)

흙수저 출신으로
일본 통일을 이룬 과대망상의 무장

미천한 가정에서 태어나 떠돌이 장사 등을 하다가 오다 노부나가 밑으로 들어가 지략과 성실함으로 신임을 얻어 2인자의 지위까지 올랐다. 노부나가의 사후 전국 시대의 일본을 통일하고 일본 조정 최고의 자리인 관백關白에 올라 '천하인天下人'으로 불리게 되었다.•

그는 무모하게 조선을 침공해 임진왜란과 정유재란을 일으켰으나 실패하였다. 그로 인해 정권의 지지 기반이 흔들리게 되어 그의 사후에 정권이 도쿠가와 이에야스에게 넘어가고 가문은 멸문을 당하는 비운을 맞았다.

***

1582년 오다 노부나가가 가신인 아케치 미쓰히데의 모반으로 목숨을 잃었다. 당시 주고쿠中國 지방 빗추에서 모리군과 싸우고 있던 히

• 노부나가의 신발을 품에 안아 따뜻하게 하여 내놓아 노부나가를 감동시켰다는 일화가 유명하다. 일본인들 사이에서는 최고의 출세가도를 달린 인물로 불리며 입신출세의 상징으로 평가받는다.

데요시는 이 소식을 듣자 곧바로 모리 측과 화친을 맺고 급히 귀환했다. 이어 교토 근교 야마자키에서 아케치 미쓰히데를 격파하고 교토에 입성하였는데 노부나가가 죽은 지 불과 12일 만이었다. 실로 전광석화電光石火 같은 판단과 실행이었다.

그러나 노부나가의 장남도 혼노지에서 함께 사망하여 후계자 문제가 내분으로 이어졌다. 오다 가문 내부와 가신들이 서로 갈려 싸움을 벌였으나, 히데요시는 1582년 시즈가타케賤岳 전투에서 유력한 라이벌 시바타 가쓰이에를 물리치고 후계자 다툼에서 승리하였다. 이듬해인 1583년 오사카 이시야마 혼간지 터에 거대한 오사카성城을 건축하여 일본 정치의 중심지로 삼으며 위세를 과시하였다.

한편 도쿠가와 이에야스도 그사이 이마가와와 다케다의 옛 영지를 차지하며 세력을 키워 큰 다이묘가 되었다. 히데요시는 1584년 고마키小牧·나가쿠테長久手에서 이에야스와 전투를 벌였으나 승리하지 못해 도쿠가와를 멸망시키는 데는 실패하였다. 이후 히데요시는 정치적으로 우세한 상황에 섰지만 무리하지 않고 이에야스와 타협하여 자기편으로 끌어들이고, 이에야스는 히데요시의 여동생을 아내로 맞아 협력하였다.

히데요시는 계속하여 시코쿠四國의 조소가베씨長宗我部氏와 규슈의 시마즈씨島津氏 등을 정복하고 1590년에는 이에야스의 도움을 받아 관동 지방에서 저항하던 호조씨를 멸망시켰다. 동북 지방 오슈의 다테 마사무네도 항복하여 전국 통일은 완성되었다.

히데요시는 이에야스를 견제하기 위하여 동해 지방에 있던 이에야스를 더 동쪽인 관동 지방(에도)으로 영지를 교체하여 멀리 밀어냈다. 겉으로는 더 넓은 영지를 내린 것처럼 생색을 냈지만, 당시 그 지역은 습지가 많아 불모지나 다름없었다. 이에야스는 이에 순응했으나, 이것이 이에야스로서는 임진왜란에 참가하지 않고 에도를 거점으로 실력을 강화하는 기회가 되었다. 참을성이 가져온 전화위복轉禍爲福의 행운이었다.

히데요시의 군사 이외의 업적으로는, 전국적으로 농지 면적과 쌀 생산량을 정확히 파악하기 위한 토지 조사太閤檢地를 시행한 것이다. 이를 통해 이전까지 지역마다 달랐던 징세 기준을 통일하고 세금을 징수할 수 있게 하였다. 그리고 한 토지에 대하여 한 경작자만을 인정함에 따라, 주군에 딸린 무사 등은 경작지의 수입에 끼어들 여지가 없게 되었다. 이후로 무사들은 주군으로부터 급여를 받는 처지가 되었다.

그러나 당시 소출의 3분의 2에 이르는 과도한 세율은 농민들의 불만을 불러일으켰다. 이에 히데요시는 가타나가리령刀狩令을 내려 농민이 갖고 있는 칼이나 총포를 몰수하였다. 이는 반란을 막고 농민과 무사를 신분적으로 구분하여 무사의 지배를 확실하게 하기 위함이었다. 몰수한 무기들은 불상 제작의 재료로 사용하였다.

한편 히데요시는 기독교에 대한 경계심으로 선교사 추방령을 내리기도 하였으나 일반 민중의 신앙까지 금지하지는 않았다. 그러나 에도 막부가 들어서면서 기독교는 완전히 금지되었다.

히데요시는 노부나가와 마찬가지로 천황에게 접근하여 그 권위를 정치적으로 이용하였다. 천황을 경제적으로 도와주며 환심을 사 1585년에는 관백關白(간바쿠), 1586년에는 도요토미豊臣의 성姓과 태정대신太政大臣(다이조다이진)이라는 지위를 얻었다. 이후에는 교토에 지은 주라쿠다이聚樂第라는 호화 저택에 천황과 다이묘들을 초대하여 다이묘들이 히데요시에게 충성을 맹세하도록 하였다. 이리하여 히데요시는 일본 천하를 지배하게 되었다.

기고만장해진 히데요시는 1592년 조선을 침략하였다.• 이 전쟁은 흙수저 출신에서 성공한 히데요시가 명나라와 나아가 인도까지 진출하겠다는 과대망상과 당시 일본의 국내 사정이 맞물려 벌어진 일이었다. 국내 사정이란 통일 이후 챙겨주어야 할 다이묘나 가신들이 많지만 영지는 한정되어 있었기에 그 불만을 해소하기 위해 눈을 해외로 돌린 것이었다.

히데요시의 두 차례 조선 침략은 이순신 장군의 활약과 명나라 지원군의 개입으로 크게 고전하다가, 1598년 히데요시가 병사함에 따라 막을 내렸다. 이 침략 전쟁은 조선에 무한한 고통을 주었을 뿐, 일본에 직접적 이익을 주지는 못했다. 다만 많은 학자와 도공 등 기술자을 납치하고, 서책과 귀중품들을 대거 약탈하여 일본 주자학 발전이나 도예 기술 발전의 계기가 되었다.

• 임진·정유왜란을 일본에서는 "분로쿠(文祿), 게이초(慶長)의 역(役)"이라고 부른다.

히데요시의 사후 도요토미가는 조선 출병 때문에 세력이 약화되었다. 또한 실패 원인을 둘러싸고 정권 내부에 불화가 터졌다. 조선에 군량미 공급을 책임진 이시다 미쓰나리와, 전장에서 군량미를 제대로 공급받지 못해 고전을 겪은 가토 기요마사 사이에 감정의 골이 깊어진 것이다. 훗날 세키가하라 전투에서 두 사람은 다른 진영에서 서게 된다.

이에 반하여 에도로 밀려나 있어 출병하지 않은 도쿠가와 이에야스는 자기 세력을 보존하고 강화할 수 있었고, 마침내 에도 막부를 열 수 있게 되었다.

히데요시는 성실과 지략으로 밑바닥에서 치고 올라가 천하 통일을 이룬 인물이므로 일본인들은 그를 영웅이라 평가한다. 그러나 그는 조선과 명나라를 넘어 인도까지 지배하겠다는 과대망상에 사로잡혀 조선을 침공하고 막심한 피해를 끼쳐 후세 한일관계에까지 악영향을 미친 인물이다.

센 리큐

千利休(1522~1591)

일본 다도茶道를 완성시킨
도요토미 히데요시의 차茶 스승

전국 시대의 차인茶人으로 다도茶道의 한 유형인 와비차わび茶(화려함보다는 단순·소박함을 지향하는 다도 형식)를 완성한 인물로 "차의 성인聖人"이라고도 불린다. 오다 노부나가, 도요토미 히데요시와도 교류하며 다도를 지도하는 데 그치지 않고 정치적 조언자 역할도 하였다. 그러나 히데요시의 미움을 받아 할복을 명받았다.

***

전국 시대에 무사들이 교양으로써 익혀야 하는 것으로 다도가 유행하였다. 센 리큐는 오사카 인근 사카이에서 상인의 아들로 태어나 상인으로 활동하면서 다도를 공부하여 이를 예술의 경지까지 끌어올렸다. 특히 그는 소박함 속에 감추어진 아름다움을 추구하는 것을 중시하였다. 이것이 와비차이다. 검소하고 좁은 다실, 수수한 색깔의 찻그릇 등이 중요 요소였다.

센 리큐의 명성이 널리 알려지자 많은 무사들이 모여들었다. 오다 노부나가와도 친분을 맺고 교류하였다. 노부나가는 다도를 부하 장수들에게 전파하며 이를 정치적으로 활용하기도 하였다. 오다 노부나가가 혼노지에서 살해된 후 그 인연은 자연스럽게 후계자인 도요토미 히데요시에게로 이어졌다. 센 리큐는 히데요시와 긴밀히 교류하며 그의 요청에 따라 다실茶室을 짓고 다회茶會를 열어 지도하였다.

지금도 교토의 사찰 묘기안妙喜庵에는 히데요시의 부탁으로 리큐가 지은 것으로 알려진 다실 다이안待庵이 남아 있다. 다이안은 일본 최고最古의 다실 건조물로 국보로 지정되어 있다. 다다미 2장 크기의 작은 건물이지만, 센 리큐가 창안한 소안 다실草庵茶室 형식으로 지어진 것이다.

뿐만 아니라 센 리큐는 히데요시의 영향력 있는 조언자로도 활약하였다. 히데요시가 "공무는 나와 상의하고, 나머지는 센 리큐와 하라"고 말할 정도였다. 그러나 리큐의 영향력이 커지자 두 사람의 관계는 악화되었다. 히데요시의 심복인 이시다 미쓰나리는 "센 리큐는 히데요시를 두려워하지 않으며 장차 히데요시에게 위험이 될 인물이다"라고 지적하기도 했다.

실제로 히데요시가 만든 황금 다실에 대하여 리큐는 와비차 정신에 어긋난다 하여 부정적으로 평가하였다. 히데요시가 리큐의 딸을 아내(첩)로 맞고 싶다는 요청을 "딸을 팔아 출세하고 싶지 않다"며 거절했다. 리큐가 자기의 다기를 비싼 값에 판매하여 폭리를 취한다는 소문도 한몫하였다. 그 밖에도 리큐가 히데요시의 조선 침략을 비난한 것이 관계 악화의 원인이라는 설도 있다.

그러나 결정적이고 확실한 것은 따로 있다. 센 리큐가 '오닌의 난'으로 파괴된 다이토쿠지大德寺의 산문山門을 개축하면서, 히데요시도 드나드는 문 위에 자신의 목상을 설치한 것이다. 또한 낙성식에 즈음하여 하루야春屋에게 의뢰하여 받은 글이 "천문만호일시개天門萬戶一時開"•였고, 이를 다실에 걸어두었다는 점이다.

히데요시는 이에 분개하였고, 그의 영향력이 자기보다 커진다는 생각으로 리큐에게 할복을 명하였다. 처음에는 근신 처분 정도를 명할 생각이었으나 리큐가 사죄를 거부하면서 결국 70세의 나이로 할복하기까지 이르렀다.

권력자와 예술가의 부질없는 자존심 싸움이 가져온 결과라고나 할까?

• "天門萬戶一時開"은 "하늘의 문 만 개가 한순간에 열린다"라는 뜻이다. 불교적으로 깨달음의 순간, 누구에게나 열려 있는 진리의 문을 뜻하지만 정치적으로는 "천상의 문이 열려 새로운 천하의 주인이 나타난다"라는 뜻으로 읽힐 수 있다. 히데요시는 이를 자신의 정권을 위협하는 불길한 암시로 받아들였다.

이시다 미쓰나리

石田三成(1560~1600)

세키가하라 전투를 기획, 이에야스와 대결했던 히데요시의 심복

도요토미 히데요시의 가신으로 군사적인 면보다는 토지조사 사업, 전쟁 준비나 재정 관리 등 행정적인 면에서 큰 수완을 발휘하며 히데요시를 보좌하였다. 임진왜란 때는 주로 군사 물자의 조달, 공급 책임을 맡았으며, 조선에 건너와 장수들을 감시하며 히데요시에 보고하기도 하고• 행주산성 전투에 참여하기도 하였다.

히데요시가 죽은 뒤 이에야스가 정권을 잡으려 하자 히데요시를 지지하는 세력(서군)을 모아 이에야스를 지지하는 세력(동군)과 세키가하라에서 전투를 벌였으나 패하였다. 군사 지휘관으로서의 역량은 미흡했고 성격도 차가워 그를 싫어하는 사람이 적지 않았으니 어쩌면 예정된 결과였다. 그 후 승리한 이에야스가 천하를 지배하게 되니, 이 전투는 천하의 향방을 정하는 분기점이 되어 일본 역사에 큰 영향을 끼쳤다.

• 이 때문에 가토 기요마사 등과 극도로 사이가 나빴으며, 이것이 세키가하라 전투에까지 영향을 미쳤다.

***

히데요시는 죽기 전, 어린 아들 히데요리(당시 6세)가 장성한 후 정권을 담당할 수 있도록 나름 조치하였다. 즉, 도쿠가와 이에야스, 모리 데루모토毛利輝元, 마에다 토시이에前田利家, 우키다 히데이에宇喜多秀家, 우에스기 가게카쓰上杉景勝 등 거물 다이묘, 즉 5대로大老들이 최고 의사결정기관으로서 합의로 정치를 하며 히데요리를 후견하도록 한 것이다. 이들 밑에 5봉행奉行을 두어 집행 업무를 담당하게 하였다. 대로가 장관이라면, 봉행은 차관이었다.

미쓰나리•는 5봉행 중 4번째에 해당하는 그저 그런 직위였다. 이에야스는 겉으로는 히데요시의 당부를 따르는 듯하였지만 실제로는 정권을 획득할 심산이었다. 이에 미쓰나리가 반反 이에야스 세력(서군)을 규합하여 1600년 세키가하라(지금 기후현)에서 이에야스 세력(동군)과 전투를 벌인다. 당시 동원된 병력은 동군 약 9만 명, 서군 약 8만 명이었다.

이에야스는 5대로의 수석 다이묘로서 254만 석의 영지를 가진 최고 실력자인 것에 비하면, 미쓰나리는 영지가 20만 석에 불과하고 직위도 5대로 밑에 있는 5봉행 가운데 4번째에 불과한 존재였다. 애당초 급이 다른 존재인 미쓰나리가 이에야스에 도전하는 것은 무

• 미쓰나리는 집안 문장으로 大一大万大吉(だいいち・だいまん・だいきち)을 사용했다. "한 사람이 만인을 위하고, 그 만인이 한 사람을 위한다면 세상엔 복이 오노라"라는 의미이다.

모했기 때문에 치밀한 준비가 필요했다.

그래서 체급에서 이에야스에 맞설 수 있는 120만 석의 거물 다이묘 모리 데루모토를 서군의 총대장으로 모셨으나, 그는 좌고우면하며 히데요리를 모신다는 구실로 전장에 나타나지 않고 오사카성에 머물렀다. 그의 사촌이자 양자인 모리 히데모토毛利秀元가 대신 모리군을 이끌었으나 선봉장 깃카와 히로이에吉川広家가 "도시락을 먹어야 하니 전투에 나설 수 없다"고 할 정도로 소극적 태도를 취하였다.

미쓰나리에 동조하던 마에다 도시이에는 이미 병으로 사망하였다. 부대장으로 영입한 히데요시의 양자 우키다 히데이에는 사전 소통이 불충분했고, 집안 분규에 휩싸여 적극적으로 참여하지 못했다. 서군에 참여하겠다는 세력들도 승리에 대한 확신을 갖지 못하고 눈치를 보며 참여를 주저하였다.

전투 이전에 이에야스 측에서 서군 측 다이묘 상당수(가토 기요마사加藤清正, 후쿠시마 마사노리福島正則 등)를 포섭하기도 하였다. 또한 일단 서군에 참여했다가 차례로 배신하여 동군 쪽으로 돌아서는 인물들(고바야카와 히데아키小早川秀秋, 와키자카 야스하루脇坂安治, 구쓰키 모토쓰나朽木元綱 등)도 속출했다. 서군 측에서는 시마 사콘島左近이 분전하다 전사하였는데, 그는 미쓰나리가 자신이 받는 봉록의 절반을 떼어주며 영입한 무장이었다.

세키가하라 전투의 진형 자체는 서군에 유리했으나, 결국 용인술의 차이로 승패가 갈렸다. 거기에는 미쓰나리가 미워하는 사람과 좋아하는 사람을 확연히 구분하여 대하는 융통성 없는 차가운 성격이 영향을 미쳤다.

전투 후 미쓰나리와 고니시 유키나가小西行長 등은 처형되었으나 서군 측에 가담한 다이묘들은 영지를 일부 몰수당하는 선에서 살아남았다. 모리 히데모토나 시마쓰도 처벌받지 않고 살아남았는데 훗날 모리毛利의 죠슈번과 시마쓰島津의 사쓰마번이 연합하여 에도 막부를 멸망시켰다. 역사의 기연奇緣이다.

일본 역사에서 메이지 유신이나 괴뢰 만주국 건설처럼 최고위 수뇌가 아닌 중견 관료급 세력들이 쿠데타를 일으켜 실행한 경우가 왕왕 있었는데, 미쓰나리의 세키가하라 전투가 그 원조가 되는 셈이다. 그 뒤 이런 현상이 일본의 정치나 기업의 특징 중 하나로 나타났다. 어떤 이는 이를 두고 "일본은 권세를 가진 자가 큰일을 이루어내는 나라가 아니다"라고 말한다. 미쓰나리는 주군 히데요시에게 충성하며 의리를 지킨다는 대의명분이 있었고 꿈도 야무졌으나 준비 부족 등으로 현실적 실행력이 지극히 미약하여 실패한 대표적 인물이다.

에도 시대

에도 시대는 세키가하라 전투에서 승리한 도쿠가와 이에야스가 1603년 쇼군이 되어 에도(지금의 도쿄)에 막부를 세운 때부터, 1868년 메이지 유신으로 막을 내릴 때까지의 기간이다.

초기는 3대 쇼군 이에미쓰 시대까지의 무단정치 시기였다. 오사카에서 도요토미 히데요시 잔존 세력을 멸망시키고, 조정과 다이묘를 대상으로 한 법령과 제도를 정비하여 도쿠가와 쇼군가의 지배를 확립하였다. 전국 시대의 풍조가 남아 있던 때라 다이묘들의 반란을 경계하기 위함이었다.

중기는 7대 쇼군 시대까지의 문치文治 시기였다. 힘보다는 유교적 질서를 기초로 사회를 안정시켰다. 막정幕政의 안정은 경제 발전으로 이어졌다. 그러나 5대 쇼군 쓰나요시의 사치 등으로 재정 지출이 늘면서 막부의 재정은 크게 흔들렸다. 이를 수습하기 위하여 8대 쇼군 요시무네의 향보享保의 개혁, 이어진 관정寬政의 개혁, 천보天保의 개혁이 시행되었으나 기근 등으로 백성의 불만은 오히려 고조되었다.

말기에는 19세기 중반 구미열강의 압력에 굴복하여 개국을 단행하면서 사회가 크게 동요했다. 특히 막부의 개국 정책과 무능에 대한 불만이 격화하자 일본은 국론 분열의 소용돌이 속으로 빠져들었다. 존왕양이론尊王攘夷論, 공무 합체론, 막부 타도론 등이 충돌하는 가운데, 사쓰마번과 조슈번이 중심이 되어 막부를 무너뜨림으로써 에도 시대는 막을 내리고 메이지 유신으로 이어졌다.

도쿠가와 이에야스

德川家康(1542~1616)

전략과 인내로 천하 통일을 이루어 에도 막부를 개설한 쇼군

천하 통일을 도모했던 오다 노부나가와 도요토미 히데요시에 이어, 명실상부하게 통일을 완성하여 에도 막부를 열어 초대 쇼군이 된 인물이다. 그 과정에서 척박한 땅이었던 에도를 개발하여 지금의 도쿄로 발전할 토대를 만들었다.•

전쟁과 혼란의 시대를 마감하고 260여 년의 평화와 안정의 시대의 기틀을 마련하여, 메이지 유신 직전까지 근세 일본의 정치, 경제, 문화의 새로운 패러다임을 만들었다. 그렇기에 일본 역사에서 가장 중요한 인물로 평가된다. 혼란과 어려움의 시대를 헤쳐 나가는 그의 전략과 인내심은 인간적 한계를 뛰어넘는 것이기에 소설•• 등 많은 저작물의 소재로 등장하여 일본인들에게 큰 영향을 주고 있다. 특히 그의 인내심과 검약함은 깊은 교훈으로 회자된다.

• 당시 척박한 에도를 개척한 것은 히데요시의 견제 때문이었으며 이에야스는 이에 순응하였다.

•• 한국에서는 야마오카 소하치가 쓴 대하소설이 《대망》과 《도쿠가와 이에야스》라는 제목으로 발간되었다.

***

이에야스는 미카와三河국 오카자키岡崎(지금 아이치현 동부의 오카자키시)에 기반을 둔 마쓰다이라松平 가문의 당주 마쓰다이라 히로타다松平広忠의 후계자로 태어났다. 아명은 다케치요竹千代였다. 당시 마쓰다이라 가문은 미카와를 사이에 두고 다투는 오다 가문과 이마가와 가문 사이에서 눈치를 보아야 하는 약소한 세력이었다.

5세의 어린 다케치요는 동쪽의 이마가와 가문에 인질로 가던 중에 오다의 책략으로 납치되어 그들의 인질이 된다. 이때 8살 연상인 오다 노부나가를 만나 친분을 맺게 된다. 이는 훗날 두 사람의 동맹으로 이어지는 계기가 되었다.

이후 이마가와군과 벌인 전투에서 포로가 된 오다 노부히로와 맞교환되어 이마가와의 인질이 되었다. 10여 년에 이르는 고난의 인질 생활이었다.

또한 오다와 이마가와 양 가문 사이에 낀 처지 때문에 어머니가 정략적으로 이혼할 수밖에 없어, 이에야스는 3세 때 모친과 생이별을 하였다가 19세에 비로소 다시 만나는 비극을 겪었다. 이 또한 인고의 세월이었다.

이마가와가 오다를 공격하기 위해 거병하자, 오다는 오케하자마 전투에서 이마가와 요시모토를 기습하여 살해하였다. 이마가와군에 종군하던 이에야스도 급히 퇴각하여 도쿠가와가의 본거지인 오카자키성에 입성해 있다가 혼란을 틈타 사실상 이마가와에서 독립하였다. 이후 독자적으로 세력을 확장하던 이에야스는 1562년 오다 노부나가와 동맹(기요스 동맹)을 맺음으로써 이마가와의 종속에서 완전히 벗어났다.•

이후 이에야스는 승려 구세이空誓가 이끄는 영지 내의 반란(잇코잇키一向一揆의 난)을 진압해가며 착실히 세력을 키웠다. 이처럼 세력을 키운 이에야스는 다케다 신겐과 연합하여 1568년 이마가와를 멸망시키고 그 영지를 분할하여 도토미遠江를 손에 넣었다.

1570년 노부나가가 아사쿠라를 공격할 때 종군하였으며, 아자이의 배반으로 발생한 가네가사키金ヶ崎 전투, 아자이와의 결전이었던 아네가와姉川 전투에도 모두 참여하여 노부나가와의 동맹관계를 확실히 유지하였다.

1572년 다케다 신겐이 오다를 공격해오자 오다·도쿠가와 연합군이 맞서지만 미카타가하라三方ヶ原 전투에서 이에야스는 부하들의 만류에도 불구하고 신겐에 맞섰다가 크게 패배하였다. 이 위기는 다케다 신겐의 갑작스러운 병사로 인한 다케다군의 철군 덕분에 넘길 수 있었다.

신겐의 아들 가쓰요리의 다케다군과 오다·도쿠가와 연합군은 1575년 5월 미카와국의 시타라가하라設樂ヶ原에서 맞붙었다(나가시노

• 이 동맹은 노부나가가 사망할 때까지 20여 년간 지속되었다. 시세의 변화에 따라 변심과 배반이 판을 치던 시대에 아주 드문 경우로, 노부나가의 성심과 의리를 보여준다. 한편 이에야스가 노부나가의 역량을 미리 평가하여 그에게 베팅한 것이었음을 부인할 수 없으니 이는 이에야스의 선견지명이라 할 만하다.

전투). 오다·도쿠가와 연합군은 6,000명에 가까운 전사자를 내면서도 다케다군을 격퇴하였다. 가쓰요리는 이 패전 이후 우에스기가와 동맹을 맺고 가문 재건에 힘썼으나 오다·도쿠가와 연합의 지속적 공격에 가신들이 이탈하면서 1582년 멸망하였다.

한편 이 시기, 다음과 같은 비극적 사건이 일어난다. 노부나가는 이에야스에게 이에야스의 아내 쓰키야마도노築山殿와 아들 노부야스信康가 자결하도록 명하였다. 노부야스는 노부나가의 딸 도쿠히메과 결혼한 사위이고, 쓰키야마도노는 오다와 적대 관계에 있는 이마가와의 조카였다. 쓰키야마도노와 도쿠히메 사이의 고부 갈등이 원인일 수도 있었으나 쓰키야마도노가 친정과 내통하며 오다를 해치려 한다는 의심 때문이기도 하다. 이에야스는 노부나가의 명을 따랐고 그 결과 1579년 노부야스는 자결하였고 쓰키야마도노는 살해되었다.

노부나가의 냉혹한 요구에 대하여, 가족을 희생시켜서라도 노부나가와의 신뢰를 유지하려고 했던 이에야스의 냉정함과 인내심이 엿보이는 대목이다. 참으로 정치의 비정함을 보여주는 비극적 사건이었다. 아무튼 지독한 사람들이다.

1582년 6월 초, 오다 노부나가가 부하 아케치 미쓰히데의 모반으로 혼노지에서 사망했을 때, 교토에 있던 이에야스는 위험을 느끼고 험준한 산을 넘어 미카와로 도망하였다. 그리고 미카와 귀환 직후에 미쓰히데 토벌을 위한 군사를 편성하였다.

한편 '혼노지의 변', 히데요시의 아케치 살해 이후 기요스성 회의에서 노부나가의 후계자를 정하였다. 이때 히데요시가 주도권을 잡았고, 이듬해 오미국 시즈가타케에서 히데요시가 반대 세력들을 물리치고 패권 장악에 앞서나갔다.

그러나 이에야스는 이에 대항하여 노부나가의 차남인 노부카쓰와 함께 고마키·나가쿠테 전투를 벌이기도 하였다. 그 후로도 한동안은 적대 관계가 계속되었으나, 서로 싸워야 이득이 없다고 판단한 양자는 공격을 자제하다가 결국 이에야스도 히데요시의 권위에 굴복하고 히데요시 밑으로 들어갔다(1586년).

또 다시 이에야스의 전략적 판단과 그에 따른 인고가 시작된 것이다. 이때 이에야스는 차남인 오기마루於義丸(후일의 유키 히데야스結城秀康)를 히데요시의 양자로, 히데요시는 이부동생인 아사히 히메를 이에야스의 정실로 보내고 또한 신뢰의 증표로 히데요시의 친모도 함께 보냈다. 사실상 상호 인질이었다. 자신들의 권력 유지를 위한 전형적인 짬짜미이다. 책략이 지배하는 세상이었다.

이후 이에야스는 멸망시킨 호조 가문의 영지였던 관동 지방으로 전봉(영지를 옮김)되었다. 표면상으론 영지가 100만 석 이상 늘어난 영전이었으나, 이에야스의 거점 지역인 미카와 지방을 빼앗고 오사카에서 멀리 떨어진 지역으로 몰아낸 노골적인 견제였다. 그러나 이에야스는 이를 다시 감내하였다.

오히려 에도(지금 도쿄)를 중심으로 그 지역을 철저히 개발하면서 관동 지방을 지배하였다. 명목상 총 석고는 150만 석에서 250만 석으로 증가하였다. 이는 전국을 제패한 다이묘인 히데요시의 석고 220만 석보다 더 많은 것이었다. 이에야스가 상황에 순응하며 참을성 있게 대처한 결과였다.•

특히 임진왜란 때도 히데요시로부터 참전 요청을 받았지만 이동거리, 관동 일대의 반란 진압 및 관동 경영을 이유로 전쟁에 휩쓸리지 않았다. 그 덕분에 자신의 세력을 온존하였고 천하 통일에 유리한 계기를 만든 것이었다.••

히데요시 사망 후에 후계자를 둘러싼 분쟁으로 세키가하라 전투가 벌어졌고, 이에야스가 승리하였다. 이후 그는 도요토미 가문의 직할 영지를 오사카성과 그 일대의 65만 석(본래 220만 석)으로 축소시키는 등 노골적으로 견제하며 자기 세력을 확장하였다.

드디어 1603년 쇼군에 취임하고 에도에 막부를 열어 사실상 전국을 통일하였다. 1605년에는 쇼군직을 3남인 도쿠가와 히데타다德川秀忠에게 물려주었다. 장남은 노부나가의 명에 의해 할복하였고,

• 당시 에도는 관동의 한 지방으로 발전이 안 된 곳이었다. 무장 오타 도칸(太田道灌)이 1457년에 축성한 에도성은 히데요시에 의해 패망하여 황폐한 상태였으나, 이에야스가 이를 훌륭한 성으로 개축하였다.

•• 이는 조선과의 관계 회복에 중요한 명분이 되었고, 조선 측에도 도쿠가와 이에야스가 도요토미 정권과는 다르다는 인상을 심어 주어 1607년 다시 외교관계를 맺게 되었다. 이는 에도 막부의 안정에 도움이 되는 일이었다. 이에야스는 조선에 사과의 의사를 표하고 임진왜란은 일본 전체가 아닌 도요토미 히데요시 혼자만의 뜻이었다고 강조하였다.

차남은 모친의 신분이 낮고 또 히데요시의 양자였기 때문이다. 그 자신은 '오고쇼大御所'라 칭하며 표면상으로는 은퇴하였으나 실권은 그대로 행사하였다. 이처럼 아들을 일찌감치 쇼군으로 올린 것은 히데요시의 아들 히데요리가 장성하여 정권을 취득하려는 것을 막기 위한 선제적 조치이기도 했다.

그래도 히데요리는 장성해 가고 도요토미 가문을 따르는 세력도 상당하여 도쿠가와로서도 위험을 느끼고 도요토미 가문을 멸망시킬 궁리를 하였다. 이는 예전에 헤이시가 겐지를 관대히 처분하였다가 훗날 보복당해 멸망한 사례를 타산지석으로 삼은 것이다.

그 출발이 '호코지方広寺 범종梵鐘 사건'이었다. 도요토미 가문은 막대한 예산을 들여 호코지 대불전을 건립하였다. 이 호코지 대불전의 범종에 새겨진 "國家安康, 君臣豊樂(국가안강 군신풍락)"이란 문구를 두고, 이에야스家康의 이름을 두 글자로 쪼개고 도요토미豊臣가의 이름을 거꾸로 넣은 것이므로, 이것은 이에야스를 저주하고 도요토미가의 부흥을 기원하는 뜻이 담겨 있는 것이라고 억지를 쓰며 책임을 묻는다.

양측 간에 협상이 결렬되자, 이에야스는 1614년 겨울 오사카성 공격에 나섰다. 전쟁이 장기화되고 진척이 없자 강화 교섭이 진행되어 합의에 이르렀다. 그 합의에는 오사카성의 바깥 해자를 메우는 것이 포함되어 있었다. 이는 오사카성의 방어력을 약화시키는 것이었다. 그러나 양측 간에 다툼이 존속하여 다시 여름에 전투가 재개되었고,

결국 히데요시 측은 패배하고 히데요리와 요도도노가 자결하여 도요토미 가문은 멸절되었다. 이에야스의 통일은 완성되었다.•

그는 이후에 자기 거처인 슨푸駿府로 돌아가서 국정을 관장했다. 일국일성령一國一城令을 발하여 다이묘는 자기가 살고 있는 성 이외의 성은 모두 철거하도록 하고, 무가제법도武家諸法度를 제정하여 다이묘는 성을 수리하거나 다른 다이묘와 자녀들을 혼인시킬 때 허가를 받도록 하였다. 세력을 키워 반란을 일으키는 것을 막기 위함이었다.

또한 금중병공가제법도禁中並公家諸法度를 제정하여 천황가와 쇼군가의 군신 관계를 명확히 하였다. 그 제 1조가 천황이 할 일은 학문에 힘쓰는 것이라고 규정하였다. 천황과의 관계에서 쇼군은 형식적으로는 일인지하 만인지상이나, 실질적으로는 천황을 배제한 쇼군 중심 체제의 정립이었다.••

이를 관철하기 위한 방책의 하나가 참근교대參勤交代이다.••• 이는 3대

• 노부나가와 히데요시가 거의 완성한 통일을 최후에 이에야스가 차지한 것을 빗대 "노부나가가 장만하고 히데요시가 만든 천하라는 떡을 먹은 것은 이에야스"라는 우스갯소리가 있다.

•• 에도 막부는 가마쿠라 막부나 무로마치 막부와 달리 공가·사찰·신사의 권한을 형해화하고, 모든 분야에서 모든 사람을 지배하는 중앙집권형 봉건사회를 구축한 것이다. 이 점은 다른 세계의 봉건제도가 지방분권적인 것과 비교하여도 에도 막부의 특이한 점이다.

••• 다이묘(번주)는 참근교대 외에 부신(譜請)이라고 불리는 토목공사 지원에 응할 의무가 있지만 따로 연공을 납부할 의무는 없었다. 통상 다이묘는 쇼군으로부터 1만석 이상의 영지를 받은 자를 가리키고 이것이 번(藩)이다. 에도 후기 번의 수는 260개에 이르렀고 쇼군가의 영지는 700만 석으로 일본 전체의 4분의 1을

쇼군인 도쿠가와 이에미쓰德川家光 대에 확립된 것으로, 다이묘는 해를 바꿔가며 에도와 본거지에 거주하도록 하고 다이묘의 처자도 사실상 인질로서 에도에 상주하도록 하고 상당수의 수하 무사도 에도에 체재하도록 하는 것이다. 전국적으로 민족 대이동과 같은 행렬이 이어지면서 교통 및 화폐경제가 발달하였다. 이로 인하여 번 재정 수입의 상당 부분(큰 번은 3~4할, 작은 번은 5할)이 에도에서 사용되어 중앙집권은 그만큼 강화되고 번은 반란을 꿈꿀 수 없게 되었다.

에도는 상업뿐만 아니라 사교와 문화 중심지로도 발전하였다. 에도의 표준어가 전국적으로 전파되고 정보가 교환되며 가부키 등이 전파·보급되어 전국이 하나의 균질적 문화권으로 형성되었다. 도쿄는 인구 백만의 세계 제 1의 거대 도시로 발전하였다. 이 모든 것의 출발점이 이에야스의 에도 막부 개설이다.

이에야스는 1616년 4월 17일 슨푸성에서 74세의 나이로 사망했다.• 오다 노부나가의 49세, 도요토미 히데요시의 63세에 비하면 장수한 셈이다. 그의 무덤은 닛코 도쇼궁에 자리 잡고 있다. 지금은 인기 관광지로 유명한 곳이다.

차지했다.

• 당시 나이를 현재의 나이로 환산하려면, 20%를 증가한 후 3을 보태면 적합하다는 견해가 있다. 이에 따르면, 이에야스는 93세까지 장수한 셈이다. 그의 취미는 약 만들기로 스스로 약을 제조하였고 매사냥을 즐겼는데 이것이 건강 비결이었다.

도쿠가와 이에야스의 유골함이 봉안되어 있는 닛코 도쇼궁의 보탑.

이에야스는 어릴 적 언제 살해될지 모르는 인질 생활과 어머니와의 생이별을 경험하였으며, 노부나가의 수하로 들어가 노부나가의 명에 따라 처자를 죽게 하고, 밑바닥에서 올라온 히데요시의 수하가 되어 영지가 전봉되는 수모를 겪으면서도 참을성 있게 때를 기다렸다가 마침내 천하를 손에 넣었다. "새가 울지 않으면 울 때까지 기다린다"는 비유가 적확한 인물이다.• 이는 오로지 죽고 죽이는 난세를 평정하여 평화로운 세상을 만들고자 하는 일념에 기한 것이었다.

• 오다 노부나가, 도요토미 히데요시, 도쿠가와 이에야스 세 사람의 성격을 비교하는 표현으로써 다음과 같이 말해진다. 새가 울지 않으면, 오다 노부나가는 죽여 버린다, 도요토미 히데요시는 울게 만든다, 도쿠가와 이에야스는 울 때까지 기다린다.

이에야스는 "厭離穢土 欣求淨土(염리예토 흔구정토)"라고 새겨진 군기軍旗를 사용하였다. '더러운 세상을 버리고 깨끗한 세상을 만들자'는 뜻이다. 그에게 염토는 하극상이 횡행하는 무질서한 세상이었고, 정토는 신분 계급의 질서가 확립된 안정된 세상이었다.

도쿠가와 이에미쓰

德川家光(1604~1651)

에도 막부의 전국 지배를 공고히 한 3대 쇼군

에도 막부의 초대 쇼군인 도쿠가와 이에야스의 손자이며 3대 쇼군이다. 200년 이상 지속되는 에도 막부의 제반 제도는 거의 이에미쓰 시대에 정립되었다. 그는 참근교대, 기독교 금지, 무역의 제한(쇄국) 및 무역 이익의 독점 등을 통하여 막부의 전국 지배를 확실히 하였다. 조부인 이에야스를 존경하여 닛코에 그를 모시는 화려한 도쇼궁을 건립·개축하였다.

***

원래 2대 쇼군인 아버지 히데타다秀忠와 모친은 동생인 다다나가忠長를 쇼군으로 삼고자 하였으나, 이에야스와 유모 가스가노 쓰바네春日局•

• 이에미쓰의 유모는 '혼노지의 변'을 일으킨 아케치 미쓰히데 가신의 딸이었다. 아버지가 히데요시에 의해 미쓰히데와 함께 살해당하고 어려운 세월을 살다가 26세 때 이에미쓰의 유모가 되었다. 이에미쓰를 극진히 보살폈으며 실권을 가지고 쇼군 내실 살림살이를 맡았다. 어린 이에미쓰가 병에 걸려 위중할 때는 그의 회복을 빌며 자신도 약을 먹지 않겠다고 서약하여 평생 약을 먹지 않았다고 한다.

가 이를 막아 이에미쓰가 쇼군이 되었다. 이에야스도 장자를 쇼군으로 삼아야 후계 문제로 다툼이 생기지 않는다고 생각하였다. 안정 지향의 이에야스의 생각이 반영된 것이다.

1623년 쇼군직을 승계한 이에미쓰는 도자마外樣 다이묘•들을 소집하여 다음과 같은 취지로 말하며 기강을 확실히 잡았다.

"할아버지나 아버지는 여러분과 같이 다이묘인 시절이 있어서 여러분을 동급으로 대하기도 했지만, 나는 태어나서부터 쇼군이었다. 그러니 여러분은 모두 내 가신이다. 불만이 있으면 반란을 일으켜도 좋다. 기꺼이 상대해주겠다."

1632년 오고쇼大御所(실권을 가진 아버지)로서 정치를 하던 아버지가 사망하자 이에미쓰는 적이 될 가능성이 엿보이는 다이묘들의 영지를 과감하게 몰수하였다. 동생도 영지를 몰수당했고 끝내 자결했다.

이에미쓰는 다이묘들이 막부에 충성심을 보이도록 '무가제법도'를 개정하여 참근교대参勤交代를 제도화하였다. 이는 다이묘들이 1년씩 에도와 영지에서 번갈아 살게 하고, 다이묘의 처자는 에도에 살게 하는 것이다. 사실상 인질이었다. 이에 따른 비용이 막대하게 소모되어 다이묘로서는 재정이 궁핍하여 반란을 꿈꿀 여지가 없었다.

• 세키가하라 전투 후에 도쿠가와가를 따르게 된 다이묘를 도자마 다이묘(外様大名), 세키가하라 전투 이전부터 도쿠가와가를 따르는 다이묘를 후다이 다이묘(譜代大名)라 한다. 그리고 도쿠가와가의 일족인 다이묘를 신판(親藩) 다이묘라 부른다.

에도로 향하는 다이묘 행렬을 그린 〈참근교대도〉(17세기경) 일부, 메트로폴리탄미술관 소장.

교묘한 통치술이다.

또한 중요한 문제는 쇼군 혼자서 결정하지 않고 '로중老中'• 들이 함께 협의하여 결정하도록 하고 쇼군이 최종 승인하는 형식으로 처리하였다. 대외적으로는 다이묘의 자유로운 경제활동을 제한하기 위해 쇄국정책을 실시했으며 기독교 탄압을 강화하였다.

1637년 규슈에서 기독교인들이 반란을 일으켰다. 시마바라島原·아마쿠사天草의 난乱이다. 기독교 박해에 더하여 과중한 세금 부과가 그 원인이었다. 농민들이 중심이었으나 막부의 영지 재배치로 인해 주군을 잃고 낭인이 되어 떠돌던 기독교 신자 사무라이들도 대거 참가하였다. 당시 반란군은 3만 7,000명에 이르렀고 그 지도자는 이적을 행하며 '하느님의 대리인'이라고 소문이 난 아마쿠사 시로天草四郎라는

• 로중은 에도 막부의 최고직으로 4~5인을 두었다. 보통 후다이 다이묘들 가운데 선정되었다. 임시로 로중 위에 대로를 두기도 하였다.

16세 미소년이었다.

양쪽에 막대한 피해를 입힌 이 난은 1638년 2월 막부군에 의해 진압되었으나, 그 후 기독교에 대한 금지나 탄압은 더욱 심해졌다. 기독교인을 찾아내기 위한 방법으로 후미에•가 행해졌고, 선교사가 많이 들어왔던 포르투갈과의 무역을 단절하였다. 쇄국정책이 더욱 강화되었다.

그러나 상대적으로 선교보다는 상업에 열심이었던 네덜란드와 중국과의 교역은 허용하였다. 그것도 나가사키 앞바다의 데지마出島에서만 가능하도록 하였다. 쇄국을 하면서도 최소한의 숨통은 열어놓고 나름 세계정세를 파악하고자 하였다. 그리고 무역에 따른 이익은 막부가 독점하였다.

조선과도 쓰시마對馬의 다이묘 소씨를 통하여 교역이 이루어졌다. 그 규모가 데지마의 교역량을 넘는 것이었다.

이에미쓰는 에도 막부 초기 강력한 리더십으로 막부 정권의 안정을 위한 혁신적 정책을 개발하여 할아버지인 도쿠가와 이에야스가 염원했던 평화로운 세상을 만드는 데 크게 기여하였다. 우리나라와의 관계에서는 조선 통신사를 가장 많이 맞이한 쇼군이기도 하다.

• 예수 또는 성모 마리아 모습을 새긴 목판이나 금속판을 바닥에 놓고 사람들로 하여금 밟고 지나가게 하는 것이다. 이를 행하지 못하면 기독교인으로 알고 처벌하였다.

미야모토 무사시

宮本武蔵(1584~1645)

무적을 자랑하는 전설적 검객

에도 시대 초기의 검술가이자 병법가로서 전국을 돌며 검술을 수련하여 양손에 칼(장검과 단검)을 들고 싸우는 이도류二刀流를 창안하여 이를 '니텐이치류二天一流 병법'으로 발전시켰다. 수많은 명승부를 벌였으며, 특히 요시오카吉岡 집안과의 싸움이나 사사키 고지로佐々木小次郎와의 결투가 유명하며, 일생 동안 한 번도 패한 적이 없는 것으로 알려져 있다.

죽기 직전에 《오륜서五輪書》라는 그의 일생 및 검술 관련 책을 저술하였다. 그의 일생은 후세에 연극·소설·만화·영화나 애니메이션 등 다양한 장르의 소재가 되어 일본인의 사랑을 받고 있다.

***

미야모토 무사시는 어릴 적부터 검술가의 꿈을 품고 전국을 돌며 검술을 수련하였다. 13세 때 처음 대결을 벌여 승리한 후 60여 회의 대결을 벌였으나 한 번도 지지 않았다. 그는 대결 상대와 대결 장소를 사전에 철저히 연구하여 싸움에 임했다. 신장도 180cm를 넘는 큰 체구였다.

21살 때 교토로 올라가 병법가 집안으로 널리 알려진 요시오카 집안의 요시오카 세이주로吉岡清十郎, 요시오카 덴시치로吉岡伝七郎, 요시오카 마타시치로吉岡亦七郎와 차례로 승부를 겨뤄 승리하였다. 이 일련의 싸움으로 요시오카 집안은 멸문을 당하고 말았다.

미야모토의 수많은 대결 중 가장 유명한 것은 1612년 사사키 고지로佐々木小次郎와의 결투이다. 사사키가 진검승부를 걸어온 것이다. 사사키는 간류岩流라는 유파의 검술 달인이었으며, 대결 장소는 지금 시모노세키 앞 바다의 작은 섬 후나지마舟島였다.

무사시는 상대방은 진검을 사용해도 좋으며 자신은 목검을 사용하겠다고 하였다. 사사키는 3척의 긴 칼을 사용하여 목숨을 건 싸움을 시작하여 기술을 펼쳤으나 무사시의 전광석화 같은 목검의 일격에 무너지고 말았다. 패자인 사사키를 동정한 후나지마 주민들이 그를 기리며 섬 이름을 사사키가 속한 유파인 간류岩流의 동음이의어인 간류지마巖流島로 바꾸어 부르게 되었다.

이 싸움 후에 무사시는 오사카 전투(1614~1615)에서 미즈노 가쓰나리水野勝成의 객장客将으로 도쿠가와 가문 측에 속해 참전했고, 그 후 '시마바라의 난'(1638)에서도 막부 편에서 참전하였다.

노년에는 구마모토번에 초치되어 젊은이들에게 검술을 지도하다가, 죽기 전 레이간도霊巖洞 동굴에 칩거하며 2년에 걸쳐《오륜서五輪書》를 집필하였다. '땅地, 물水, 불火, 바람風, 하늘空'의 5장으로 구성되어 '오륜서'라는 제목이 붙여졌다.

책은 자신이 걸어온 무사로서의 길을 서술하고, 무사로서 가져야 할 마음가짐 등을 담았다. 현재도 병법서뿐만 아니라 인생 철학서, 기업 경영 참고서로도 널리 읽히고 있다.

간류지마의 싸움 등 무사시에 관한 이야기가 에도 시대부터 각색되어 가부키, 조루리浄瑠璃(일본의 전통 예능에서 반주에 맞추어 읊는 이야기), 강론 등의 소재가 되었다. 특히 요시카와 에이지吉川英治가 1930년대에 〈아시히신문〉에 연재한 소설 "미야모토 무사시"에 의해 패배를 모르는 전설적 검객의 이미지가 널리 알려지면서 일본인의 사랑을 더욱 받게 되었다. 미국 메이저리그에서 투수와 타자를 겸하여 활약하는 오타니 쇼헤이 선수가 '이도류 선수'로 불리는 것도 무사시의 이도류 검법에서 유래한 것이다.

한편 미야모토는 서화書畫에도 능해 일본 중요문화재로 지정된 수묵화와 말안장, 목검 등 공예품을 제작한 예술가로도 알려져 있다.

나카에 도주

中江藤樹(1608~1648)

오미의 성인으로 추앙받는 양명학의 원조

에도 시대 초기의 유학자儒學者로 일본 양명학陽明學의 원조로 불린다. 나카에 도주는 원래 주자학의 입장에 섰으나 양명학을 공부한 뒤 주자학의 이념적 경향을 비판하고, 양명학의 주체적·실천적 측면을 강조하였다. 특히 일상생활에서의 도덕, 특히 효孝를 중시하고, 신분의 차이를 넘어선 인간의 내면적 평등성을 강조하였다.

***

나카에 도주는 1608년 오미近江(지금의 시가현 일대)에서 농민의 장남으로 태어났으나, 무사가 된 할아버지의 양자가 되어 오미에서 멀리 떨어진 시코쿠의 이요 지방에서 자라났다. 열한 살에 이미 공자의 《대학》을 공부하며 올바른 삶을 사는 사람, 곧 성인聖人이 되고자 결심하였다. "천자天子로부터 서민에 이르기까지 인간은 올바른 삶을 사는 것을 첫째 목적으로 삼아야 한다"는 대목을 읽고 감동하여 울음을 터트릴 정도였다.

15세 때는 할아버지의 뒤를 이어 무사가 되어 관직에 나갔다. 당시는 무사가 유학을 공부하면 비웃음을 사던 시기였다. 그럼에도 나카에 도주는 낮에는 무예를 닦고 밤에는 꾸준히 유학을 공부하였다. 할아버지가 세상을 떠나자 그는 27세 무렵 어머니의 봉양을 위해 무사의 신분을 버리고 고향으로 돌아갔다. 이요의 지방 영주가 한사코 말렸지만, "영주께서는 저와 같은 부하는 달리 구할 수 있으나, 어머니는 저 외에는 돌볼 사람이 없습니다"라고 하였다. 고향에서는 술과 쌀을 팔며 생계를 이어갔다. 그러나 그는 더없이 행복하였다. 효를 행하는 것이 모든 것의 기본으로 학자나 사상가가 되는 것보다 중요하다고 생각하였기 때문이다.

이후 상점을 처분하고 사숙私塾을 열었다. 당시 사숙에는 큰 등나무藤樹가 있어서, 그는 도주 선생藤樹先生, 사숙은 도주서원藤樹書院으로 불리게 되었다. 그는 자기 이름이 세상에 알려지는 것을 싫어하였고, 학문과 지식보다는 덕德과 적선積善을 강조하였다. 그리고 "겸양은 하늘의 법이다. 겸양은 허虛이다. 마음이 허하면 선악의 판단은 저절로 생겨난다"며 겸양의 덕을 최고의 덕으로 여겼다.•

그의 가르침을 받은 제자들의 선행을 통하여 그의 명성이 세상에 알려지자, 많은 사람이 '오미의 성인'을 찾아 몰려들었다. 예를 들면 이런 일화도 남아 있다. 한 청년이 스승으로 존경할 만한 성인을 찾

• 소년 시절 도주는 스승인 스님에게 "부처님은 태어나서 한쪽 손으로 하늘을, 다른 쪽 손으로 땅을 가리키면서 '천상천하유아독존'이라 말씀하셨다고 들었습니다. 이런 오만이 천하에 어디 있습니까?"라고 물을 정도로, 도주의 이상은 철저한 겸양이었다.

아 오카야마를 떠나 전국 여행을 나섰다가 오미국의 한 여관에 머물면서 다음과 같은 이야기를 듣게 되었다.

한 무사가 주군의 명에 따라 큰돈을 운반하다 말안장에 돈을 묶어놓은 채 말을 반환하여 크게 당황하여 자결할 것까지 생각하였으나 뜻밖에 그 돈을 고스란히 돌려받았다. 무사는 감사하는 마음으로 사례하려 하였으나 마부는 사양하였다. 그 이유를 알아보니, 마부는 나카에 도주로부터 배운 대로 행한 것이었다.

그 청년은 도주야말로 자기가 찾는 성인이라고 생각하고 도주의 제자로 들어가 공부한 뒤, 훗날 오카야마번의 가로가 된 구마자와 반잔熊沢蕃山이었다. 반잔은 훗날 큰 번인 오카야마의 재정 및 행정을 담당하는 관리가 되어 후세에까지 영향을 미치는 수많은 개혁을 이끌었다. 반잔으로부터 스승 도주에 대한 이야기를 들은 오카야마 영주도 도주를 방문하여 가르침을 구하였다.

그러나 도주는 장수하지 못했다. 40세에 세상을 떴다. 모든 이웃 사람들이 상복을 입었고 장례는 영지 전체의 행사로 치러졌다. 여러 영주들의 문상도 이어졌다.

나카에 도주는 우치무라 간조가 세계에 자랑하고 싶은 일본인을 소개하기 위해 영어로 쓴 《Japan and Japanese》에 나오는 일본인 가운데 한 사람이다. 그는 사숙을 열어 제자를 가르치며, 배우고 느낀 대로 실천한 평범한 학자였다. 하지만 행실과 가르침이 일본 사회에 잔잔히 스며들어 큰 영향을 미쳤기에 우치무라 간조는 그 평범함 속의 위대함을 소개하고자 했을 것이다.

아마쿠사 시로

天草四郎(1621~1638)

시마바라의 난을 이끈 17세 미소년 크리스천

에도 시대 초기, 아마쿠사 시로는 어릴 적 나가사키에서 기독교를 접하여 기독교인이 되었다. 본명은 마쓰다 도키사다益田時貞, 세례명은 프란시스코이다. 총명하고 잘생긴 미남에다 이적異蹟을 행하기도 하여 '신의 아들'이라고 불렸다. 1637년 과중한 세금과 기근에 시달리던 기리스탄(기독교인)을 중심으로 한 농민들이 시마바라島原·아마쿠사天草의 난乱을 일으키자 그는 그 총대장을 맡았다. 그러나 반란군은 결국 막부에 의해 진압되었다.

＊＊＊

에도 시대 초기, 기독교에 대해 박해가 심해졌고, 과중한 세금과 기근 때문에 민중은 큰 고통을 겪었다. 1637년 시마바라(지금 나가사키현)와 아마쿠사(지금 구마모토현)에서 기리스탄을 포함한 농민들의 불만이 폭발하여 반란이 일어났다. 막부가 기독교 영주의 영지를 박탈하거나 재배치하면서 주군을 잃고 낭인이 되어 떠돌던 기독교 신자 사무라이들도 대거 참가하였다. 그때 시로는 불과 17세의 나이로

3만 7,000명의 반란군을 이끄는 총대장이 되었다. 당시 그는 기적을 행하는 소년으로 알려졌다. 눈먼 소녀를 어루만져 시력을 되찾아 준다든지, 물 위를 걷는다든지, 비둘기가 그의 손바닥에 알을 낳고 그 알에서 성경 문구가 쓰인 종이가 나온 것 등이다.

그로부터 25년 전 외국 선교사가 추방되면서 "25년 후 하느님의 사자인 소년이 나타날 것이다"라는 예언을 했는데, 그 사람이 바로 시로라는 소문이 퍼지며 많은 사람이 반란에 가담하였다.

아마쿠사 시로는 전장에서 십자가와 기독교 관련 문양이 새겨진 깃발을 앞세우고 반란군을 이끌었다. 그의 카리스마 있는 리더십과 그에 대한 민중들의 믿음, 그리고 기독교 신앙이 반란의 원동력이었다. 반란은 초기에 쉽게 진압될 것으로 여겨졌지만, 뜻밖에 반란군이 승리를 거두자 막부는 12만 명을 동원하여 무자비한 진압에 나섰다. 처음의 승리가 큰 비극의 씨앗이 된 셈이다.

반란군은 마지막에 나가사키의 하라성에서 농성하면서 이에 맞섰다. 진압군 측에서는 '어쩔 수 없이 반란군에 가담한 자는 사면한다'고 통고하였으며 이에 동요하는 군중을 막고자 시로는 "성안에 함께 있는 사람들은 천국에서도 함께 있을 것"이라며 위로하고, 나아가 성안에서 지켜야 할 신앙적·군사적 규범을 규정한 문서인 '시로법도서四郎法度書'를 따르도록 하였다. 그리고 "반란에 참여하는 것을 하나님의 자비에 응답하는 봉사"로 간주한다며 반란 대열에서 떠나지 말라고 이탈을 경계하였다. 이렇게 하며 3개월 동안 버텼으나 결국 식량과 탄약 부족으로 하라성이 함락되어 반란군은 전멸하고 말았다.

막부군의 기록에는 1명을 제외하고는 모두 전사했다고 적혀 있다. 이 생존자는 반란군의 깃발을 그린 화가(야마다 에몬사쿠)였으며, 그 후 막부의 신하로서 기리스탄을 조사하는 일에 참여하였다.

한편 막부군에 붙잡혀 있던 시로의 어머니는 아들의 시신 확인을 요구하자 모른 척하며 "지금쯤 시로는 고니가 되어 로마 가톨릭 신부의 나라로 가고 있겠죠"라고 말했지만, 시로의 목을 보여주자 눈물을 흘리며 쓰러졌다고 한다.

시마바라의 난은 기독교를 더욱 핍박하는 계기가 되었다. 일본의 장래를 위해서도 결코 바람직한 일은 아니었다.

지금 기독교인이 1% 남짓에 불과한 일본에서 시마바라의 난은 꿈과 같은 사건이 아닐 수 없다. 당시 많은 기독교인, 심지어 고니시 유키나가를 포함한 기독교인 다이묘도 있었다. 수많은 순교자를 배출한 일본이 기독교에 대해 포용적 자세를 취했더라면 오늘의 일본은 어떤 모습일까? 그런 호기심 가운데 아마쿠사 시로는 애잔한 모습으로 다가온다. 일본의 기독교 작가 엔도 슈사크의 소설《침묵》에 일본 기독교 순교의 역사가 생생히 그려져 있다.

마쓰오 바쇼

松尾芭蕉(1644~1694)

하이쿠를 고급 예술로 승화시켜
국민문학으로 만든 시인

에도 시대 전기의 하이쿠 시인이다. 쓰번津藩(지금 미에현)의 관리로 근무하다가 하이쿠 시인이 되기 위하여 29세 때 에도로 올라갔다. 종래의 언어 유희적인 하이쿠에서 벗어나 담백하면서도 심오한 맛이 나는 '초풍蕉風'이라고 불리는 독자적인 하이쿠 세계를 개척하여 하이쿠의 예술성을 끌어올렸다. 20세기 이후 일본 문화의 세계화가 진행되면서 하이쿠의 간결함과 문학적 깔끔함은 서양 사람들에게도 영향을 주어 미국 등지에서도 대중적인 문학 장르가 되었다.

***

일본의 고유 시가인 와카和歌는 5·7·5·7·7, 총 31자로 구성되는데, 여기서 후반부 7·7 부분을 뺀 나머지 5·7·5 부분만으로 독립적인 시가의 형식을 만든 것이 하이쿠俳句이다. 세상에 존재하는 문학 형태 중 가장 짧은 것이다. 물론 5·7·5 음절의 형태를 벗어나는 것은 음률을 깨뜨린다는 의미에서 파조破調라고 불리지만, 이것이 엄격하게 배제되는 것은 아니다.

한국에서 번역 출판된 마쓰오 바쇼의 기행문.
《바쇼의 하이쿠 기행 1: 오쿠로 가는 작은 길》
(2008, 바다출판사)

하이쿠에는 창작 당시의 계절을 나타내는 시어詩語인 기고季語와 시의 흐름을 끊어주는 기레지切れ字가 들어 있어야 하는 제약은 있지만, 다른 문학 형식에 비해 간소하고 어떤 소재라도 지은이의 생각을 자유롭게 드러낼 수 있어 문학의 대중화에도 크게 이바지할 수 있는 장르이다.

예를 들어 마쓰오 바쇼의 대표작으로 일본에서 가장 유명한 하이쿠 하나를 소개하면 다음과 같다.

오래된 연못에	古池や
개구리 뛰어드니	蛙飛び込む
물 튀는 소리	水の音

바쇼는 본격적인 하이쿠 시인이 되기 위하여 29세 때 에도로 올라와 살다가, 보다 한적한 후카가와深川로 이사하였다. 그곳의 작은 오두막인 바쇼안芭蕉庵에서 은둔하며 시작 활동을 하였다. '바쇼안'은 친구가 보내준 파초가 마당에 심어져 있었기에 붙인 이름이다. 그의 가벼운 듯 깊이 있고 소박한 작품에 많은 사람이 매료되었다.

34세에는 하이쿠를 가르치는 종장宗匠이 되어 많은 제자를 가르쳤으나 생활은 어려워 수도 공사에 참여하기도 하였다. 그러나 "보이는 것 모두 꽃이 아닌 것이 없고 생각하는 것 모두 달이 아닌 것이 없다. 보이는 것에서 꽃을 느끼지 않으면 야만인과 다를 바 없고, 마음이 달을 생각하지 않으면 새와 짐승이나 마찬가지다"라는 생각으로, 과장이나 화려함으로 치장된 표현을 피하고 자연 등 일상적 소재에서 아름다움을 찾아 소탈하고 진솔하게 표현하였다.

그는 특히 여행을 자주 하며 자연 속에서 느끼는 감회를 하이쿠의 소재로 삼았다. 대표적인 여행이 1689년 제자 소라曾良를 데리고 오슈奥州 지방으로 떠난 150일 간의 여행이었다. 이 때문에 바쇼는 막부의 명을 받아 몰래 미야기 등 지역의 사정을 탐색한 닌자였다는 설이 있기도 하다. 아무튼 이 여행을 기록한 것이《오쿠로 가는 작은 길奥の細道》이며, 이는 일본 문학의 백미로 평가받으며 세계에 널리 번역되어 알려졌다.

바쇼는 은둔과 여행을 반복하며 오로지 하이쿠를 짓는 삶을 살다가 51세의 나이로 세상을 떴지만, 그는 지금도 일본인의 사랑을 받고 있다. 조금은 싱겁고 말장난 같기도 한 하이쿠를 고급 예술 장르로 승화시키고, 많은 일본인이 함께 즐기도록 이끈 점에서 일본 문화에 큰 영향을 주었다.

도쿠가와 쓰나요시

德川綱吉(1646~1709)

학문과 함께 동물을 지나치게 좋아한
괴짜 '개 쇼군'

에도 막부 3대 쇼군 도쿠가와 이에미쓰의 4남이자 4대 쇼군 도쿠가와 이에쓰나의 동생으로, 작은 번藩의 다이묘로 있다가 이에쓰나가 후계자 없이 죽자 35세에 5대 쇼군이 되었다. 학문, 도덕과 예의를 중시하는 문文의 정치를 펼쳤으며, 지나친 동물 사랑으로 백성에게 괴로움을 주기도 하였다.

***

에도 막부가 4대 쇼군까지는 무단정치의 시기였다면, 쓰나요시 쇼군 때부터는 문치文治의 시대로 전환하였다. 이는 전국戰國 시대가 완전히 마무리되어 에도 막부가 안정기에 들어섰음을 의미한다. 쓰나요시는 당대의 유학자인 하야시 노부아쓰林信篤에게서 경서를 배우고 가신들에게 강의하였을 뿐 아니라 학문의 중심지로 유시마 성당湯島聖堂을 건립하는 등 역대 쇼군 중에서 가장 학문을 좋아한 쇼군이었다. 무사들에게는 궁술이나 무술보다는 예의와 학문을 중시할 것을, 민중에게도 법이나 도덕을 중시할 것을 강조하였다.

한편, 지나친 동물 사랑 정책이 민중을 괴롭게 하기도 했다. 동물 중에서 특히 개를 사랑하여 '개 쇼군'이라는 별명이 붙었다.•

그는 학문을 중시하는 정치를 하면서 어떻게 세상을 평화롭게 할 것인지 고민하였다. 결론은 조금은 엉뚱하게도 동물을 사랑하는 것이었다. 동물을 측은히 여길 것을 의무 지우는 법령生類憐みの令을 반포하여, '개를 학대하지 말 것', '병든 소나 말을 유기하지 말 것', '상처 난 동물을 발견하면 치료해줄 것' 등을 명하였다. 점점 그 정도가 심해져, '해를 끼치는 새라도 잡지 말 것', '살아 있는 물고기를 사고팔지 말 것', '어부 외에는 물고기를 잡지 말 것'을 명하기도 했다.

지나친 동물 애호 정책 때문에 백성들은 괴로움을 겪을 수밖에 없었다. 심지어 야생 개가 공격해도 반격하는 것을 금하였고, 야생 개를 보호하는 거대한 시설을 설치하여 운영하는 바람에 막대한 비용이 소요되었다. 그는 동물 보호를 위한 법령들을 폐지하지 말 것을 유언하였으나 그의 사후 곧 폐지되고 말았다.

한편, 쓰나요시는 유학의 영향으로 존왕심이 깊어 황실을 우대하는 정책을 펴서 그때까지 1만 석에 불과했던 황실 영지를 3만 석으로 늘려주고 황실 능을 조사하여 수리·복구하는 등 정비에 힘을 썼

• 쓰나요시의 어머니가 독실한 불교 신자였는데, 쇼군에게 아들이 생기지 않자 아들이 태어나기를 바라는 마음에서 살생을 금하고 선행을 쌓아야 한다는 승려의 말에 따라 이런 정책을 시행하도록 했다는 설이 있다.

다. 공가의 영지도 확충하였다. 그리고 사찰이나 신사를 많이 건립하였다. 당연히 재정이 어려워졌다. 재정 악화가 심해지자 화폐를 새로 주조했는데, 이때 만든 화폐들은 금 함량을 떨어뜨린 악화惡貨로, 후대에 다시 개주改鑄하기도 하였다. 또한 그의 재위 중 대지진, 후지산 분화, 대화재 같은 재해 사고도 많이 발생하였다.

그러나 그의 치세는 '겐로쿠元禄 시대'로 불리며, 문화적으로는 풍성하고 경제적으로는 호황을 누린 일본 전근대사의 최대 번영기로 평가된다.

쓰나요시는 잘못된 화폐 개혁, 빈번한 재해 발생, 과도한 동물 애호 정책 등으로 재정을 낭비한 무능한 '괴짜 쇼군'이라는 평도 있지만, 동물 보호와 함께 인명 중시 사상을 주입하고자 노력했던 훌륭한 쇼군이라는 평가도 있다.

실제로 동물 애호 정책의 시행과 함께 그동안 횡행하던 아동, 노인, 병자를 버리는 풍습도 금지하고, 이를 막기 위한 대책들을 시행하였다. 어렸을 때부터 배운 유학과 불교의 정신을 실천한 것이다. 또한 유학에 대한 관심이 깊었던 만큼 조선 통신사를 융숭히 대접하였다. 미워만 할 수 없는 괴짜 쇼군이다.

도쿠가와 요시무네

德川吉宗(1684~1751)

교호享保개혁으로 막부를 구한 '쌀米 쇼군'

7대 쇼군 이에쓰구家繼가 8세의 어린 나이로 죽자 기슈(지금의 와카야마현) 번주였던 요시무네가 에도 막부의 8대 쇼군이 되었다. 요시무네가 속한 기슈 도쿠가와 가문은 도쿠가와 이에야스의 열째 아들 요리노부를 시조로 하는 가문으로, 쇼군 계승권을 가진 방계 가문이었다. 그는 방계 가문으로는 처음으로 쇼군이 된 인물이다.

즉위 후에는 당시 문치文治 중심의 정치를 축소하고 무단武斷 정치로 전환하여, 어려워진 막부 재정을 확충하고 서민 생활의 안정을 도모하기 위한 대대적인 개혁에 나섰다. 이른바 '교호享保 개혁'은 '간세이寬政 개혁', '덴포天保 개혁'과 더불어 에도 막부의 3대 개혁 중 가장 성공한 개혁이라 평가받는다.

***

8대 쇼군 도쿠가와 요시무네는 우선 증세와 절약을 통해 재정 확충을 꾀하였다. 수확량에 관계없이 일정량의 연공(소작료)을 징수하는 정면법定免法을 시행하며 풍흉豐凶에 따라 징수하는 검견법檢見法은 폐지하였다. 연공 징수율도 종전 40%에서 50%로 올려 농민들로부터 더 많은 연공을 거두었으며, 다이묘들에게도 미곡을 상납하도록 하였다. 대신 다이묘들의 참근교대 기간을 절반으로 줄여주는 혜택을 제공하기도 하였다.

논밭을 새롭게 개발하거나 치수 사업에 힘써 쌀 생산량을 늘렸다. 이처럼 쌀과 관련한 정책을 활발하게 추진했기 때문에 '쌀 쇼군米將軍'이라는 별명이 붙었다. 식량 부족을 보충하기 위한 구황식물로 고구마 생산 증대에 노력하였고, 사탕수수·약초·조선 인삼 등 특작 식물의 생산을 장려하였다. 벚나무와 복숭아나무를 심어 조림造林을 추진하고 인구 조사도 시행하였다.

또한 막부의 모든 행사를 검소하게 치르도록 하고 자신도 무명옷을 입는 등 스스로 검약한 생활을 하였다. 행정 조직을 정비하여 재정 지출을 줄였다.

서민들의 불평, 불만이나 의견을 듣기 위하여 직소 상자目安箱를 설치하고, 마을 소방대町火消를 조직하여 화재에 대비한 건축을 장려하거나 방화 공터火除地를 설정하는 등 화재 대책을 세웠다. 가난한 사람들의 무료 치료를 위한 의료기관小石川養生所을 설치하였다. 소송 기간을 축소하여 판결이 빠르고 공정하게 이루어지도록 하는 사법개혁을 단행하였다.

새로운 지식을 얻기 위하여 지금까지 금지되어 있던 서양 서적의 수입을 일부 허용하고, 교육을 장려하였다. 이것은 후에 난학蘭學(네덜란드 학문)과 국학이 발달하는 데에 기여하였다. 서민 생활과 관련하여 사창, 도박, 자살과 같은 폐습을 단속하고, 효행과 선행에 대한 포상을 실시하였다.

이리하여 막부 재정을 안정시키는 등 개혁이 성공했다는 평가를 받아, 이후 진행된 간세이 개혁과 덴포 개혁의 모범이 되었다. 하지만 그 개혁 정책이 너무 이상적이어서 현실과 동떨어졌다는 비판도 있었다. 특히 수확량의 절반을 세금으로 내는 과도한 세액 인상으로 인해 농민들의 부담이 커지고 쌀값 안정 정책이 실패하면서, 요시무네의 재위 말년에는 일본 전역에서 농민 반란(잇키)이 빈번하게 발생하기도 하였다.

요시무네는 30년 가까이 쇼군으로 재위하다가 장남 이에시게家重에게 쇼군직을 이양하고서도 계속 정무에 관여하다 68세에 사망하였다. 후계자를 병약한 이에시게 대신 영특한 차남 무네다케로 하자는 움직임이 있었으나 요시무네는 분란을 피하기 위하여 연장자를 후계자로 하는 종래의 원칙을 따랐다.

에도 막부의 쇼군 중 드물게 보는 개혁적 행정가였다.

이시다 바이간

石田梅岩(1685~1744)

상도商道를 확립하고 상인의 이익 추구를 정당화한 생활 철학자

에도 시대의 상인 출신 사상가로, 그의 사상이 이후 후학들에 의해 '석문심학石門心學'이라 불리는 독자적 생활 철학으로 발전하여 장인 정신, 근면과 검약의 정신 등 일본 사회의 가치관, 직업관 형성에 큰 영향을 끼쳤다. 특히 상인 계급의 직분과 역할을 재평가하여, 당시 천대받던 상인들의 이익 추구 행위가 긍정적으로 인식될 수 있도록 사고의 전환을 이끌어냈다.

그가 주창한 상도商道라 불리는 상거래 윤리 등으로 인해 현대 일본에서는 '일본 CSRCorporate Social Responsibility의 원점'으로도 평가받고 있으며, 유명 기업인들의 경영 철학에 영향을 미쳤다.

***

교토 인근의 가난한 시골 농가의 둘째 아들로 태어났다. 올곧은 성품을 지닌 아버지에게 영향을 받으며 자라다가 교토로 나가 포목점에서 견습생으로 근무하였다. 처음 취직한 포목점이 도산하여 고향으로 돌아왔다가 다시 교토로 돌아가서 다른 포목점에 근무하던 중, 근면함과 성실함을 인정받아 42세의 나이에 포목점 지배인이 되었다.

한편 이시다 바이간은 불교, 유교, 신도 등을 독학으로 공부하고 나중에는 학식 높은 승려 오구리 료운小栗了雲을 만나 본격적으로 수행을 하여 독자적 사상을 정립하였다. 이러한 공부와 20년 넘는 판매업 현장 경험을 통해 '상업은 세상을 이롭게 하는 일'이라는 신념을 얻게 되었다.

그는 이 신념을 세상에 알리겠다는 생각으로 45세에 고향으로 돌아와 조그마한 강담소講談所를 열어 남녀노소 누구나 무료로 참가할 수 있는 강의를 시작했고, 죽을 때까지 15년 동안 지속하였다.

그의 강연은 자신의 현장 경험을 바탕으로 수강자의 눈높이에 맞춰 알기 쉽게 진행되었기에 큰 인기를 얻었다. 특히 사농공상士農工商 신분제에서 가장 낮은 계급으로 천시받던 상인들에게 긍지를 심어 주고, 상업 활동에 대한 지적·도덕적 동기를 부여하였기에 더욱 인기를 끌었다.

바이간의 사상은 자신의 저작인《검약제가론儉約齊家論》과 바이간과 한 유학자가 대담하는 형식으로 구성된《도비문답都鄙問答》이라는 책에 잘 드러나나 있다. 이 책들은 당시 베스트셀러였다.

그의 책들에 따르면 상인들이 이윤을 취하는 것은 무사가 녹봉을 받는 것처럼 정당한 것이며, 이윤 수취를 정당화하기 위해서는 그에 걸맞은 상인의 도가 있어야 함을 주장하였다. 무사들에게 스스로의 존엄을 위해 따라야 할 무사의 도가 있듯이, 상인들에게도 상인의 도가 있다는 것이다.

상인의 마음은 본시 세상을 이롭게 하고자 하는 것이 근본이며, 그 근본을 실현하기 위해 평소 성실, 검약, 근면의 생활 태도를 견지하여 신용을 쌓음으로써 각자의 성품을 갈고 닦아야 한다고 설파하였다. 그는 상인들에게 이러한 도에 입각해 정직하게 번 돈은 '후지산만큼 돈이 쌓이더라도 부끄럽지 않은 것'이라며 상인들이 긍지를 갖고 생업에 종사할 것을 촉구하였다.

이처럼 '마음'을 중심에 놓은 그의 사상은 문하생들에 의해 '석문심학'으로 체계화되어 상인뿐 아니라 일본 사회 전반에 널리 퍼져나갔다. 전국 34개 번藩에 180여 개소에 이르는 심학心學 강담소가 설립되었고, 다이묘나 여성들까지도 관심을 갖고 참여하였다. 그 영향으로 신용을 중시하고, 가업家業을 소중히 하며 고객 만족을 위해 정직과 친절을 실천할 것을 내용으로 하는 상업 문화가 등장하고, 이는 상업뿐만 아니라 공업 등 다른 분야에 걸친 일본식 장인정신 문화의 토대가 되었다. '어느 일이든 근면하게 하는 것이 인생수행이다諸業即修行'라는 그의 생각이 반영된 것이다.

현대 일본 경영학에서는 바이간의 사상을 시대를 앞서간 '기업의 사회적 책임'(CSR)의 실천적 사례로 보기도 하고, 그의 석문심학은 일본 사회 전반의 인생관과 직업관에 큰 영향을 끼쳤다고 평가된다.

그러나 생산성과 다양성이 중시되는 현대 사회에서는, 에도 시대에 탄생한 석문심학은 그 한계를 가질 수밖에 없으며 이를 뛰어넘는 윤리 의식과 미의식이 필요하다고 지적되기도 한다.•

• 사카이야 다이치(1997). 《일본을 만든 12인》, 2권: 45쪽.

우에스기 요잔

上杉鷹山(1750~1821)

케네디 대통령이 존경한 일본인, 뛰어난 다이묘

우에스기 요잔은 일본 북부 요네자와번米澤(지금의 야마가타현)의 번주로서 번정藩政을 개혁하여 쇠락해가는 번을 부흥시킨 뛰어난 다이묘로 평가받는 인물이다. 미국의 존 F. 케네디 전 대통령이 당선된 후 일본 기자가 가장 존경하는 일본 정치가를 묻자, 우에스기 요잔이라고 답했다는 일화가 전해진다.•

또한 김영삼 전 대통령은 요잔을 주인공으로 한 소설 번역본《불씨》를 읽고 감명해서 청와대 참모들에게 읽게 하였다.

＊＊＊

요잔은 규슈의 작은 번에서 입양되어 요네자와번藩의 번주가 되었다. 그가 번주가 될 당시 요네자와번의 재정은 파탄에 이르렀고, 번

• 일본의 기독교 연구가이며 성서학자인 우치무라 간조(內村鑑三)가 1894년 영어로 'Japan and The Japanese'(일본과 일본인)이란 책을 발간하였는데, 케네디 대통령이 이 책을 읽고 우에스기 요잔을 알게 되었을 것으로 짐작된다.

민들은 만성적인 무기력증과 패배 의식에 빠져 있었다. 과거에 비해 영지가 크게 줄어들었음에도 번의 가신 수는 거의 줄지 않아 재정적 부담이 컸고 가신들도 모두 기득권에 안주하고 있었다.

농사 외에 별다른 생산 기반이 없었기에 흉년이 들면 농민들은 곤궁에 처했고, 주민들은 끼니를 위해 갓난아이를 죽이는 마비키間引き까지 할 정도였다.

그는 부임하자마자 개혁에 나서 경제적 재건을 이루고, 번사나 번민들의 고루한 의식과 관습을 획기적으로 개선해 나갔다. 그의 번정 개혁의 출발점은 '백성은 나라의 보물'이라는 신념이었다. 예컨대, 마을 순회를 계획하면서 '도로변을 일부러 청소하지 말 것, 밭에서 일하는 농민들은 내가 지나가더라도 일일이 삿갓을 벗어 인사하거나 일을 중지하지 말 것, 마을 순회를 위해 마을 인부를 동원하지 말 것, 숙박비는 규정대로 징수할 것' 등을 지시하였다.

교육기관인 흥양관興養館를 세워 신분에 상관없이 교육을 받을 수 있게 하였다. 생사生絲 생산, 잇꽃나무 육성, 비단잉어 양식 등 특수 산업을 개발하였고, 산지 개간 및 관개 시설 확충에도 적극 나섰다. 약초 재배를 위한 약초원을 열고, 의학 학교인 호생당을 세웠으며 가신들을 네덜란드로 유학 보내 서양 의학을 배우도록 했다. 그는 장애인을 비롯한 소외 그룹을 돌보고, 기근으로 다른 영지에서 형편이 나은 요네자와로 넘어오는 난민까지 자기 번민처럼 보호해주었다. 그의 사고와 정책은 현대의 선진 복지국가의 그것과 다르지 않았다.

또한 그는 솔선수범하여 근검절약을 실천했다. 수하 인원과 비용을 대폭 줄이고, 무명옷을 입으며 식사는 국 한 그릇에 반찬 한 가지로 제한하였다. 가신인 무사들의 급여도 절반으로 줄였고, 심지어 장애인인 아내의 하녀까지 줄였다.

이리하여 우에스기 요잔은 막부로부터 빌린 돈을 모두 갚고, 35세에 요네자와 번주 자리에서 물러나 후임 번주를 뒤에서 도왔다. 이때 그는 나라를 다스리는 마음가짐을 담은 '전국傳國의 사辭'를 다음 번주인 우에스기 하루노리에게 남겼다. 그 내용은 국가와 백성은 결코 번주를 위한 존재가 아님을 전제로, 국리민복과 민본 사상을 강조하는 것이었다.

우에스기 요잔은 백성을 사랑하는 따뜻한 성품을 지닌 지도자로서 훌륭한 성과를 이룬 인물이다. 봉건 시대에 그러한 지도자가 있었다는 사실은 감동을 준다. 실제로 2007년 일본 〈요미우리신문〉이 지방자치단체장을 대상으로 실시한 설문조사에서 이상적인 리더 1위로 선정되었으며, 그의 개혁 정책은 오늘날 일본 경영학계에서 모범적 경영 사례로 연구·활용되고 있다.

마쓰다이라 사다노부

松平定信(1758~1829)

간세이 개혁을 이끈 청렴한 로주老中

에도 시대 후기의 로주老中(막부의 최고 관직)로서, 11대 쇼군인 도쿠가와 이에나리德川家齊를 보좌하여 1787년부터 1793년까지 막정幕政 개혁인 간세이寬政 개혁을 추진하였다. 이는 황폐해진 농촌을 부흥시키고, 막부의 재정난과 도덕적 위기를 타개하기 위해 실시한 개혁으로 교호 개혁, 덴포 개혁과 함께 막부 3대 개혁으로 불린다.

＊＊＊

사다노부는 시라카와번白河藩(지금 후쿠시마현)의 번주로서 번정을 이끌다가 이에나리 쇼군에 의해 로주로 발탁되었다. 사다노부 자신은 8대 쇼군 요시무네의 손자(아버지가 요시무네의 차남)이므로 경우에 따라 쇼군이 될 가능성도 있었다. 그는 요시무네가 실시한 교호 개혁을 모델로 삼아 간세이 개혁을 추진하였다.

사다노부는 우선 농정과 복지에 중점을 둔 정책을 펼쳐 농업 인구의 증가와 황폐해진 토지 복구를 위해 노력했다. 구리귀농령舊里歸農令을 발령하여 에도에 대량으로 유입된 지방 출신 농민들에게 자금을 줘서 귀농을 유도하고, 부랑자나 빈궁한 백성을 보호·구제하기 위한 시설을 설치하여 운영하였다. 지금까지 수탈 대상으로 삼던 백성을 정책의 구제 대상으로 전환한 것이다.

또한 가코이마이囲米 정책을 시행하여 각 번의 다이묘에게 기근에 대비한 사창社倉·의창義倉을 설치하여 곡물을 비축하도록 하고, 시치부쓰미킨七分積金이라 하여 에도의 각 마을町에서 경비를 절약한 돈과 막부의 지원금으로 구황救荒 기금을 조성하여 장래를 대비하도록 하였다.

빚에 시달리는 무사 등의 구제를 위해 후다사시札差(쌀 중개업자)들에게 빚을 진 지 6년 이상이 된 채무는 전액 탕감하고, 5년 이내의 채무는 이자를 경감하도록 하는 기엔레이棄捐令를 발령하였다. 그러나 이 조치 이후 오히려 후다사시들이 대출을 꺼리는 부작용이 발생했으나, 교섭을 통해 이를 조정하였다.

'간세이 이학寛政異学의 금禁'이라 하여, 주자학朱子學을 막부 공인 학문으로 인정하고 학문소에서 주자학만을 교육하도록 하며, 양명학과 고학 등 다른 학문을 이학으로 규정해 금지하였다. 이 금지는 어디까지나 학문소에 국한된 것이었지만, 각 번에서도 이를 따랐기에 주자학을 정학으로 하고 다른 학문을 이학으로 금지하는 경향이 확산됐다. 이에 더하여 재야 학자들의 막부 비판을 금지하고 출판도 통제했다.

또한 '학문 음미学問吟味'라 하여, 하타모토와 어가인을 대상으로 한학 필답 시험을 실시하여 성적이 우수한 자들에게 상을 줌으로써 학문적 기풍을 널리 진작시켰다. 이들에게 입신양명의 기회가 주어지기도 했다. 그 결과로 막부 말기 시험 출신자들 중에서 대외 관계를 중심으로 한 새로운 국면에 대응할 수 있는 유능한 인재가 배출되기도 했다.

무사나 평민 모두 사치스러운 생활을 피하고 검약한 생활을 할 것을 명하였다. 사치품을 단속하고, 포르투갈에서 전래된 카드놀이 등 오락을 금지하였고, 공중목욕탕에서의 혼욕混浴도 금지했다.

사다노부의 간세이 개혁은 어느 정도 성과를 거두었지만 검약령이나 풍속 통제령 등이 과도하여 에도의 경기가 침체하고 시민들로부터 강력한 반발을 받았다. 그는 맑고 바른 마음을 가진 행정가였지만, 너무 고지식하고 이상에 치우친 정책 때문에 서민과 무사는 물론 쇼군까지도 힘들어했다.• 마침내 쇼군은 사다노부를 면직하였고, 간세이 개혁은 6년 만에 중단되었다. 이상과 현실이 조화를 이룬 점진적 개혁의 필요성을 실감케 한다.

• 당시 "시라카와(白河)의 맑은 물에는 물고기가 살기 어렵네. 예전의 탁했던 다누마 시대가 그립다"라는 노래가 유행하였다. 여기에서 시라카와는 사다노부, 다누마는 9대·10대 쇼군 시대의 로주 다누마 오키쓰구(田沼意次)를 가리킨다. 그는 적극적 재정정책으로 성과를 거두었으나, 뇌물이 성행하는 등 사회는 혼탁했다.

니노미야 손토쿠

二宮尊德(1787~1856)

새로운 발상으로 지역 재건 사업을
성공시킨 농정 사상가

에도 시대 후기의 경세가, 농정가이자 사상가이다. 가난한 농가에서 태어나 노동으로 집안을 일으켜 세운 자신의 경험을 바탕으로, 경세제민을 목표로 한 보덕사상報德思想을 주창하고 보덕사법報德仕法이라 불리는 농촌 재건 정책을 수행하였다. 그의 농촌 재건 정책은 농촌을 풍요롭게 만드는 경제정책이면서도, 그 근본을 덕치에 두고 불교·유교·신도神道 등이 혼합된 정신 개조 정책이기도 하였다.

***

손토쿠는 가난한 농부의 아들로 태어나 일찍 부모를 여윈 후 두 동생을 외가에 맡기고 자신은 백부의 집으로 들어갔다. 백부의 집에서 농사를 하는 틈틈이 버려진 황무지를 개간하고 경작하여 소득을 올리는 경험을 하였다. 낮에는 농사일을 하고 밤에는 공부를 게을리 하지 않았다. 이렇게 하면서 재산을 모아, 20세가 되던 해에는 집안을 다시 일으켜 세웠다. 그 후 매년 논밭을 사들이고 그것을 다시 소작으로 내주어, 26세에는 상당한 소작료를 거둬들이는 소지주가 되었다. 흩어진 가족들도 불러모았다.

손토쿠는 1812년 농사를 그만두고 오다와라번小田原藩의 가로家老 핫토리 쥬로베의 신하로 들어가 경제적 어려움에 빠진 핫토리 가문의 재정을 회복시키는 데 성공했다. 식사는 밥과 국으로 제한하고, 옷은 목면木綿으로 된 것을 입게 하는 등 검약을 실천하게 하여 지출을 줄였다. 이자가 저렴한 번의 대출을 받아 그 돈으로 이자율이 높은 빚을 먼저 갚았다. 이처럼 긴축을 하면서도 핫토리 가문 고용인들의 어려움을 구제하여 그들이 바르고 의욕적으로 일할 수 있도록 하였다.

이어서 1821년에는 오다와라번주의 방계 가문의 영지인 사쿠라마치를 재건하는 일에 나섰다. 사쿠라마치는 17세기 말 4천 석의 영지였으나 홍수 등으로 농지가 황폐해져 생산량이 줄자 농민들은 떠나가고 농가의 수도 감소하였다. 그는 토지 생산력을 재조사하여 그에 맞추어 농민이 부담하는 세금을 줄여주었다.

이에 더하여 농민들이 농사를 짓기에 좋은 환경을 만들고자 도로, 용수로, 제방, 교량 등 농업 기반시설을 정비하였다. 농민들이 근면하고 검소한 생활을 하도록 교육·지도하는 한편 성실히 일한 사람을 뽑아 표창하였다. 농촌 개혁에 있어서 가장 중요한 것은 농민의 마음 자세를 제대로 갖게 하는 것이라고 생각했다. 물질적 지원을 하거나 세금을 면제하는 식의 선심 정책은 오히려 탐욕이나 게으름을 유발하고 사람들 사이에 다툼을 일으키는 원인이라고 보았다.

황무지는 황무지 자체가 지닌 자력資力으로 개간되어야 하는 것처럼 빈곤은 자력自力으로 물리치게 하지 않으면 안 된다는 신념으로 농민들을 계도하였다. 이것이 1837년에 끝난 사쿠라마치 지역의 보덕사법의 성공 비결이었다.

이후 손토쿠의 명성은 널리 퍼져나갔다. 동북부 지역 다이묘들은 앞다투어 손토쿠에게 지역 재건을 의뢰하였다. 605개의 마을이 그의 도움으로 회생하였다.

1853년에는 막부로부터 닛코日光 령의 재건을 명받았다. 이는 그가 맡은 재건 사업 중 최대 규모였다. 손토쿠는 1855년 닛코로 가서 재건 사업에 착수했지만 마치지 못하고 이듬해인 1856년 70세의 나이로 사망했다.

니노미야 손토쿠는 우치무라 간조의 《Japan and Japanese》에 나오는 일본인 가운데 한 사람이다. 손토쿠의 성실함, 근검절약, 창의력, 책임감 그리고 농민 사랑(인간애) 때문일 것이다. "내 집을 팽개쳐야 1천의 이웃을 구할 수 있다"는 손토쿠의 말을 인용하며 그를 농민 성자로 추앙하고 있다.

미즈노 다다쿠니

水野忠邦(1794~1851)

실패로 끝난 덴포 개혁을 주도한 로주老中

11대 쇼군 도쿠가와 이에나리家齊 대와 12대 쇼군 도쿠가와 이에요시家慶 대에 걸친 시대의 로주로서, 일본이 나라 안팎으로 여러 가지 위기에 처했을 때 막부의 힘을 강화하기 위한 덴포天保의 개혁을 추진하였다. 그러나 그 내용이 지나치게 급진적이었던 까닭에 막부 내외의 반발을 사 개혁은 실패하고, 그는 세력을 잃고 자리에서 물러났다.

***

덴포 연간(1830~1843) 전국적 흉작으로 쌀값과 물가가 상승하고 대기근이 닥치면서 농민들이 고통을 겪었고, 각지에서 농민 반란이 발생하였으며, 도시에는 하층민이 대량 유입되어 사회는 혼란스러웠다. 당연히 막부의 권위는 떨어졌다.

이 무렵 가라쓰唐津(지금 사가현)번의 번주이던 미즈노 다다쿠니는 자신이 막부에서 중책을 맡아 일본을 개혁하고자 하는 꿈을 가졌다. 심지어 규슈에 있던 자신의 영지를 에도 근처 하마마쓰浜松(지금 시즈오카)로 옮기면서까지 막부에서 일하기를 희망하였다.

많은 우여곡절 끝에 마침내 막부 최고직인 로주에 오른 그는 막부의 재정과 권위를 회복하기 위한 개혁 작업에 착수하였다. 이른바 '덴포의 개혁'이다.

미즈노는 막부 곳곳의 기강을 바로잡고 사치 금지를 명하였다. 먼저 부상하는 조닌町人(시민)들의 기강을 다잡고자 사치스러운 음식, 화려한 의복이나 장식품, 소설, 가부키, 만담 등 오락을 금하거나 제한하였다. 에도 교외로의 공연장 이전이나 폐쇄 등이 강제되었고 심지어 가부키 배우나 작가들이 처벌받는 일도 빈번하였다.

농민들이 에도로 이사 오는 것을 금지하고 오히려 농민들을 농촌으로 내려보냈다人返令. 이는 화폐 경제의 발달로 농촌에서 도시로 인구가 유입되면서, 막부 수익의 기반인 농촌에서 납부하는 연공(연간 공납)이 감소하는 것을 막기 위함이었다.

물가 상승을 진정시키기 위해 상인들의 조합인 가부나카마株仲間를 해산하고, 매장 소매가격을 통제하며 공정 임금을 설정하였다. 그러나 가부나카마가 중심으로 구성된 유통 체계가 어지러워지며 오히려 경기가 침체되었다. 또한 몰락한 하타모토旗本•와 하급 관리를 위한 저리 대출과 대출 원리금의 일부 상환 면제 등을 시행했으나 이것이 신용 경색을 가져와 채무자에게도 어려움을 가중시켰다.

• 에도 시대 쇼군의 직속 가신단 중에서 1만 석 이하의 영지를 하사받고 쇼군을 알현할 수 있었던 무사를 말한다.

재정을 충당하기 위해 화폐를 다시 발행하여 이익을 얻고자 화폐 개주改鑄를 실시했으나, 이는 높은 인플레이션을 초래했다. 이러한 일련의 정책은 결국 유통 경제의 혼란과 불황으로 이어졌다.

한편 막부의 지배를 강화하기 위해 상지령上地令을 발령하여 에도나 오사카 지역의 다이묘와 하타모토의 영지를 막부에 반환하게 하고, 이를 막부 직할지로 편입한 뒤 대신 다른 영지를 배분하고자 하였다.

막부의 권위와 실력을 강화하는 한편, 에도·오사카 주변의 치안 유지를 도모하고자 함이었다. 그러나 다이묘와 하타모토, 그리고 그에 딸린 영민들이 크게 반대했기 때문에 상지령은 실시되지도 못하였다. 결국 미즈노는 로주직에서 파면되어 실각하면서 여러 개혁은 중단되었다.

미즈노는 로주에서 물러난 지 9개월 만에 다시 복귀하였으나 이전처럼 정치의 중심에 서지 못하고 기력도 쇠하여 별다른 활약을 하지 못했다.

덴포 개혁이 진행된 시기는 막부의 권위가 실추된 어려운 시기였으므로, 보다 정교한 정책이 필요했음에도 너무 비현실적인 정책을 강행하려다가 실패하였다.

더욱이 미즈노 실각 이후 도매상 카르텔이 재건되어 막부 권력이 상업 자본 앞에 굴복하는 모양새가 되어 막부의 쇠퇴를 촉진한 결과가 되었다.

꿈과 의욕은 넘쳤으나 역량은 부족했던 로주였다.

히라가 겐나이

平賀源内(1728~1779)

다양한 재능을 보인 팔방미인의 선구적 난학자

쇄국이 행해지던 에도 시대 중기의 난학자蘭學者(네덜란드 학문 연구자)로서 유화, 광산 개발 등 다양한 외국 문화와 기술을 일본에 도입해 소개한 인물이다. 또한 본초학자(약용식물 연구자), 지질학자, 발명가, 의사였으며 문학가로서 소설과 하이쿠를 썼다. 또한, 자신이 고안한 겐나이야키(도자기)를 생산한 도예가였다.

그는 다방면에 걸쳐 재능을 보여 천재라는 평판을 얻었으며, 에도에서 일본 최초로 물산전을 개최한 선구자이기도 하였다. 그러나 그는 어이없게도 살인을 저질러 감옥에서 옥사하였다.

***

겐나이는 다카마쓰번 사누키 출신으로, 어릴 적부터 다양한 분야에서 재능을 보여 천재라는 평판을 들었다. 나가사키에서 1년간 체류하며 다양한 서양 문물을 접하고 고향으로 돌아왔다. 그 뒤 오사카와 교토에서 공부한 후, 1756년 에도로 가서 본초학자 다무라 모토오玉村本大 밑에서 본초학(약용 식물을 연구하는 학문)을 공부하였다. 다시 나가사키로 가서 광산을 채굴하고 정제하는 기술을 배웠다. 이무렵 네덜란드의 것을 모방하여 측정기(걸은 거리를 측정하는 도구), 자침(방향을 측정하는 도구)과 온도계를 제작하였다. 기구氣球나 전기의 발명도 시도하였다.

1757년 일본 최초로 약재와 제품을 전시하는 물산전을 열었고, 1761년 이즈伊豆에서 광산을 발견하여 그 생산품을 중개하고 종종 제품 박람회를 열었다. 석면도 발견·개발하였다.

에도의 유명한 난학자로서《해체신서》를 번역한 스기타 겐파쿠杉田玄白와 교류하며 난학에 관심을 갖고 공부하였다. 겐파쿠는 겐나이를 천재라고 평가하였다.

또 일본에서는 무더운 여름에 자양강장을 위하여 장어를 먹는 관습이 있는데, 이는 상업적 이익을 높이기 위한 겐나이의 발상에서 시작되었다. 여름철 몸보신을 위해 장어를 먹자는 광고 카피를 만들어 가게에 붙이도록 했고, 치약과 떡 광고 카피를 만들어 선전토록 도왔다. 일본 최초의 카피라이터인 셈이다.

그는 네덜란드의 유화를 배워 그렸으며 문학 활동에도 적극적이었다. 조루리浄瑠璃(일본의 전통 예능에서 반주에 맞추어 읊는 이야기) 작가로서 많은 시대물과 음란소설을 포함한 통속소설을 쓰기도 했다. 스즈키 하루노부鈴木春信와 함께 그림 달력 교류회를 개최하여 우키요에 그림浮世畫 번창에도 기여하였다.

나가사키에서 구입한 에레키텔静電気発生機(정전기 발생기)을 수리 복원하고, 이를 활용하여 여흥을 덧붙여 생활비를 벌었다. 그는 무엇보다 광산을 개발하거나 개발 지도에 열심이었다. 그러나 광산 개발도 여의치 않았고 다른 일도 원활치 않아 끝내 경제 사정이 어려워졌다.

그러한 상황에서 구코로라는 지인을 다툼 끝에 살해하고 말았다. 그는 곧 투옥되었고 얼마 후 옥중에서 파상풍으로 사망하였다. 동성애자로 알려진 그는 결혼을 하지 않아 법적 보호자가 없었고, 스기타 겐파쿠 등이 장례식을 치르려 했지만 막부의 허가가 나오지 않아 묘비와 시신도 없이 장례가 치러졌다.

히라가 겐나이는 다양한 분야, 특히 해외 문물에 관심을 갖고 공부하여 나름의 성취를 이루었던 인물이었다. 그 바탕은 호기심, 재능과 실천력이었다. 어느 시대에나 그런 인물이 있지만, 겐나이는 특히 팔방미인 격으로 에도 시대를 다양하고 풍성하게 만드는 데 기여하였다.

이노 다다타카

伊能忠敬(1745~1818)

걸어서 일본 지도를 만든
집념의 천문학자이자 측량가

에도 시대 후기의 천문학자, 지리학자, 측량가이다. 상인으로 성공한 후, 50세가 넘어 에도에서 역학曆學을 공부하기 시작하였다. 56세 때부터는 17년간 전국을 돌며 측량을 실시하여 그 결과로 일본 최초의 실측 지도 《대일본연해여지전도大日本沿海與地全圖》, 속칭 《이노즈伊能圖》를 완성하였다.

***

17세 때 양조장을 운영하는 이노伊能 집안에 서양자壻養子로 들어가 양조업, 운송업, 금융업 등을 하여 상당한 부를 이루었다. 50세 때 장남에게 사업을 물려주고 은퇴한 뒤, 에도로 거처를 옮긴 뒤 천문학자 다카하시 요시토키高橋至時의 문하생이 되어 역학과 천문학 공부를 시작하였다. 요시토키는 다다타카보다 19세 연하였지만 다다타카는 요시토키를 스승으로 잘 모시고 잠자는 시간을 줄여가며 천체 관측과 측량 공부를 열심히 하였다. 그리하여 '스보(역학) 선생推步先生' 이라는 별명이 붙었다. 그는 일본 최초로 금성金星이 일본의 자오선을 통과하는 현상을 관측하기도 했다.

달력을 보다 정확하게 만들기 위해서는 지구의 크기를 아는 것이 필요하고, 이를 위해 자오선 1도의 거리를 정확하게 산출하여야 하였다. 측량하는 두 지점 사이의 거리가 멀면 멀수록 별의 움직임을 관측하여 그 정확성을 높일 수 있다고 생각하였다. 이를 위하여 측량에 천체 관측을 활용하고, 이를 통하여 관측지의 경도와 위도를 파악하면 지도의 정확성을 높일 수 있기 때문이다.

다다타카는 날씨가 맑으면 반드시 천체 관측을 하였고 숙박 장소도 관측기구를 설치할 수 있는 곳으로 정하였다. 주요 관측 내용은 항성의 남중南中 고도, 태양의 남중, 일식, 월식, 목성木星의 위성식 등이었다.

먼저 에도에서 에조지(현재의 홋카이도)까지의 장거리를 걸으며 측량을 시작하였다. 그 과정에서 정확한 지도가 만들어질 수 있었다. 당시, 에조지 인근에는 외국 선박이 나타나 공격할 가능성이 있어 막부로서도 연안 지역에 대한 정확한 지도가 필요한 참이었다. 그래서 막부도 함부로 측량하는 것을 금하던 종전의 입장을 바꾸어 측량을 허가하였다. 조사 비용 대부분은 다다타카 측이 부담하였다.

1800년 다다타카는 5명을 데리고 측량 여행을 시작하였다. 로프를 이용한 거리 측정이 너무 시간이 걸리자 똑같은 보폭을 유지하는 방식으로 거리를 산출하였다. 지구의 둘레가 약 4만km인데 당시 산출한 지구 둘레도 거의 동일하였다. 반년 후 에조지 동남 해안까지의 지도가 완성되었다. 막부는 대만족이었다.

〈대일본연해여지전도〉(大日本沿海與地全圖) 사본.
이노 다다타카 사후, 제자들에 의해 1821년 완성되었다.

막부는 더 나아가 일본 전국의 지도가 완성되기를 희망하였으며 비용도 부담하기로 하였다. 다다타카는 이후 10차례에 걸쳐 일본 각지에 대한 실측 여행을 계속하였다. 1805년에 다다타카는 막부의 정식 관리로 채용되었다. 측량 사업도 당연히 막부의 공식 사업으로 격상되었다. 1816년 모든 측량이 완료되어 머지않아 일본 전국 지도가 완성될 예정이었으나 1818년 다다타카는 74세의 나이로 세상을 떴다.

제자들이 1821년 지도를 완성하였다. 이때까지 다다타카의 죽음은 세상에 알려지지 않았다. 제자들이 지도 제작의 공과 명예를 다다타카에 돌리기 위함이었다. 이 지도는 현재의 지도와 비교해도 큰 차이가 없을 만큼 정확도가 높은 것이다.

다다타카는 50세에 생업에서 은퇴한 뒤 천문학과 측량학 공부를 시작하여 전국을 돌며 일본 지도를 만듦으로써 인생 2모작을 멋지게 성공한 인물이었다. 그에게 그 작업은 '해야 할 일'이 아니라 '하고 싶은 일'의 수행이었다. 19세 연하인 스승 요시토키를 존경하였으며 일찍 세상을 뜬(1804년) 스승 곁에 묻히기를 유언하여 그 옆에 안장되었다. 그러므로 그는 국가에 공헌하고 개인적으로도 행복한 삶을 산 인물이라 할 것이다.

가쓰시카 호쿠사이

葛飾北斎(1760~1849)

일본이 세계에 자랑하고,
세계가 극찬하는 우키요에 화가

에도 시대의 우키요에 화가浮世書家로서, 19세에 본격적 활동을 시작하여 90세에 세상을 뜰 때까지 70년간 활동하였다. 종전의 일본화 화법과 함께 서양화의 기법도 적극적으로 수용하여 일본 회화의 세계를 넓혔다. 대담한 구도와 색깔로 후지산을 그린 "부악富嶽36경景" 등 3만 4,000점의 작품을 발표하였다.

그의 화풍은 유럽에서 고흐, 모네 등 인상파 화가들에게도 영향을 미치고 '자포니즘'•이라고 불리는 일본풍 예술의 붐을 일으키는 데 기여하였다.

***

호쿠사이는 어릴 적부터 오직 그림만을 생각하며 진짜 그림다운 그림을 그릴 것을 목표로 삼았다. 그림 그리기를 수련하고 판화를 새

• 프랑스의 미술 평론가 필립 부르티(Philippe Burti)는 19세기 후반에 '자포니즘'(Japonisme)이라는 용어를 처음으로 사용했다.

기는 등 일을 하다가, 19세 때 우키요에 화가인 가쓰카와 슌쇼勝川春章의 문하에 들어가 '슌로春朗'라는 화호画號를 얻어 본격적으로 화가 수업을 시작하였다.

연구심과 호기심이 많았던 호쿠사이는 원근법 등 서양화의 기법을 수용하면서 서양의 유화, 동판화, 글라스화 등에도 관심을 갖고 이를 활용하였다. 그림 대상은 인물은 물론 인간의 각종 행위, 동식물과 자연 현상을 포함한 삼라만상에서 상상 속 동물과 요괴에 이르기까지 거침이 없었다. 판화 외에도 육필화를 그렸으며, 소설 삽화를 그리기도 하고 그림을 그리는 방법을 가르치는 책을 집필하기도 하였다.

그의 대표작은 70세가 지나 발표한 "부악 36경" 시리즈이다. 당시 후지산은 신앙의 대상이 될 정도로 사랑을 받는 산이었다. 그 후지산을 다양한 관점에서 그린 작품이 "부악 36경"이다. 대담한 구도와 색채로 그려진 이 작품들은 사람들의 큰 사랑을 받았다. 당초 36장으로 구성할 요량으로 그와 같은 제목이 붙었으나 인기가 높다 보니 46장으로 늘어났다. '부악 46경'인 셈이다. 많은 사람이 보고 경탄한, 후지산을 작은 배경으로 삼아 거친 파도가 치는 순간을 포착하여 그린 그림 〈가나가와 앞바다의 큰 파도〉도 그 가운데 하나이다. 이 작품은 2024년에 발행된 1천 엔 지폐의 뒷면 디자인에 등장하였다.

호쿠사이를 대표로 한 우키요에 예술가들의 작품은 19세기 후반 프랑스에 큰 영향을 미쳐 '자포니즘'이라는 붐을 일으켰다. 특히

가쓰시카 호쿠사이의 대표작 "부악 36경" 중 〈가나가와 앞바다의 큰 파도〉.
그의 목판화는 고흐와 같은 인상파 화가들에게 영향을 미쳤다.

에두아르 마네, 클로드 모네, 빈센트 반 고흐, 폴 고갱 등 많은 인상파와 후기 인상파 화가들과 조각가 카미유 클로델, 음악가 클로드 드뷔시, 유리 예술가 에밀 갈레 등이 그 영향을 받았다.

그는 이름을 서른 번 바꾸고, 아흔세 번 이사한 괴짜이기도 했다. 이름은 슌로春郞, 호쿠사이北斎, 소우리宗理, 가쿄진畵狂人, 이이쓰爲一, 다이토載斗 등 본인도 다 기억 못 할 만큼 바꾸었는데, 제자들에게 호를 넘기기 위해서라는 설도 있다. 그가 작업하는 환경은 늘 지저분했다. 그래서 새로운 영감이나 예술적 자극이 필요하면 이사를 하여 새로운 환경을 만들곤 하였다. 하루에 세 번이나 이사한 일도 있었다. 마지막으로 이사한 집은 예전에 살던 집이었다.

그는 말년까지 붓을 놓지 않았고 많은 제자를 길러냈다. 그의 셋째 딸도 우키요에 화가였으며 아버지의 조력자였다. 호쿠사이는 고양이 그림이 잘 그려지지 않는다며 울기도 하였다. 죽을 때까지 자신의 그림에 만족하지 못하고 "이제 그림을 좀 알 것 같지만, 아직은 아니다"라고 말했으며, 임종 시에는 "10년, 아니 5년만 더 산다면 진정으로 그림다운 그림을 그릴 수 있을 텐데"라며 아쉬움을 토로하였다.

호쿠사이는 일본이 세계에 자랑할 만한 화가이다. 그는 일생 동안 전심전력으로 이상적인 그림을 추구하였고, 서양 미술계에 큰 영향을 미쳤다. 1998년 미국 잡지 〈라이프〉가 기획한 '지난 천 년간 가장 위대한 업적을 남긴 100인'에 일본인으로서 유일하게 선정되었다.

스기타 겐파쿠

杉田玄白(1733~1817)

번역서 〈해체신서〉를 발간해 난학 발전의 길을 열다

스기타 겐파쿠는 에도 시대의 난학자이자 의사이다. 네덜란드 의학서적 《타펠 아나토미아》에 실린 인체 해부도의 정확성에 놀라서 번역을 결심하고, 천신만고 끝에 번역을 완성하여 《해체신서解體新書》로 출판하였다. 이는 일본 최초의 네덜란드어 번역서이다. 그 후 일본에서 난학의 발전에 크게 공헌하였다.

***

청소년기에 의학 공부를 시작하여 의사가 되어 개업의로 일하였다. 그러던 어느 날 동료 의사인 나카가와 쥰안中川淳庵이 네덜란드 상관商館에서 네덜란드어 의학서인 《타펠 아나토미아》를 빌려왔다. 그 책은 원래 독일인 의학자 요한 아담 쿨무스Johann Adam Kulmus가 저술한 《해부도표Anatomische Tabellen》를 네덜란드어로 번역한 것이었다. 겐파쿠는 읽을 수 없었지만 책에 실린 해부도 등에 놀라 번藩과 상의하여 한 권을 취득하였다.

그러나 겐파쿠는 과연 그 해부도가 정확한 것인지 의문을 품었다.

그러다가 오래전부터 요청했던 처형된 사형수의 시체 해부를 참관할 기회를 얻게 되었다. 겐파쿠는 동료 의사인 나카가와 쥰안과 마에노 료타쿠前野良澤와 함께 참관하여 해부도의 정확성을 확인하고 감탄하였다. 종래 중국에서 전래된 오장육부설이 잘못된 것임을 확인하였다.

겐파쿠는 인체를 잘 알지도 모르면서 의사를 한다는 것이 부끄러운 일이며, 이 책을 번역하여 의사들이 인체의 내외 구조를 잘 알게 된다면 치료에 큰 도움을 줄 것이라고 생각하였다. 그리하여 겐파쿠는 료타쿠 등에게《타펠 아나토미아》를 번역하자고 제안하였다.

외국어 사전이 존재하지도 않던 시절이었으며 겐파쿠 일행 중에 네덜란드어를 알고 있던 사람 또한 초보 수준이었다. 네덜란드어를 이해하는 다른 사람들의 협조를 구해 번역 작업에 나섰으나 너무 전문적 서적이었기에 번역은 쉽지 않았다. 그림은 일본 최초로 서양회화 기법을 받아들인 오다노 나오타케小田野直武가 그렸다.

4년간에 걸친 험난한 노력 끝에 11번이나 고쳐 쓰기를 반복하여 번역을 완성할 수 있었다. 일본 최초의 서양서적 번역본이《해체신서》라는 이름으로 출간된 것이다. 이 책이 발간됨으로써 일본에서 네덜란드를 통해 서양 문물을 배우는 '난학'이 발전하기 시작하였다. 우리가 현재 사용하고 있는 많은 의학 용어들도 이 책에서 비롯되었다. '신경', '연골', '동맥' 같은 말들이 그것이다.

겐파쿠는 향후 문제의 소지가 되는 걸 막기 위해 가츠라가와 호산桂川甫三이라는 지인을 통해 쇼군에게도 책을 헌상하였다.

그 후 1776년 번藩 소유 500평을 임차하여 병원을 개업하고 '천진루天真楼'라는 의학숙을 열어 후학을 지도하였다. 그는 특히 훌륭한 외과 의사로 명성을 얻었는데, 당시 유학자인 시바노 리츠잔柴野栗山은 스기타 겐파쿠가 에도에서 제일가는 실력을 가진 의사라고 칭송하였다.

한편 번역에 큰 역할을 했던 료타쿠는 스스로 번역자의 이름에서 빠졌다. 번역의 완성도에 자신이 없어 학자적 겸양의 마음으로 그렇게 하였을 것이라고 전해진다. 그러나 겐파쿠는 80세가 넘어 난학에 관한 자신의 생각을 정리한 회고록《난학사시蘭學事始》•를 집필하였는데, 여기서 그는 료타쿠의 도움이 없었다면 번역은 불가능했을 것이라며 료타쿠에 대한 고마움을 잊지 않고 있었다.

네덜란드어를 전혀 모르는 상태에서 번역에 나서 이를 이루어내는 집념이 놀랍다. 엄청난 호기심, 학구열과 사명감의 결과일 것이다. 우연이겠지만, 네덜란드어 책 중 일본에서 최초로 번역된 책이 다름 아닌 의학 서적인 것도 흥미롭다. 겐파쿠는 앞서 본 히라가 겐나이, 이노 다다타카 등과 함께 쇄국 상태인 일본에서 서양 문물을 받아들일 준비를 하고 있었던 셈이다.

• 이는 책으로 정식 출판되지 않고 필사본으로만 전해졌는데, 이후 후쿠자와 유키치에 의해 목판본으로 출판되었다.

오시오 헤이하치로

大塩平八郎(1793~1837)

가난한 백성을 위해 난을 일으킨 전직 관리

에도 시대 후기의 사무라이, 학자로 오사카 봉행소奉行所(막부가 설치한 동·서 두 개의 행정관청 중 하나)에서 일하다 은퇴한 후 자택에 사람들을 모아 학문을 가르쳤다. 기근이 발생하자 자신의 책 등을 팔아 어려운 사람들을 도왔다. 그러나 막부에서 아무런 대책을 취하지 않자 분노하여 반란을 일으켰다.

***

헤이하치로는 14세 때 봉행소 견습으로 들어가 25세 때 중간 책임자인 요리키与力가 되었다. 그는 동료 관리들의 부정을 내부 고발하고, 기리스탄을 적발하고, 파계승을 처단하는 등 부정을 싫어하고 정의감이 넘치는 행동파였다. 봉행소 내부에서 미움을 받기도 했지만 상사인 다카이高井는 그를 지지하였다.

독학으로 양명학을 공부한 그는 1824년 사숙私塾인 '세심동洗心洞'을 열었고, 1830년 38세 때 다카이가 전근하자 요리키 직을 떠나 학문에 전념하면서 제자들을 지도하였다. 에도의 양명학자인 사토

잇사이佐藤一斎와 서간을 주고받았다. 헤이하치로의 양명학은 지행합일知行合一을 중심사상으로 하여 '중제학파中斎学派'라 불렸다(중제는 그의 아호임).

그는 주자학자들과의 무의미한 논쟁을 피하기 위하여 일체 교류를 하지 않는 고지식한 인물이었다. 또한, 그는 매우 급한 성격의 소유자였다. 에도 후기 사상가인 라이 산요賴山陽는 그를 '소양명小陽明'이라 부르며 그의 박식함을 칭찬하면서도 칼을 뽑지 말고 숨겨두기를 기도한다고 충고할 정도였다. 또한 오사카 봉행 야베矢部의 저택에 초대되어 식사 중에 막부의 부패에 화가 나서 이빨을 씹을 수 없을 정도로 딱딱한 물고기(가나가시라)의 머리를 씹어 먹을 정도의 다혈질이었다.

1833년부터 1837년 사이(1833~1834년, 1836~1837년 두 차례)에 기근(덴포의 대기근)이 발생하였다. 초기 기근 때는 봉행 야베가 헤이하치로에게 자문해 가며 잘 대처하였다. 그러나 후기 기근 때는 야베의 후임으로 온 아토베跡部가 쇼군의 의식 비용으로 쌀을 에도로 보내고, 미곡상의 사재기로 쌀값이 급등하는 바람에 오사카에서 굶어 죽는 사람이 많이 생겨나고 치안은 악화되었다.

이를 안타까워한 헤이하치로는 우선적으로 쌀을 백성들에게 공급하고 부유한 상인들에게 쌀을 사재기하지 않도록 독려하여 쌀값을 안정시키기 위한 다양한 제안을 하였으나 이는 받아들여지지 않았다.

무장 봉기를 통해 관리들과 부유한 상인들을 죽이지 않고는 근본적 해결책이 없다고 생각한 헤이하치로는 1837년 2월 19일 승려, 백성들과 함께 난을 일으켰다. 그는 자신의 책을 판 돈을 가난한 사람들에게 나눠주고 반란군 모집에 참여하도록 독려했다. 그러나 반란 계획은 사전에 알려져, 봉기는 실행되었으나 반나절 만에 진압되었다.

그러나 이때 일어난 화재는 다음 날까지 계속되었고, 오사카의 5분의 1인 1만 채 이상의 가옥이 불에 탔다.

사건 이후 엄중한 수색에서 주모자들은 자수하거나 자살하거나 잇달아 체포되었지만, 헤이하치로와 양아들 간노스케는 가와치국을 거쳐 야마토국으로 도망쳤다. 며칠 후 오사카로 돌아와 어느 상인 집에 숨어 있다가 발각되어, 난 발생 한 달 만에 양아들과 함께 불을 질러 자결하였다. 45세의 나이였다.

그러나 시체가 확인되지 않아서 여러 가지 생존설이 퍼졌고, 전직 관리가 반란을 일으켰다는 점에서 막부로서는 큰 충격이었던 사건이다. 그 무렵 오시오 헤이하치로의 반란에 공감하고 영향을 받아 여러 곳에서 집단 봉기(잇키)가 발생하였다. 에도 막부의 멸망이 30년 후로 가까이 다가오고 있었다.

헤이하치로는 어려움에 처한 백성에 대한 연민의 마음에서 지행합일을 내세우는 양명학자로서의 신념을 행동으로 보여주었다. 그러나 급하고 다혈질인 성격 탓에 무모하게 봉기하는 바람에 오히려 오사카 사회에 많은 피해를 주었다. 그래도 역사는 백성을 위하는 순수한 마음 때문에 헤이하치로를 긍정적으로 평가하기도 한다.

막말·메이지 유신 이전

200년 이상 지속된 에도 막부는 내부 피로감과 함께 서구 열강의 동양 진출에 따른 위협으로 흔들리기 시작하였다. 1840년 청나라가 영국에 패배한 아편전쟁은 일본에 큰 충격을 주었다. 1853년 미국의 페리 제독이 군함 4척을 이끌고 와 개항을 요구하자, 일본은 개국 여부와 막부의 존속을 둘러싸고 국론이 크게 분열하였다. 존왕양이파, 공무합체파 등으로 의견이 갈리고, 각 번이나 세력들 사이에서는 무력 충돌까지 이어졌다.

결국, 조슈와 사쓰마 두 번藩이 봉기하며 세력을 확장하자 힘을 잃은 에도 막부의 마지막 쇼군 도쿠가와 요시노부가 천황에게 정권을 반납하고 물러남으로써 에도 막부는 막을 내렸다.

이이 나오스케

井伊直弼(1815~1860)

에도 말기 정치적 혼란기에 강단 있게 일하다가 암살된 대로大老

에도 시대 말기 히코네번彦根(지금 시가현)의 번주로 있다가 1858년 쇼군의 부름을 받아 막부의 대로大老(필요에 따라 로주 위에 임시로 두는 막부 최고위직)가 되었다. 그해 천황의 허가를 받지 않고 일미日美 수호통상조약을 체결하였다. 또한 이에사다 쇼군의 후계자로 이에모치家茂를 옹립하였다.

이런 문제들과 관련하여 격렬한 반대가 있었지만 그는 반대파를 무자비하게 탄압하였다. '안세이安政의 대옥大獄'이다. 이 때문에 1860년 에도성의 사쿠라다문櫻田門 밖에서 암살되었다.

***

1853년 미국의 페리 제독이 4척의 흑선黑船을 이끌고 도쿄 근처 우라가만灣에 나타나 개국을 요청하였다. 흑선의 위용에 놀란 일본 사회는 그 대응을 둘러싸고 개항파와 반대파로 분열되었다. 막부는 미국 측의 요구에 따라 1854년 일미日美 화친조약•을 체결하였는데,

• 조약은 12개조로 구성되었는데, 시모타(下田)와 하코다테(函館)의 개항, 미국

이에 이어 1858년 수호통상조약을 체결하였다. 당시 고메이孝明 천황의 허락을 받으려고 노력하였으나 천황은 허가하지 않았고, 미국의 영사 해리스가 재촉과 겁박을 하여 더 이상 미룰 수 없었기 때문에 천황의 허가를 받지 않고 조약을 체결하게 되었다.

당시 쇼군 도쿠가와 이에사다家定도 그 처리를 나오스케에게 맡겨 놓은 상태였다. 또한 병약한 쇼군 이에사다의 후계자로 도쿠가와 요시노부慶喜를 지지하던 히토쓰바시一橋파의 반대를 무릅쓰고 이에사다의 조카인 이에모치家茂를 14대 쇼군으로 옹립하는 데 적극적 역할을 하였다. 당연히 나오스케의 이러한 행동에 대하여 저항이 격렬했다. 고메이 천황을 비롯한 개국 반대파는 격분하였고, 외국인 추방 운동이 벌어졌다. 또한 후임 쇼군 옹립에 관련하여서도 마찬가지였다.

그러나 나오스케는 이에 굴하지 않고 히토쓰바시파와 존왕양이파 등 자신에 반대하는 번주, 번사藩司, 학자, 막부 관리들에 대한 탄압에 나섰다. 조슈번사 요시다 쇼인吉田松陰, 후쿠이번사 하시모토 사나이橋本左內 등 8명을 사형시키는 등 100명 이상을 처벌하였다. 이 대탄압이 '안세이安政의 대옥大獄'이다.

이에 분개한 미토번과 사쓰마번의 낭사浪士들은 이이 나오스케를 살해하기로 하여, 1860년 3월 24일 에도성의 사쿠라다문櫻田門 밖에

선박에 연료와 식량의 공급, 표류민의 구조와 인도, 시모타에 미국 영사관의 설치 등을 담고 있다.

서 입성하던 이이 나오스케가 탄 가마 행렬을 기습해 암살하였다. 그가 암살된 후 히코네번藩은 안세이의 대옥 등 실정을 이유로 감봉 조치를 받아 막부와는 거리가 멀어졌다.

이이 나오스케를 두고 일본인들의 평가는 엇갈린다. 당시 혼란스러운 상황에서 서양 외적을 물리치기 위해서 일단 개국하여 선진 문명을 받아들이지 않으면 안 된다는 입장에서, 개항·개국이라는 정치적 결단을 내려 일본의 역사를 바른 방향으로 이끈 뛰어난 정치가라는 평과 함께 반대파를 무자비하게 숙청하는 잔인한 권력자라는 평이 엇갈린다. 두 가지 평가는 서로 배척되는 것은 아닐 것이다.

이이 나오스케는 결단해야 할 순간에 나름대로 '국가와 막부를 위한 판단을 한다'는 신념을 가졌고, 언젠가는 사람들이 자신의 뜻을 알아줄 것이라고 생각하였다. 추후의 역사도 그런 방향으로 흘러간 것을 보면, 그는 일본 역사를 바꾸는 큰 결단을 한 셈으로, 비전과 능력을 가진 정치 지도자라 할 것이다. 그는 히코네번주 시절 가신들에게 재산을 나누어 주고 백성들의 살림살이를 잘 챙긴 명군이기도 하였다.

요시다 쇼인

吉田松陰(1830~1859)

메이지 유신을 이끈 제자들을 길러낸 '송하촌숙'의 개설자이자 정한론자

일본 조슈번長州藩(지금의 야마구치현) 출신으로, 사숙인 송하촌숙松下村塾을 열어 많은 제자를 양성하였다. 그의 사상은 근본적으로 천황을 중심으로 한 국수주의적 입장이었고, 조선을 침략하자는 정한론征韓論을 주창하였다. 그는 정작 메이지 정부 수립 전인 1859년에 29세의 나이로 이이 나오스케의 '안세이 대옥' 때 처형되었다.

그러나 그의 영향을 받은 제자들은 에도 막부를 무너뜨리고 메이지 정부의 중심 인물들로 활약하였다. 오늘날에도 쇼인의 고향인 야마구치현 출신인 아베 신조 전 총리를 비롯한 일본 우익 진영의 일각에서 그를 사상적 지주로 숭상하여, 그의 영향력이 현재까지 미치고 있다.

***

요시다 쇼인은 에도에서 난학을 공부하던 1853년, 미국 페리 제독이 이끄는 흑선이 일본에 나타나자 이를 보고 일본과 외국의 국력의 차이를 느끼고 놀랐다. 그리하여 그 자신이 외국에 나가 스스로 외국의 실상을 확인하고자 하여, 이듬해 일미 화친조약 체결을 위하여 다시 일본에 온 흑선에 훔친 나룻배를 타고 올라가서 자신을 미국으로 데려가 줄 것을 요청하였으나 거절당하고 쫓겨났다.

그 후 1857년 고향에서, 우리나라 서당과 비슷한 송하촌숙松下村塾을 열어 많은 제자를 양성하였다. 그는 19세 때부터 사무라이 자제를 위한 공립 교육기관인 번교 명륜관明倫館에서 학생들에게 병학兵學 등을 가르치기도 하였다. 또한 규슈九州와 일본 열도 전국을 돌아다니며 여러 선생을 만나 가르침을 받고, 세상 실정을 파악하기도 하였다.

그렇게 하여 확립한 사상은, 제국주의 논리를 수긍하면서 일본은 서양의 기술과 문물을 배워 국력을 길러 서양 열강과 대등한 관계가 되어야 하며富國强兵, 서양 열강에게 빼앗긴 것은 조선·만주·중국에게서 되찾아 오자는 것, 즉 정한론征韓論이었다.

그런데 1858년 에도 막부가 천황의 허가도 받지 않고 일본에게 불리한 일미 수호통상조약을 체결하자, 쇼인은 이에 불만을 품고 에도 막부의 고위 관료 마나베 아키카츠를 납치해 천황에게 양이攘夷를 건의하게 하고, 그것이 받아들여지지 않으면 암살할 계획을 세운다. 이 때문에 그는 1859년 10월 처형되었다. 안세이 대옥의 마지막 처형이었다.

쇼인이 일본 사회에 끼친 영향은 막부 타도와 메이지 신정부를 이끈 제자들의 양성이었다. 제 1의 애제자는 구사카 겐즈이久坂玄瑞로서 다카스기 신사쿠高杉晉作와 함께 송하촌숙의 쌍벽으로 불렸다. 겐즈이는 쇼인의 누이의 남편이기도 하다.

겐즈이는 쇼인이 죽은 후 존왕양이 운동(천황을 숭배하고 외국 세력을 일본에서 추방하는 운동)의 지도적 역할을 하였다. 막부와 대결하기 위하여 1864년 교토에서 '금문의 변'을 일으켰으나 막부군에 패해 자결하였다. 다카스기 신사쿠는 외국으로부터 일본을 지키기 위하여 막부를 타도하여야 한다고 생각하여 1865년 조슈번 내의 막부 지지 세력을 몰아내어 실권을 잡고, 다음 해 스스로 조직한 기병대(하급무사와 농민으로 구성된 군대)를 이끌고 나서는 등 막부 타도에 공헌하였다.

이들은 유신 이전에 사망했지만, 다른 제자들인 야마가타 아리토모, 이토 히로부미, 이노우에 가오루 등은 존왕양이의 지사들로서 메이지 유신 이후 시대의 주역이 되었다. 특히 우리나라와 악연이 있는 이토 히로부미가 쇼인의 제자였고, 쇼인이 정한론을 주창한 탓으로 우리에게도 악연이 있는 인물인 셈이다.

요시다 쇼인은 메이지 유신도 보지 못하고 만 29세에 죽은 막말幕末의 그저 그런 무사 교육자에 지나지 않은 인물일 수 있지만, 걸출한 제자들로 인하여 과대평가된 인물이기도 하다. 그리고 자국에 대한 애국심은 충만했을지라도 제국주의 침략의 피해를 다시 제국주의적 침략으로 보전하려고 하였다는 점에서 이기적이고 모순적인 인물이라 아니할 수 없다.

가쓰 가이슈

勝海舟(1823~1899)

막부의 협상 대표로서 에도를
전화戰火에서 구한 막신幕臣

에도 막부 말기의 가신으로, 1860년 간린마루咸臨丸를 타고 태평양을 건너 미국을 방문하였고, 해군을 양성·관리하는 해군 조련소를 설립하였으며, 막부군과 신정부군 간의 전쟁인 보신戊辰전쟁 때는 막부를 대표하여 신정부군 대표인 사이고 다카모리와 담판하여 에도성을 넘겨주어 에도를 전화戰禍로부터 지켜낸 선각자적 인물이다.

***

1853년 미국 페리 제독이 흑선黑船을 타고 일본에 나타나자, 막부의 로중老中 아베 마사히로는 널리 대응책을 모집하였다. 이때 가이슈는 해군 창설을 건의하여 그 건의가 채택되었고, 1855년에 나가사키에 있는 해군 학교에 참여하였다. 전에 배웠던 네덜란드어와 군사학이 큰 도움이 되었다. 1860년에 막부가 일미 수호통상조약의 비준서를 교환하기 위해 미국에 사절단을 보낼 때 간린마루의 함장으로서 태평양을 건너 미국을 방문하여 미국의 새로운 사회제도를 배우고 돌아왔다. 그 배에 계몽 사상가인 후쿠자와 유키치도 타고 있었던 점이 흥미롭다.

귀국 후 해군을 관리하는 직책인 군봉행軍奉行이 되어 1864년 고베에 해군 조련소를 설립하여 제자들을 지도하였다. 그 제자 가운데 사카모토 료마도 포함되어 있었다. 료마는 1862년 12월 막신인 가이슈를 암살하러 찾아갔다가, 가이슈로부터 해군이 강해야 일본을 외국으로부터 지킬 수 있다는 등 일본의 장래에 관한 설명을 듣고 이에 감복하여 제자가 되었다. 다만 료마가 가이슈를 암살하려 했는지는 확실치 않다.

그러나 이듬해 해군 조련소가 폐지되자 가이슈는 크게 낙담하여, 막부 정치에 회의감을 갖게 되었다. 해군 조련소 폐지에 더하여 그가 공부한 서양 학문과 미국에서 견문한 경험 때문일 것이다. 당연히 일본 정치의 새로운 변화를 생각하였다. 가이슈는 1867년 14대 쇼군 도쿠가와 이에모치가 죽었을 때 그의 죽음을 안타까워하면서도 에도 막부는 이젠 끝났다고 생각하였다.

1868년 3월 14일, 막부군과 신정부군 사이에 벌어진 보신전쟁에서 사이고 다카모리가 이끄는 천황파 신정부군이 에도성으로 쳐들어올 때, 가이슈는 쇼군 요시노부의 위임에 따라 막부 대표로서 에도에 있는 사쓰마번저藩邸에서 사이고 다카모리를 만나 담판을 짓고 무저항으로 에도성을 비워주었다. 물론 쇼군 도쿠가와 요시노부의 신변 안전을 보장받았다. 이른바 신정부군의 에도성 무혈입성이다.

물론 일본 동북부 지방에서 일부 막부군이 신정부군에 끝까지 저항하며 큰 희생을 치르기도 했지만, 그래도 가이슈와 다카모리의 담판은 내전의 확산을 막아 불필요한 인명 피해를 줄이고, 만에 하나라도 우려되는 외국 세력의 침략으로부터 일본을 지켜낸 결단이라고 할 수 있다.

에도 막부가 막을 내린 후 가이슈는 시즈오카에서 은거하며 저술 활동을 하기도 하고, 메이지 정부하에서 고문을 맡기도 했다. 그러면서도 그는 마지막 쇼군인 도쿠가와 요시노부를 진정 용기 있는 자라고 평가하며 존경하였다.

그의 행적을 기회주의적이라고 평가하는 사람도 있지만, 풍부한 식견과 정확한 판단으로 시대를 고민하는 선각자였다고 보는 것이 옳을 것이다. 무엇보다도 사이고 다카모리와의 담판을 통해 보신전쟁의 확산을 막은 것이 큰 업적이다.

사카모토 료마

坂本龍馬(1835~1867)

삿초동맹을 성사시켜
새로운 시대의 막을 연 풍운아

에도 막부 말기 토사번土佐藩(지금의 고치현) 출신 하급 무사로서 가쓰 가이슈로부터 항해술과 개국의 필요성을 배웠다. 그 후 막부 중심의 정치 체제를 바꾸어 새로운 일본을 만들기 위해 사쓰마번과 조슈번이 삿초동맹을 맺도록 중개하였다. 또한 토사번을 통하여 대정봉환大政奉還(1867년 11월 9일 막부 15대 쇼군 도쿠가와 요시노부가 국가 통치권을 메이지 천황에게 반납하고 천황이 이를 칙허한 정치적 사건)을 실현시켰다. 그러나 메이지 정권이 수립되기 1년 전, 32세의 젊은 나이에 교토에서 암살되었다. 짧은 생애에 큰 업적은 없음에도 일본인들이 좋아하는 인물 조사에서 오다 노부나가, 도쿠가와 이에야스 등과 함께 1,2위를 다투는 인물이다.

＊＊＊

료마는 토사번의 하급 무사 가정에서 태어났으나, 그 집안은 원래 양조업으로 성공한 상인 출신이었기 때문에 경제적으로는 넉넉한 편이었다. 어린 시절 그는 특별히 두각을 드러내지 못한 평범한 울보 소년이었다.

1853년 에도에서 검술을 배우고 있던 료마는 페리 제독이 이끌고 온 흑선에 놀라 일본의 장래에 대해 걱정하게 되었으며, 자유롭게 이동하며 일본의 장래를 모색하기 위해 1862년 탈번(무사가 소속 번을 임의로 이탈하는 것으로, 중죄에 해당함)을 하였다. 가쓰 가이슈의 제자가 되어 고베 해군 조련소에서 항해술을 배웠다. 가이슈의 회고에 의하면, 료마는 처음에는 가이슈를 암살할 계획이었으나, 가이슈가 해군의 필요성 등 일본의 장래를 위한 방책을 설명하자 마음을 바꾸어 제자가 되었다 한다. 료마가 따르고 의지했던 누이 오토메에게 쓴 편지에도 가이슈의 제자가 되었음을 자랑스러워하는 대목이 있을 만큼, 가이슈가 료마에 끼친 영향은 컸던 것으로 보인다.

1865년에는 사쓰마번의 도움을 받으며 나가사키에 가메야마샤주龜山社中(나중에 海援隊)라는 무기 등 상거래와 해상 운송을 목적으로 하는 회사를 세웠다. 장차 외국과도 무역을 할 요량이었다. 그는 막부의 정치 체제를 바꾸어 새로운 일본을 만들어야 한다는 생각으로 행동에 나섰다. 우선 일본에는 쓸데없는 분쟁이 너무 많아 이를 막고자 하였다.

그 무렵 막부는 사쓰마번 등의 힘을 빌려 막부에 대항하는 조슈번을 공격하려 하였다. 만약 조슈번이 패하면 막부의 힘은 더욱 강해져 막부 체제의 변화도 불가능할 것으로 보았다. 이를 우려한 료마는 막부에 저항할 세력을 만들고자 하였다. 사쓰마의 사이고 다카모리西鄕隆盛와 조슈의 기도 다카요시木戶孝允를 설득해 삿초동맹薩長同盟을 성립시켰다. 사쓰마와 조슈, 양 번은 그때 사이가 좋지 않았다. 그러나 이대로 가면 조슈가 막부에 패할 것이고 그다음은 사쓰마 차례가 될 것이라는 이유로 두 사람을 설득하였다. 그 결과 1865년 조슈를 상대로 한 막부의 제 2차 정벌은 실패하였다. 사쓰마가 조슈 정벌에 참가하지 않았고 오히려 정벌 중지를 건의했기 때문이다.

이후 힘을 얻은 양 번은 무력으로 막부를 타도하기로 계획하였다. 그러나 료마는 전쟁을 피하기 위하여 쇼군에게 대정봉환을 건의하였다. 도사번土佐藩의 번사인 고토 쇼지로後藤象二郎가 1867년 사카모토 료마로부터 대정봉환론을 듣고 감명받고 도사번 번주 야마우치 요도山內容堂를 통해 건의한 것이다. 15대 쇼군 도쿠가와 요시노부는 1867년 이를 받아들여 정권을 조정에 반환하였다. 대정봉환의 목적은 내전을 피하고 막부 제도를 개혁하여 도쿠가와 종가를 필두로 하는 다이묘들의 공의公議 정치 체제를 수립하는 데 있었다. 또한 쇼군 요시노부도 정권을 전면적으로 포기한 것이 아니라 새로운 정치 체제 아래서 다시 권력을 장악할 구상을 하였기에 대정봉환을 실행하였다. 그러나 이는 에도 막부의 종언을 고하는 사건이 되고 말았다.

일각에서는 사카모토 료마가 대정봉환을 고안한 것이 아니라 오쿠보 도시미치와 가쓰 가이슈 등의 공무합체론을 종합한 것일 뿐이라는 지적도 있다. 그렇다 하더라도 일본 내부의 정치적 투쟁을 극도로 혐오하며 일본이 진정 하나가 되기를 원했던 료마의 염원이 반영된 사건임에는 틀림이 없다.

한편 료마는 1867년 6월 교토에서 대정봉환 문제를 상의하기 위해 도사로 향하는 선상에서 일본의 신국가 체제의 기본 방침인 '선중

팔책船中八策'을 작성하였다고 알려져 있다. 정권의 조정 반환, 의회 설치, 유능한 인재 등용, 외교관계 정비와 확대, 법령 정비, 해군력 강화, 천황 및 수도 보호, 세계에 통용되는 화폐 제도 등을 담고 있다. 기도 다카요시木戶孝允 등이 1868년 이것을 참고하여 신정부의 기본 방침인 '5개조의 서문'을 작성하였다. 대정봉환이 이루어진 뒤 신정부가 구성될 때, 료마는 자신은 해원대를 이끌고 세계를 돌며 무역을 하고 싶다며 정치에 참여하기를 원하지 않았다. 그러나 그는 대정봉환이 일어나고 1달 뒤에 교토의 한 여관에서 암살당하였다. 누가 어떤 이유로 암살했는지는 다양한 설이 존재할 뿐 확실치 않다.

료마는 일본인들의 사랑을 듬뿍 받는 인물이지만 그에 관한 사실관계는 불분명한 점이 많고 다소 과장되어 있다는 지적이 있다. 그럼에도 료마가 그런 평가를 받는 것은 작가 시바 료타로가 쓴《료마가 간다》나 그를 주인공으로 한 드라마의 영향이라고 지적되기도 한다. 그렇지만 료마는 19세기의 인물이고 여기저기 사료들도 남아 있는 만큼 큰 틀에서는 차이가 없을 것이다. 전쟁이 없고 모든 국민이 평등한 민주적인 새로운 일본을 만들겠다는 선각자적 생각, 그를 실천하기 위한 추진력, 대정봉환 성공으로 정권에 참여할 기회가 있었음에도 이를 마다하고 세계를 돌며 무역을 하고자 하는 순수한 생각, 거기에다 젊은 나이에 요절한 사정 등이 료마가 사랑받는 이유일 것이다.

도쿠가와 요시노부

德川慶喜(1837~1913)

대정봉환으로 일본의 분열을 막은
에도 막부의 마지막 쇼군

에도 막부 15대 쇼군으로 마지막 쇼군이다. 미토번주의 아들로 태어났으나 11세 때 히토츠바시가의 양자로 들어가 그 가문의 후계자가 되었다. 어렸을 때, 20명이 넘는 형제 중에서 가장 총명했으며, 도쿠가와 이에야스의 재탄생이라는 평가를 받기도 했다. 그 후 14대 쇼군 이에모치를 보좌하는 쇼군 후견직을 맡았다가, 1866년 이에모치가 사망하자 쇼군이 되었다. 1867년 정권을 조정에 반환하는 대정봉환을 단행하였으며, 구 정부(막부)와 신정부 사이의 전쟁인 보신전쟁이 발발하자 에도성을 전투 없이 내어줌으로써 전쟁의 확대를 막았다. 쇼군직에서 물러나 시즈오카에서 은거하며 조용히 여생을 보냈다.

***

그가 쇼군이 된 1866년 무렵은, 양이洋夷와 개국開國 등을 둘러싸고 일본은 극도로 국론이 분열되어 있었고, 그 해결 방법으로 사쓰마번과 조슈번은 힘을 합쳐 무력으로 막부를 무너뜨리고 새로운 일본을 만들고자 계획하던 때였다. 요시노부는 이에 맞서 프랑스의 지원을

에도 막부의 마지막 쇼군,
도쿠가와 요시노부의 초상 사진.

받으며 개혁을 단행하는 한편, 조정과 협력하여 정치를 해나갔으며 그 과정에서 마침내 정권을 조정에 반환하기로 결단하였다. 그렇게 하면 사쓰마와 조슈의 막부 타도의 명분은 없어지고 전쟁도 피할 수 있게 되기 때문이었다. 또한 요시노부가 어려서부터 아버지 도쿠가와 나리아키에게서 배운 존황론尊皇論을 핵심으로 한 '미토학水戸学'의 영향으로 그것에 큰 저항감을 느끼지 않았기 때문이기도 했다. 다른 한편 정권을 조정에 반환하여 신정부가 구성되더라도 신정부는 정권을 담당할 능력이 부족하여 결국 조정과 막부가 함께 정치를 할 수밖에 없을 것이고, 도쿠가와가는 종전과 같은 역할을 할 수 있으리라고 본 때문이기도 했다. 실제로 당시 조정과 막부가 힘을 합쳐 정치를 하는, 이른바 '공무합체론'이 상당한 지지를 얻고 있었다.

그러나 그의 소망은 이루어지지 않았다. 신정부에서 어떠한 역할도 주어지지 않은 것이다. 오히려 공무합체가 아닌 막부의 완전한 멸절을 바라는 사쓰마와 조슈의 세력이 힘을 발휘하였다. 이들은 병력을 동원하고 궁중의 토막 세력과 협력하여 왕정복고를 단행하였다. 그리고 막부 측을 자극하기 위한 사쓰마 세력의 도발도 더욱 심해졌다. 그리하여 1868년 1월 3일 사쓰마·조슈 양군과 아이쓰·구나와 번을 중심으로 한 막부군은 교토 인근 도바·후시미에서 전투를 벌였으나 수적 우세에도 불구하고 막부군은 패배하였다. 민심이 막부를 떠났고 막부군의 사기가 떨어진 탓이다. 요시노부는 에도로 돌아가 프랑스의 지원을 받아 결전을 벌일지 검토하였으나, 막부를 대표한 가쓰 가이슈와 토막군의 참모장 사이고 다카모리가 담판을 벌여 에도성을 넘겨주기로 함으로써, 265년을 이어온 에도 막부는 막을 내리게 된다.

대정봉환을 실시한 것은 내란의 확산을 막고, 내란 상황을 이용한 서양 열강(삿초 세력과 동맹관계인 영국)의 있을지 모르는 침략을 저지했다는 점에서 도쿠가와 요시노부의 공적이라 할 만하다. 그러나 아이쓰번會津藩·쇼나이번庄内藩 등 동북 지방의 막부 지지 세력이 격렬히 저항하는 바람에 전쟁은 이듬해까지 지속되어 만여 명의 사상자를 내었다. 이것이 무진년戊辰年인 1868년에 시작되었으므로 보신戊辰 전쟁이라고 부른다. 이 전쟁에서 정부군의 잔혹한 진압의 역사가 지금도 동북 지방 사람들의 마음속에는 아픔으로 남아 있다.

요시노부는 메이지 시대의 시작과 함께, 그때 32세의 나이로, 슨푸성(시즈오카)에서 국정 등 공적인 일을 멀리하면서 은둔 생활을 하였다. 말년에는 도쿄로 거처를 옮겼지만 사망할 때까지 정치에 관여하거나 언급하는 일은 거의 없었다.

1908년에는 대정봉환의 공로와 메이지 국가의 공로자로서 이토 히로부미의 추천으로, 훈일등욱일대수장勳一等旭日大綬章을 수여받기도 하였다. 1913년 77세 나이로 사망하였는데 에도 막부의 쇼군 중 가장 장수한 쇼군이었다. 여러모로 역사의 아이러니이다.

곤도 이사미

近藤勇(1834~1868)

막부 보호를 명목으로 조직된
준사법 조직 '신선조'의 수장

곤도 이사미는 에도 시대 말기의 무사로, 신선조新選組(신센구미)의 국장으로서 그 수장이었다. 당시 신선조는 교토수호직京都守護職(교토의 안전을 담당하는 막부의 직책) 아래에서 막부에 대항하는 세력을 단속하는 준군사 조직이다.

이사미는 막부가 신정부군에 의해 무너진 뒤 이어진 보신전쟁에 구막부군과 함께 참전하였다가 신정부군에 체포되어 처형되었다.

***

15세 때 에도에 있는 천연이심류天然理心流 검술 도장인 시위관試衛館에 입문하여 무술 연마를 시작하였다. 도장을 운영하던 곤도 슈스케로부터 실력을 인정받아 그의 후계자가 되고 나아가 양자까지 되었다. 그 후 이사미가 상속한 시위관에서 히지카타 도시조土方歲三를 비롯한 많은 제자들을 길러냈다. 이사미는 1863년, 28세 때 시위관의 제자와 낭인 무사들을 모아 교토로 상경해 친親막부 세력인 아이즈번 번주 마쓰다이라 가타모리의 지도와 자금으로 신선조新選組(유사한 목적의 종전 낭사조를 바꾸어 만든 것)를 결성하였다.

신선조는 원래 교토로 가는 쇼군의 신변 보호를 목적으로 결성되었으나, 이후 교토의 치안 유지를 목적으로 활동하며 막부에 반대하는 존왕양이 세력들을 무자비하게 단속하는 일종의 정치 깡패와 같은 조직이 되었다.

이사미는 같은 천연이심류파(검도 유파 중 하나)의 동지인 히지카타 도시조 등과 함께 초대 국장이었던 세리자와 가모를 암살한 후 신선조를 장악하였다. 여기에 반감을 품은 여러 간부들이 반역을 기도하고 적군으로 돌아섰지만, 암살 등 무자비한 보복으로 내부 기강을 더욱 공고히 하여 신선조를 완전히 장악하였다. 이때 시위관에서 함께 수련했던 히지카타 도시조가 부장副長으로서 큰 역할을 하였다.

곤도 이사미가 이끄는 신선조는 1864년 7월 교토의 이케다 여관에서, 조슈번사들이 교토 시내에 불을 지르고 마쓰다이라 가타모리를 살해한 뒤 천황을 데려가려 한다는 정보를 입수하여, 조슈번·토사번 등의 존왕양이파 지사들을 습격해 궤멸시켰다. 신선조는 이 사건으로 명성을 얻고 세력이 확대되었으며, 조정과 막부로부터 포상금을 받기도 했다.

이후 조슈번은 교토수호직인 아이즈번 번주를 제거하여 이케다야 사건으로 입은 상처를 회복하기 위해 군대를 이끌고 상경하여 아이즈번·사쓰마번의 병력과 충돌하는 '금문의 변'을 일으켰다. 그러나, 이때도 신선조는 맹활약하였으며 조슈번·도사번을 단속하는 일을 끊임없이 지속하였다. 이사미가 이끄는 신선조는 교토 시내의 치안 유지라는 명목으로 막부의 입지를 공고히 하기 위하여 활동했던 것이다. 이런 공적 덕분에 신선조 일원들은 1867년 6월 10일 막부의 신하로 인정받게 되었고, 우두머리인 이사미는 막부로부터 3백 석의 녹봉을 받게 되었다.

그러나 1867년 10월 쇼군 도쿠가와 요시노부가 대정봉환을 행하여 사실상 에도 막부가 막을 내렸고, 이에 승복하지 않았던 일부 막부군과 신정부군 사이에 보신전쟁이 벌어졌다. 신선조도 옛 막부군의 일원으로서 전쟁에 참가하였으나, 첫 전투였던 도바·후시미 전투에서 신정부군에 패하였다. 이사미는 부상을 입고 에도로 돌아왔다.

그 뒤 신선조는 막부로부터 신정부군의 진격을 막는 임무를 맡아 '갑양진무대'甲陽鎮撫隊로 이름을 바꾸고 고슈 가도甲州街道를 따라 진군하였다. 그러나 고슈 가쓰누마甲州勝沼 전투에서 다시금 패퇴하였고, 도주 중 이사미는 신정부군에 체포되었다. 그는 이타바시板橋에서 처형되었고, 그의 머리는 교토로 옮겨져 산조가와라 모래밭에 효시梟示되었다.

그러나 나머지 신선조 대원들은 북해도 하코다테까지 밀리면서도 신정부군에 항전하다가 결국 항복하였고, 이로써 보신전쟁과 신선조도 막을 내렸다.

보신전쟁(1868~1869) 당시, 주요 전투와 신정부 군대의 경로를 나타낸 지도.

곤도 이사미가 이끈 신선조는 처음에는 사실상 아이즈번 소속이었다가 막부 소속으로 전환되기도 했지만, 사적 인연으로 맺어진 사람들로 구성된 정치 폭력조직이나 다름없었다. 이들은 매우 잔혹하여 공포의 대상으로 유명했다. 그러기에 곤도 이사미에게는 할복의 기회가 주어지지 않았다. 신정부 측의 철저한 보복적 단죄였다.

이와쿠라 도모미

岩倉具視(1825~1883)

메이지 정부를 수립한 주역이자
이와쿠라 사절단을 이끈 정치가

에도 시대 말기부터 메이지 시대 초기까지 활동한 정치가이다. 처음에는 조정과 막부가 협력하는 공무합체파였으나, 이후 막부 토벌파로 전향해 사쓰마번과 조슈번의 토막파에게 막부 토벌의 밀칙을 내리는 등 천황 중심의 왕정복고를 위해 노력하였다. 메이지 신정부 출범 후에는 정부의 중심인물로 헌법 제정 방침을 세우고 천황제 확립에 힘썼다. 1871년 이와쿠라 사절단을 이끌고 미국과 유럽을 돌며 서양 문물을 체험하고 일본을 근대국가로 만드는 데 큰 역할을 하였다.

***

귀족 공가 출신인 도모미가 일찍이 조정에 들어가 천황의 시종으로 일하던 때인 1858년, 막부 측 홋타 마사요시는 일미 수호통상조약의 칙허를 얻기 위해 상경하였으나 조정은 이를 반대하였다. 도모미도 마찬가지였다. 그러나 그는 조정과 막부가 대립하는 것은 바람직하지 않다고 생각하였다. 하지만 막부의 이이 나오스케는 조약을 체결하고 이에 항의하는 세력을 무자비하게 탄압하였고(안세이 대옥), 결국 이이 나오스케도 반대파에 의해 암살되었다. 그 뒤 안세이 대옥을 수습하는 과정에서 다시 조정과 막부의 협력 방안이 떠올랐다.

그 하나가 쇼군 도쿠가와 이에모치와 고메이 천황의 동생 가즈노미야의 혼인 문제였다. 도모미는 조정과 막부의 협력을 기반으로 한 공무합체公武合體에 의해 조정의 권위를 회복할 수 있다고 보고 이에 찬동하였다.

그러나 가즈노미야의 혼인에 반대하는 존왕양이파는 도모미를 좌막파佐幕派로 보고 탄핵하는 바람에 그는 1862년 8월 조정에서 물러났다. 1867년 도쿠가와 요시노부가 쇼군에 취임하고 고메이 천황이 사망한 것을 계기로 도모미는 조정으로 복귀하였다.

도모미는 이제 공무합체의 생각을 버리고 막부 토벌, 왕정복고의 입장으로 돌아섰다. 그리하여 사쓰마번과 조슈번에 막부 토벌의 밀칙密勅을 내렸다. 에도 막부가 무너지고 신정부가 구성되자 그는 신정부의 중심인물이 되었다.

1869년 도쿄로 이전한 도모미는 왕정복고의 공으로 영세록永世祿 5천 석을 받았고, 1871년 폐번치현廢藩置縣 후에는 외무경이 되었으며, 이어 행정기관의 수장인 우대신右大臣이 되었다.

그해 11월에는 특명전권대사로 이와쿠라 사절단을 이끌고 구미 각국을 방문해 이미 체결된 불평등 조약 개정을 위한 예비 교섭과 일본 근대화를 촉진하기 위하여 교육, 과학기술, 문화, 군사, 사회와 경제구조에 관한 정보를 수집하는 일을 행한 뒤 1873년 귀국하였다. 사절단 46명, 수행원 18명, 유학생 43명이 동행하였다.

단장인 이와쿠라 도모미를 돕는 부특명전권대사는 오쿠보 도시미치, 기도 다카요시, 이토 히로부미 등 3명이었다. 그 밖에 행정가와 학자 그리고 유학생이 포함되었다.

이들이 귀국할 당시 정부는 조선 정벌을 둘러싼 정한론征韓論을 두고 대립하고 있었는데, 도모미는 정벌을 반대하는 오쿠보 도시미치 측을 지지하였다. 이 때문에 1874년 1월 14일 아카사카에서 도사 지방의 정한파 사족士族들의 습격을 받기도 하였다.

1876년부터 헌법 제정이 논의되자 도모미는 처음에 헌법에 기초한 입헌정체에 반대하였다. 그러나 1877년 사이고 다카모리의 구 사쓰마번 사족을 중심으로 반정부 폭동인 '세이난전쟁'이 발생하고 이어 도사번 등지에서 자유민권운동이 벌어지자 도모미는 생각을 바꾸어 정부의 헌법제정 방침을 확정하고 참의 이토 히로부미에게 기초 작업을 맡겼다.

이와쿠라는 에도 막부 말기 천황을 잘 보좌하여 메이지 정부를 탄생시키는 데 기여했을 뿐 아니라, 신정부 초기 이와쿠라 사절단을 이끌고 2년에 가까운 기간 동안 구미를 방문하여 장래 일본 발전 방향을 모색하였다. 실로 놀라운 발상이자 뚝심이 아닐 수 없다. 이것이 일본 근대화의 밑거름이 되었음은 당연하다.

1951년 발행된 일본은행 500엔권과 1969년 발행된 500엔권에 이와쿠라의 초상이 등장하는 것도 그런 이유일 것이다.

에토 신페이

江藤新平(1834~1874)

근대적 사법제도 확립에 공헌,
반란으로 처형된 불운의 정치인

에도 막부 말기 존왕양이 운동 및 메이지 유신에 적극적으로 참가한 중심인물로, 사법권 독립과 법치주의 확립을 위한 제도 정비 등에 큰 공을 세웠다. 그러나 정한론을 둘러싼 정쟁에서 패배하여 고향 사가현으로 돌아가 1874년 '사가의 난'을 일으켰다가 체포되어 효수형에 처해진 불운의 정치인이다.

＊＊＊

에토 신페이는 사가번佐賀藩 하급 무사의 장남으로 태어났으나 가난 때문에 뒤늦게 번교 홍도관弘道館을 다니다가 국학자 에다요시 신요 문하에 들어가 유교와 신도의 존왕사상 등을 공부하였다. 그러나 당시 풍미하던 쇄국사상과 양이론을 버리고 개국과 통상을 통한 적극적인 부국강병을 주장하는 의견서인 《도해책圖海策》을 집필하였다.

그러나 그의 생각이 사가번주 나베시마 나오마사에게 받아들여지지 않자 탈번했다가 다시 돌아와 처벌을 받기도 했다.

왕정복고가 단행되자 기회를 얻어 1868년에 신정부군 대총독부의 군감軍監이 되어 막부의 경호 부대인 창의대彰義隊를 사가에서 배운 서양식 포술을 이용하여 토벌하였다. 또한 '에도'를 '도쿄'로 개칭하여 천도할 것을 제안해 실현시켰다.

신페이는 1872년 5월 설치된 사법성의 수장인 사법경에 임명되어 민법 등 근대적 법률을 제정하고, 신분제 타파, 경찰제도 정비, 사법제도 정비 등 공적을 남겼다. 그는 정부 내에서 급진적 민권론자였고, 정부 내 부정부패에 대해서도 단호하여 야마가타 아리토모, 이노우에 가오루와 같은 메이지 정부의 실세와 관련된 사건도 그냥 넘기지 않았다.

그는 서구식의 3권 분립을 추구하여, 행정권과 사법권을 하나로 보는 전통적 관념의 보수파와 대립하였다. 행정에서 독립한 사법권을 구축하여 인민의 권리를 보호하고자 함이었다.

그러나 1873년 사법경 직에서 물러나 참의参議로서 일하던 중 정부 내에서 정한론征韓論을 둘러싼 논쟁(메이지 6년의 정변)에서 패배하여 사이고 다카모리 등과 함께 사직했다. 사이고 다카모리, 이타가키 다이스케, 에토 신페이 등의 정한론에 대하여, 구미 시찰에서 돌아온 이와쿠라 사절단 멤버들이 강력히 반발하여 자신들의 부재중에 내려진 정부의 결정을 뒤집었기 때문이다.

신페이는 이듬해 1월 애국공당愛国公党을 결성하여 민선 의회의 결성을 주장하다가 2월 메이지 정부에 반대하는 사가현의 하급 무사들과 함께 '사가의 난'을 일으켰다. 난은 곧 진압되었고 신페이는 도망쳤으나 지명수배되어 고치에서 체포되었다. 사법경 시절 자신이 도입한 사진 수배 제도에 의해 체포된 케이스였다. 4월 13일 사형 선고를 받아 당일 참수형으로 처형되었고 머리는 효수梟首되었다. 효수는 신페이가 사법경 재직 시 금지시킨 형벌이었다.

단독 재판으로는 사형 판결이 불가함에도 사가 재판소 단독판사에 의하여 적절한 변론도 거치지 않고 재판이 이루어졌다. 이는 신페이를 위험 인물로 본 내무경 오쿠보 도시미치가 뒤에서 지시하였다고 전해진다.

1889년 일본 제국 헌법의 반포와 함께, 에토 신페이도 사후 사면을 받았다. 그는 사쓰마 출신과 조슈 출신의 유력 정치인에 비해 상대적으로 정치적 기반이 약한 사가번 출신이었음에도 불구하고 메이지 유신의 주역이 되었다. 하지만 신정부에 항거하다 처형되어 메이지 유신의 빛과 그림자를 동시에 체험한 비운의 정치가였다.

작가 시바 료타로는 신페이의 일생을 소재로 한 소설《세월》을 집필하였다.

사이고 다카모리

西鄕隆盛(1827~1877)

유신의 주역이면서도 메이지 정부를 향해 반란을 일으킨 마지막 사무라이

사이고 다카모리는 오쿠보 도시미치, 기도 다카요시와 함께 메이지 유신을 이끈 '유신 3걸'의 한 사람이다. 사쓰마번의 하급 무사 출신으로 두 차례 유배를 당하는 어려움을 거쳐 사쓰마번의 지도적 인물이 되었다. 조슈번과 동맹을 맺고 도막倒幕(막부를 무너뜨림)에 나서 에도 막부를 멸망시켰다.

그 후 신정부의 관리로 참여하였으나 오쿠보 도시미치• 등과 의견 대립으로 자리에서 물러나 고향으로 돌아갔다가 세이난西南전쟁을 일으켰으나 정부군에 패퇴하고 자결하였다. 그럼에도 그는 일본인의 사랑을 받는 인물이다.

• 오쿠보 도시미치(大久保利通)는 사이고 다카모리와 어릴 적부터 친구로서 가고시마성 아래 시모가지야(下加治屋)라는 마을에서 함께 자랐다. 함께 메이지 유신을 이끌어 냈으나, 정한론을 둘러싸고 의견이 엇갈리며 대립하게 되었고 마침내 세이난전쟁에서는 반란군과 진압군으로 맞서는 처지가 되었다. 시모가지야 마을에서는 이 둘 외에도 일본의 육해군을 정비한 사이고 쓰구미치(西鄕從道, 다카모리의 동생), 육군 대신을 지낸 오야마 이와오(大山巖), 러일전쟁에서 러시아 해군을 격파하여 전쟁을 승리로 이끈 도고 헤이하치로(東鄕平八郎) 등 신정부에서 활약한 다수의 인재가 배출되었다.

***

19세기 중반 일본에서 천황의 조정과 막부의 관계, 즉 토막討幕·倒幕이냐 좌막佐幕이냐가 논의될 때 사쓰마번은 원래 조정公과 막부武가 협력해서 일본의 위기를 극복하자는 공무합체의 입장이었다.

그리하여 1864년 공무합체파인 사쓰마번과 아이즈번에 의해 교토에서 쫓겨난 토막파 조슈번이 다시 교토에 쳐들어왔을 때, 사이고 다카모리는 사쓰마군을 이끌고 이들을 패퇴시켰다(금문禁門의 변變).

그러나 사이고는 생각을 바꾸어 당시의 막부로는 위기에 빠진 일본을 구할 수 없다고 판단하고 막부를 무너뜨려 새 정부를 구성하고자 하였다. 그리하여 사카모토 료마의 중재로 조슈번과 동맹(삿초동맹)을 맺고 막부를 무너뜨리고 1868년 메이지 신정부를 탄생시켰다. 그 과정에서 막부 대표인 가쓰 가이슈와 담판하여 에도성에 무혈 입성하는 결과를 도출하여 전쟁의 확대를 막았다. 사이고는 참의參議로서 메이지 정권에 참여하였다.

그러나 1873년 신정부 내에서 '정한론'을 둘러싸고 의견이 충돌하였다. 직접적 원인은 1871년 일본이 신정부 수립을 알리고 외교관계를 맺자는 취지로 조선에 보낸 국서에 대하여 조선이 회답을 하지 않고 모욕하였다는 것이나, 근본적으로는 일본은 이전부터 조선정벌을 주장하는 사람이 많았다.

또 메이지 유신 이후 1876년 폐도령廢刀令(칼 휴대를 금지하는 것, 즉 사무라이의 특권 폐지를 의미함), 질록처분秩祿處分(사족들에게 지급하던 봉록을 폐지하는 개혁) 등으로 신분적·경제적 손실을 입고 사기가 떨어진 사족士族들의 불만을 줄이기 위하여 새로운 돌파구가 필요하기도 하였다.

사이고 다카모리는, 이견도 있지만, 대표적 정한론자로 알려져 있다. 이에 반하여 오쿠보 도시미치, 기도 다카요시, 이와쿠라 도모미 등은 내치에 힘쓸 때라며 정한론에 반대하였다. 물론 시기상조라는 입장이지, 근본적 반대 입장은 아니었다.

아무튼 이 다툼에서 패배한 사이고 다카모리는 고향 가고시마로 낙향하였다. 젊은 사족들의 존경을 받으며 사학교를 열어 사족 및 그 자제들을 교육하였다. 그 무렵 사가·하기 등 일본 각지에서는 신정부의 방침에 반대하는 사족들의 반란이 일어났다. 가고시마의 사족들도 사이고에게 정부에 저항하는 반란을 주도해줄 것을 강하게 요구하였다. 사이고는 이에 적극적으로 찬동하지는 않았지만 이들의 요구를 물리치지 못하고 반란을 일으킨다. 이것이 1877년의 세이난西南전쟁이다. 사이고는 구마모토로 진출하여 구마모토성 및 규슈 각지에서 전투를 벌였으나 근대적 장비, 화력, 통신수단, 지휘능력 등에서 앞선 정부군에 패배하였다. 결국 가고시마로 패퇴하여 시로야마산에서 자결하였다.

세이난전쟁은 일본 최후의 내전이며 사족이라는 존재를 소멸시키고 징병제에 의한 국민개병제가 정착되는 계기가 되었다. 또한 전쟁으로 인한 경제 혼란으로 빈부격차는 커졌으며, 그 과정에서 대지

주나 재벌이 등장하여 '신분'보다는 '돈'이 중요한 사회로의 전환이 이루어지는 계기가 되었다.

사이고는 이처럼 반란의 수괴였지만 일본인들의 사랑을 받는 인물이다. 그의 좌우명이 '경천애인敬天愛人'인 것처럼 서민적이고 사익보다는 공익을 추구하는 바른 인품의 소유자로서 그 때문에 많은 사람들이 존경하고 따랐기 때문이다. 그렇기에 희망 사항인지, 그가 죽지 않고 살아 있다는 생존설이 한동안 퍼지기도 했다.

메이지 정부는 1898년 사이고를 사면하고 도쿄 우에노공원에 그의 동상을 세웠다. 그의 친동생과 아들도 메이지 정부의 고위 관료로 임명되었다. 이 모든 것은 사이고가 국민들 사이에 인기가 높아 정부로서 민심을 얻기 위한 방편이기도 했다. 지금도 가고시마에 그의 동상이 세워져 있는 등 가고시마의 아이콘이 되어 있다.

사이고는 정한론자로 알려져 우리에게는 찜찜한 인물이지만 일본인의 사랑을 받는 인물이다. 따뜻한 인품을 가졌다고 알려져 있다. 세이난전쟁도 따르는 사람들의 강권에 의해 마지못해 시작하였다고도 한다. 예전에 구마모토 교외의 세이난전쟁 전적지 다바라의 기념비를 방문하였을 때, 나를 안내한 한 일본 재야 사학자가 전쟁에서 희생된 반란군 명단에 박 씨, 정 씨, 김 씨 등 다수의 한국인이 포함되어 있는 것을 지적하며, 사이고는 결코 정한론자가 아니고 일본 역사학자들이 왜곡한 것이라는 설명을 들은 일이 있다.

오쿠보 도시미치

大久保利通(1830~1878)

새로운 일본을 설계한 유신 정부의 핵심

메이지 유신의 지도자로서 동향인 사쓰마 출신 사이고 다카모리와 공가의 이와쿠라 도모미岩倉具視 등과 힘을 합쳐 막부를 무너뜨렸다. 신정부의 중심 인물로서 일본을 외국과 대등한 국가로 만들기 위한 각종 개혁 작업을 시행하여 일본을 근대 국가로 만드는 데 크게 공헌하였다. 그러나 개혁 정책에 불만을 품은 사족(사무라이였던 사람)들에게 암살되었다.

***

1867년, 에도 막부의 도쿠가와 요시노부 쇼군이 스스로 정권을 조정에 반환하자(대정봉환) 조정은 대혼란에 빠졌다. 정권을 담당할 능력이 없었기 때문이다. 요시노부도 이를 알고 정권을 반환하면서 에도 막부가 조정과 협력하며 종전과 비슷한 역할을 할 수 있으리라 기대하였다.

자칫하면 막부 시대가 지속될 위험이 있다고 판단한 오쿠보와 이와쿠라 등은 2개월 후 막부 체제를 완전히 폐지하고 신정부를 출범시키는 조치를 단행하였다(왕정복고). 이에 불만을 품은 막부 측과 신정부 사이에 보신전쟁이 발발하였으나 신정부가 승리하였다.

오쿠보는 신정부의 중심 인물로서 새로운 국가를 만들기 위한 각종 개혁 작업을 시작하였다. 내무경 및 대장경으로서 1869년 지금까지 다이묘가 지배하던 토지와 인민을 모두 천황에게 반환하는 조치인 판적봉환版籍奉還을, 1871년 이전까지 다이묘가 통치하던 번藩을 폐지하고 이를 중앙 정부가 통제하는 부府와 현縣으로 일원화한 행정 개혁인 폐번치현廢藩置縣을 단행하였다.

1871년부터 1873년까지는 이와쿠라 도모미, 기도 다카요시 등과 함께 이와쿠라 사절단의 일원으로 북미와 유럽의 선진국들을 견학하며 서방 국가의 앞선 국력을 실감하고, 서구의 제도와 기술을 습득할 필요성을 절감한 뒤 귀국하여 이를 실천해 나갔다.

이러한 과정에서 동향의 동지인 사이고 다카모리는 사족 계급이 중심이 되어 개혁을 이끌고자 하였으나, 이에 반해 오쿠보는 서양의 강대국들을 본받아 사족의 특권을 대폭 축소·폐지하고자 하였다. 또한 1873년, 조선을 정벌하자는 정한론征韓論을 찬성하는 입장이었던 사이고에 대해 아직은 그럴 때가 아니라며 반대하여 대립하였고, 결국 정쟁에서 패한 사이고는 낙향하였다.

사이고가 낙향한 뒤 오쿠보는 내무성의 초대 내무경이 되어 메이지 정부의 최고 권력자가 되었다. 내무경으로서 경찰 조직을 만드는 것을 비롯하여 각종 근대적 관료제적 국가 조직을 정비하였다. 다른 한편 반정부적 자유민권운동과 언론을 탄압하고, 동시에 농민 봉기도 무력으로 제압하였다. 그에게는 일본이 하루 빨리 안정된

메이지 시대에 그려진 오쿠보 도시미치의 유화 초상화. 도쿄국립박물관 소장.

근대국가가 되는 것이 절대 과제였다.

당연히 신정부의 정책에는 사족들에게 불리한 조치들이 많이 포함되어 있었다. 번藩이 없어져 급여를 받을 수 없게 되었고, 무사의 혼이자 자존심인 칼도 찰 수 없게 된 것 등이 그것이다.

이에 불만을 품은 사족들이 반란을 일으켰고 그 가운데 가장 큰 것이 동향 친구인 사이고 다카모리가 일으킨 세이난전쟁이다. 사이고는 이 전쟁에서 패배하여 자살하였다. 그러나 오쿠보는 그로부터 1년도 지나지 않은 1878년 5월 14일, 도쿄의 아카사카 이궁에서 회의를 마치고 집으로 돌아가던 중에 기오이자카에서 자신의 마차를 몰던 마부와 함께 가가 번사 출신의 사족 시마다 이치로 일당에게 암살당했다. 이른바 기오이자카紀尾井坂의 변変이다. 암살자들은 자수한 후 모두 사형당했다.

오쿠보는 사이고와 동향 출신의 친구로 뜻을 모아 메이지 유신을 이끌어 신정부에도 함께 들어갔으나, 정한론 등 정책적 견해 차이로 사이고가 낙향하면서 사이가 벌어졌다. 그 후 사이고가 일으킨 세이난전쟁에서 오쿠보가 정부군을 이끌어 사이고를 패퇴시켰다.

얄궂은 운명의 장난이라 할까? 오쿠보가 일본 근대화에 기여한 공적은 결코 작지 않다. 그럼에도 패배하여 자결한 사이고는 일본인의 사랑을 받는데, 오쿠보는 그렇지 못하다. 역사의 아이러니이다.

기도 다카요시

木戶孝允(1833~1877)

문무를 겸비한 조슈번 출신의 유신 3걸의 일인

메이지 유신3걸 가운데 한 사람이다. 조슈번長州藩 출신으로, 막말幕末까지의 이름은 가쓰라 고고로桂小五郎였다. 조슈번의 리더로서 도막을 위해 적대 관계에 있던 사쓰마와 동맹을 맺어 막부를 무너뜨렸다. 신정부에 참여하여 기본 방침인 〈5개조의 서문〉을 작성하고 일본 근대화를 위한 각종 개혁 작업을 추진하였다. 에도 3대 도장 중 하나인 연병관에서 수련하여 검술에도 능한, 문무를 겸비한 인물이었다.

***

기도 다카요시는 조슈번의 하기에서 무사 집안의 막내아들로 태어나 가쓰라 집안에 양자로 들어갔다. 1849년 요시다 쇼인이 번교藩校 명륜관明倫館에서 강의할 무렵 병학兵學을 배우기도 했지만, 나이가 3살 차이에 불과한 동향 선후배 사이였다.

원래 조슈번과 사쓰마번은 적대 관계에 있었다. 사쓰마번에 의해 교토에서 추방되는 수모를 겪은 조슈번은 1864년 8월 20일 교토의 하마구리 문을 공격하며 반란(금문의 변)을 일으켰다가 사쓰마와 아이즈 연합군에 패퇴되었다. 막부는 조슈번을 공격하여 멸망시킬 계획이었다. 실제로 1차 조슈 정벌이 일어났다.

그러나 1866년 사카모토 료마가 사쓰마번의 사이고 다카모리와 조슈번의 기도 다카요시를 중재하여 양 번이 과거를 묻어 두고 동맹을 맺게 되었다. 기도 다카요시로서는 어려운 결단이었다. 사쓰마가 도막으로 돌아선 이유도 있지만, 기도에게도 시대를 앞서 보는 안목이 있었기 때문이다.

에도 막부가 무너지고 메이지 신정부가 수립되자 이와쿠라 도모미에게 정치적 식견을 인정받고 여러 고위식을 거치게 되었다. 신정부의 기본 방침인 〈5개조의 서문〉을 입안하였다. 정치적 의사 결정에서의 합의체제, 관민 일체의 국가 형성, 구습 타파, 선진 제국과의 교류 및 세계 열강 축에 드는 실력 함양 등이 그 내용이었다.

신정부의 중심 인물로서 판적봉환, 폐번치현廢藩置縣, 구시대적 악습 폐지, 사민 평등, 헌법 제정과 3권 분립의 확립, 교육 제도, 외국과의 외교관계 수립, 법전 편찬과 법치주의 확립, 도쿄 천도 등 정책 결정에 관여하였다.

1871년에는 이와쿠라 사절단의 일원으로 오쿠보 도시미치 등과 함께 구미 제국을 시찰하였다. 기도와 오쿠보가 메이지 정부의 정책들을 만들었다고 해도 과언이 아니다. 그러나 오쿠보와는 의견 대립이 많았다. 사절단원으로 귀국할 때 각자 다른 배를 타고 돌아왔을 정도였으나 서로를 인정하는 사이임에는 변함이 없었다.

그는 막말의 목숨이 위태로운 상황에서 '줄행랑의 고고로'라고 불릴 정도로 능한 변장술에 십수 개의 이름을 바꾸어가며 끈질기게 살아남아 메이지 정부를 탄생시켰고, 신정부의 기본 방침인 〈5개조의 서문〉을 작성하고, 이와쿠라 사절단으로 서구 문물을 견학한, 문무를 겸비한 인재였다.

그러나 1877년 사이고가 반란을 일으키자, 그는 사이고를 걱정하면서 자제하도록 권하는 편지를 보내고, 44세의 젊은 나이에 병으로 사망하였다. 유신 3걸의 한 사람으로서 다른 3걸인 사이고와 오쿠보, 두 동지 사이의 전쟁이 그에겐 큰 괴로움이었을 것이다.

메이지 시대와
그 이후

메이지 시대는 신정부군이 구막부군을 물리치고 에도에 도읍을 정한 때부터 메이지 천황이 사망할 때까지의 시기를 가리킨다. 초기에는 부국강병과 식산흥업을 목표로 한 근대화 정책이 추진되었지만, 급격한 변화 속에 사회적 갈등이 심화되고 정부 내에서는 정한론을 둘러싼 내분으로 '사가의 난'과 '세이난전쟁' 등 반란이 발생하였다.

이후 헌법 제정과 국회 개설 등을 요구하는 자유민권운동이 전개되어 헌법이 제정되고 국회가 구성되었으나, 다수파가 내각을 구성하는 시스템에는 이르지 못했다. 사쓰마 · 조슈 출신이 요직을 독점하면서 민권파 정당과 갈등이 이어진 것이다. 대외적으로는 국가주의가 강화되며 조선 지배를 추진하였고, 그 과정에서 청일전쟁과 러일전쟁에 잇따라 승리하여 열강의 반열에 올라 조선을 병합하고 '대일본제국'의 길로 나아갔다.

1912년 메이지 천황이 사망하자 다이쇼大正 천황이 즉위하여 다이쇼 시대가 열렸으나, 1926년 짧은 재위 끝에 막을 내리고 쇼와昭和 시대가 시작되었다. 다이쇼 시대에는 '다이쇼 데모크라시'라고 불리는 민주주의적 풍조가 일었고, 제 1차 세계대전 특수를 계기로 경제가 크게 성장하였다. 한편 사회주의 운동도 활발해졌으며, 대전 전후에 두 차례의 호헌운동을 거치면서 번벌 정치가 퇴조하고 '헌정의 상도常道'라 불리는 정당 내각의 관례가 자리 잡았다.

그러나 전후의 '쇼와 공황'으로 일본 경제는 어려움에 빠지고 실업자가 증가했으며, 정당의 부패로 민중의 불만은 고조되었다. 이런 상황에서 군부가 만주사변을 일으켜 만주를 침략하자 많은 민중이 이에 동조했고, 정당 내각은 군부의 폭주를 제어하지 못했다. 결국 '헌정의 상도'는 종말을 맞았고, 일본은 국제연맹을 탈퇴하며 국제적 고립을 자초했다. 이어 중일전쟁을 일으키고 군국주의의 길로 나아갔으며, 제 2차 세계대전이 발발하자 급기야 미국을 침공하기에 이르렀다.

미국을 상대로 한 태평양전쟁은 1945년 일본의 항복으로 끝났다. 일본을 점령한 미국은 비군사화와 민주화를 요구하며 5대 개혁을 추진하도록 하였다. 이에 따라 일본 정부는 농지개혁, 재벌해체, 노동개혁 등에 착수하였고, 국민주권과 전쟁 포기를 명시한 새로운 헌법을 제정하였다. 전쟁 전에 탄압 대상이던 공산주의 활동도 일시적으로 허용하였다.

냉전이 시작되자 미국은 방침을 바꾸어 일본을 사회주의 세력에 대항하는 거점으로 삼았다. 1951년 샌프란시스코 강화조약과 미일 안전보장조약 체결로 일본은 점령통치에서 해방되고 동맹국가로 편입되었다. 이는 정치적으로 안보논쟁을 불러일으켰지만, 경제적으로는 자유민주당이 사회당과 대립하는 '55년 체제'하에서 장기 집권하며 고도성장을 이끌어 일본은 한때 세계 2위의 경제대국으로 부상하였다.

그러나 1980년대 후반 '버블 경제'가 붕괴하면서 장기적인 경제 침체에 빠졌다.

메이지 천황

明治 天皇(1852~1912)

일본 근대화의 시작인 메이지 시대를 연 천황

아버지 고메이 천황이 급사하여 1867년 1월, 16세에 천황이 되었다. 본명은 무쓰히토睦仁였다. 천황이 되어 왕정복고(정권을 막부로부터 조정으로 반환하는 것)를 선언하여 에도 막부의 문을 닫고 신정부를 열었다. 그 후 천황의 이름으로 '대일본제국 헌법'을 발표하고 각종 서양 제도와 기술을 도입하는 등, 근대 일본의 상징으로서 군림하며 기존의 일본을 완전히 새롭게 바꾸어 강력한 근대 국가로 발전시킨 인물이다.

***

메이지 천황이 즉위하기 전, 일본에서는 밀려오는 서양 세력을 물리치기 위하여 존왕양이尊王洋夷를 내세워 에도 막부를 타도하고 천황 중심으로 신정부를 구성하자는 운동이 활발히 진행되었다. 메이지 천황이 즉위한 뒤 1867년 11월 9일, 에도 막부의 쇼군 도쿠가와 요시노부는 대정大政(정권)을 조정에 반납하는 대정봉환을 단행하였다. 그러나 그가 정권을 반납했지만, 이를 감당할 능력이 아직 미흡한 교토 조정은 여전히 대부분의 정무를 요시노부에게 위임해두었다.

서양식 복장을 한 메이지 천황의 공식 초상 사진. 1873년 촬영.

이에 불만을 품은 사쓰마번 등은 교토 황궁을 포위하고 메이지 천황으로 하여금 1868년 1월 3일 왕정복고의 대호령을 내리게 하면서 막부 세력은 물러나게 하고 신정부의 수립을 발표케 하였다.

이에 대항하여 막부 일부 세력은 보신전쟁을 일으켜 저항했으나 신정부군에게 패배하고 막부는 완전히 사라졌다. 신정부의 중심 인물은 이와쿠라 도모미였다.

1868년 3월 14일, 메이지 천황은 신정부의 방침인 〈5개조의 서문〉을 발표하였고, 9월 8일 연호를 '게이오慶応'에서 '메이지明治'로 바꾸었다. 10월 13일, 에도江戸에 행차한 후 칙서를 내려 명칭을 도쿄東京로, 에도성을 도쿄성東京城으로 바꾸었다.

1869년, 메이지 정부도 고도古都 교토를 떠나 신수도인 도쿄에 자리를 잡았고, 구 막부의 거점이었던 도쿄성이 황실의 새 궁전인 황거皇居가 되었다.

정부는 천황을 중심으로 국민 통합을 이루고 국민이 신체제에 순응하도록 하기 위하여 법적으로 천황의 절대적 권위와 신성함을 밝히고, 1870년 신도神道의 국교화와 천황의 신격화를 시작하였다. 천황이 전국을 순행하였으며, 천황이 두발이나 복장을 서양식으로 바꾸는 등 국민을 계도하였다. 이로써 일본인들 사이에서 천황이 일본의 주권자이자 신성불가침한 존재라는 인식이 자리 잡게 되어, 천황 중심의 국민 통합에 성공했다.

1871년에는 지방 행정 개혁인 폐번치현廢藩置縣이 실시되어 이전에 각 번주가 다스리던 지역이 천황 직할로 바뀌어 중앙집권체제가 확립되었다. 1872년에는 서구식 학제가 공표되었다.

한편 이 시기에 사쓰마번과 조슈번 출신이 정권을 휘두른다는 비판이 거세졌고, 다른 한편 국민의 권리를 제한하는 많은 조치로 인하여 국민 사이에 불만이 고조되기도 했다. 그리하여 헌정 제도 확립과 의회 개설을 요구하는 민권운동이 일어났다. 이에 1875년 4월 메이지 천황은 입헌정치체제를 점차 도입할 것을 발표하였고, 이에 따라 1885년 의원내각제가 도입되어 초대 내각 총리대신으로 이토 히로부미가 취임했다. 이후 이토 히로부미는 1888년부터 추밀원의 의장으로서 헌법 초안을 마련했고, 1889년 2월 11일 공식적으로 메이지 천황이 '대일본제국 헌법'을 발표했다.

대일본제국 헌법 제1장 제1조는 "대일본제국은 만세일계의 천황이 통치한다"라고 규정하고 있으나 메이지 천황은 정작 정치에 개입하지 않고 특별한 경우에만 중재자의 역할을 하였다. 이처럼 신하들이 알아서 개혁을 추진하도록 했기 때문에, 능력 있는 신하들은 메이지 천황의 방해를 받지 않은 채 일본의 개혁·개방을 추진할 수 있었다.

천황의 승인 아래 1894년 청일전쟁을, 1904년 러일전쟁을 일으켜 승리하였다. 청일전쟁의 승리로 청나라로부터 타이완을 할양받았으며, 러일전쟁의 승리로 대한제국에 대한 독점적 영향력을 열강으로부터 인정받고, 전쟁 보상으로 남사할린(가라후토)을 얻었지만, 막대한 군비와 사상자가 발생했음에도 배상금을 받지 못해 국내에서 불만이 고조되었다.

그렇지만 이후 일본은 세계 열강으로 인정받기 시작했고, 1911년 과거 구미와 맺었던 불평등 조약을 개정함으로써 메이지 천황 개인에 대한 신격화가 더욱 공고해졌다. 예컨대 러일전쟁을 승리로 이끌었던 노기 마레스케 장군은 1912년 자신을 신임하던 메이지 천황이 죽자 장례일에 도쿄의 자택에서 부인과 함께 자결하기도 했다.

메이지 천황은 우리나라의 고종 황제와 같은 나이이다. 메이지 천황은 시대의 흐름을 읽은 신료들의 도움을 받아 가며 잘 적응하여 근대 일본을 만들어낸 상징적 역할을 하였지만, 고종 황제는 그 반대의 길을 가서 국권을 상실하였다. 참으로 대조적인 모습이다.

그러나 일본은 쇼와 시대에 무모한 군국주의의 길로 들어서 한국 등 인접 국가는 물론 자국에도 큰 피해를 입혔다. 그 출발은 메이지 천황을 신격화하여 앞세우고 그 뒤에 숨어 근대 국가를 추진했던 정치 세력들이었지만, 그들의 능력이나 집념이 오늘의 일본을 만드는 데 기여하였음은 부인할 수 없다.

후쿠자와 유키치

福澤諭吉(1834~1901)

학문적 · 사상적으로 일본 근대화를
뒷받침한 계몽 사상가

후쿠자와 유키치는 메이지 시대의 계몽 사상가, 교육사로서 일본의 근대화와 서구화에 공헌하였으며, 〈시사신보時事新報〉를 창간한 언론인이자 'Democracy', 'Government' 등 영어 어휘를 '민주주의', '정부' 등으로 번역·소개한 언어학자이기도 하다.

처음에는 난학을 공부하였다가 나중에 영어를 독학하여 막부 사절단으로 3차에 걸쳐 구미를 방문하였다. 귀국 후 《서양사정西洋事情》,《학문의 권장勸獎》 등을 집필하여 서양 문화를 일본에 소개하고 학문과 독립정신의 중요성을 전파하였다.

1984년부터 2024년까지 일본의 1만 엔권 지폐에 초상 인물로 등장하였다.

***

후쿠자와 유키치는 하급 무사의 집안에서 태어나 오사카에서 난학을 공부하였고, 1858년 에도에서 네덜란드어학교인 게이오 가쿠주쿠慶応學塾(현재 게이오대학의 전신)를 설립하였다. 에도에서 난학을 가르치고 있을 무렵 막 개항한 요코하마에 갔다가, 네덜란드어가 아닌 영어가 온통 사용되고 있으며, 네덜란드어는 더 이상 쓸모가 없음을 깨닫고 그때부터 영어 공부에 전념하였다.

마침 막부가 미국에 사절단을 보내는 것을 알고 군함봉행軍艦奉行인 기무라 요시다케木村喜毅에 부탁하여 1860년 간린마루咸臨丸를 타고 미국으로 가 6개월간 체재하였다. 당시 함장은 가쓰 가이슈였다.• 샌프란시스코에 도착하여 신문물을 접하고 놀란 것은 물론이지만 그가 놀란 것은 미국 사회는 일본 사회와 같은 신분제가 아니라는 사실이었다. 미국의 초대 대통령인 워싱턴의 자제가 지금 무엇을 하고 있는지를 물었으나 아는 사람이 없었다. 신분이 계승되는 일본 사회와는 완전히 달리 개개인의 능력에 따라 평가되는 사회임에 깊은 감명을 받았다. 그는 신분제 타파뿐만 아니라 남녀 동등권 사상에도 깊은 관심을 가졌다.

이때 이미 미국을 경험한 바 있는 존 만지로••와 함께 영어 사전을

• 이때 가이슈는 선장임에도 뱃멀미로 꼼짝 못 했기 때문에 후쿠자와는 그를 우습게 여겼으며 막부의 가신이었다가 신정부 고위직에 오른 것을 못마땅하게 생각하고 싫어하였다. 후쿠자와는 근대화를 소망하면서도 막부에 대한 충의는 품고 있었다. 한편 후쿠자와는 이때 기무라에 대한 고마움을 잊지 않고 메이지 유신 후 기무라가 어려움에 처했을 때 그를 성의껏 도왔다.

•• 도사번(土佐藩)의 가난한 어부 집안의 아들로 태어나 14세에 고기잡이를 하러 나갔다가 표류한 뒤 미국 포경선에 구조되어 10여 년간 미국 생활을 하고 귀국하였다. 당연히 영어에 능통하고 미국 사정을 제일 잘 아는 일본인으로서 평민

구입하여 일본 최초로《일영日英사전》을 만들기도 하였다.

1862년 막부가 유럽에 사절단을 파견할 때 후쿠자와는 정식 사절단원인 통역 담당 외교관으로 참가하였다가 1년 후 귀국하였다. 당시 일본에서는 외국인을 배척하는 양이攘夷운동이 한창이었는데 후쿠자와는 이를 걱정하며 서양 문명을 소개하는《서양사정》이라는 책을 집필하였다. 이 책은 일본 사회에 큰 영향을 주었으며, 요시노부 쇼군도 읽었다고 한다.

그가 두 번째로 6개월간 미국을 방문한 1867년에 에도 막부는 무너지고 메이지 신정부가 들어섰다. 신정부도 그를 영입하려 하였으나, 그는 이를 사양하였다. 발전된 서양 문명을 세상에 알리고 장차 일본을 이끌어갈 인재를 양성하는 데 뜻을 두었기 때문이다. 1868년 학원의 이름을 게이오기주쿠慶応義塾로 바꾸고 제자들을 모아 지식을 전파하였다.

1872년에는《학문의 권장》을 출판하여 자유, 평등, 학문, 독립정신 등의 중요성을 강조하였다. 책의 첫 문장인 "하늘은 사람 위에 사람을 만들지 않았고, 사람 밑에 사람을 만들지 않았다"고 하여 평등사상을 강조하였다. 또한 책 가운데 "일신 독립하여 일가 독립하고, 일가 독립하여 일국 독립한다"는 대목은 일본의 계몽사상에 큰 영향

에서 하타모토(쇼군의 직속 가신단 중 쇼군을 알현할 수 있는 무사)로 신분이 상승하고, 1853년 미국이 일본에 개항을 요구하러 왔을 때 막부에 개항할 것을 조언하고, 그 후 통역자 및 교육자로서 일본이 근대화하는 데 기여하였다.

을 미쳤다. 《학문의 권장》은 340만 부가 팔린 베스트셀러였다.

한편 그는 봉건 질서 자체를 혐오하였기 때문에, 메이지 유신을 통한 왕정복고로 왕권이 강화되는 당대 일본 제국의 시스템에 회의적이기도 하였으며 시민 중심의 의회 민주주의를 선호하였다. 다만 일본의 국체國體인 천황제를 부정할 수는 없는 현실적 한계 속에서 서양 문명을 받아들이는 입장이었다.

후쿠자와의 학문적·사상적 연구는 일본 근대화에 결정적 역할을 하였다. 그러나 그의 선진적 사고는 일본 내에만 국한되었으며, 조선을 비롯한 주변국을 멸시하는 태도를 보였다. 일본의 탈아입구脫亞入歐(아시아를 벗어나 유럽으로 들어가는 것)를 내세워 일본 제국주의의 사상적 토대를 마련하기도 하였다. 나중에는 주변국뿐만 아니라 자국 일본의 민중까지도 우민愚民이라며 멸시하였다. 지나친 엘리트주의자였다는 평가가 따르는 이유이다.

우리나라와의 관계에서는, 구한말 급진 개화파인 김옥균, 유길준, 박영효, 홍영식 등에 영향을 주었으며, 1884년 갑신정변에 개입하기도 하였다.

이토 히로부미

伊藤博文(1841~1909)

일본 근대화를 이끈 정치가이자
한국 침략의 설계자

메이지 시대의 정치가이다. 조슈번의 가난한 농가 출신 하급 무사로서에도 막부를 무너뜨리는 운동에 참여하여 성공한 뒤 신정부에서 영어 실력을 무기 삼아 크게 출세하였다. 1885년에 내각제를 만들고 자신이 내각 총리대신에 취임했고 대일본제국 헌법 제정을 주도하였다. 4차례에 걸쳐(1·5·7·10대) 총리직을 지냈으며 아베 신조 총리에 이어 일본 역사상 두 번째로 장기간 집권한 총리였다.

천황의 자문기관인 추밀원의 초대·3대·8대·10대 의장을 지냈고, 초대 한국 통감으로 부임했다. 그러나 1909년 만주 하얼빈역에서 안중근 의사에 의해 사살되었다. 안조선의 독립과 동양 평화를 깨뜨린 원흉이라는 이유에서였다.

1963년 11월 발행된 1천 엔권 지폐의 초상 인물로 등장하였다.

***

1857년 17세 때 요시다 쇼인吉田松陰을 만나 그의 사상에 감화되어, 요시다가 운영하는 송하촌숙松下村塾에 입학하여 수학하였고, 뒤에 메이지 유신을 이끌었던 기도 다카요시, 이노우에 가오루, 야마가타 아리토모 등과 교제하였다.

그 영향으로 조슈번 동지들과 함께 1863년 1월 영국 공사관을 방화放火하는 등 외국 세력을 일본에서 몰아내려 했다. 그러나 23세 때 영국에 유학할 기회를 얻어 영국의 발전상을 보고 생각을 바꾸었다. 일본도 외국과 교류하며 근대화를 추진할 필요성을 느낀 것이다. 즉 존왕양이 운동을 전개하다가 개국론·부국강병론을 주창하는 개화파로 전향하였다.

신정부에 참여하여, 이와쿠라 사절단의 일원으로 미국과 유럽을 견학하였다. 사절단의 다른 임무는 막말幕末에 서양과 체결한 불평등 조약을 개정하는 것이었다. 그러나 일본에는 헌법도, 의회도 없다는 사실이 대등한 국가로 조약을 체결하는 데 장애임을 깨달았다.

귀국 후 정한론 논쟁에서 오쿠보 도시미치, 이와쿠라 도모미 등과 함께 아직 시기상조라는 생각에서 반反정한론에 가담하였다.

1877년부터 1878년까지 이른바 유신 3걸로 불리던 사이고 다카모리, 오쿠보 도시미치, 기도 다카요시가 모두 사망하면서 이토는 정권의 중심이 되었다.

이토는 1882년 다시 유럽으로 건너가 일본을 근대 국가로 만들기 위한 헌법과 정치 제도에 관해 궁리하였다. 독일의 학자 크나이스트의 조언에 따라 황제 아래 총리를 두는 독일 제도에서 영감을 얻어, 1885년 내각제를 만들고 자신이 초대 총리로 취임하였다.

다음 단계는 헌법 제정이었다. 4년 후인 1889년 일본 최초의 근대 헌법인 '대일본제국 헌법'이 완성되었다. 이 헌법은 천황이 신민(국민)에게 내려주는 형식으로 반포되었다. 헌법은 일본이 천황의 나라임을 밝히고 있었기 때문이다. 당시 총리는 2대 구로다 기요타카黑田清隆였다. 1890년에는 헌법하에 중의원 선거가 치러져 국회가 개설되었다.

그 뒤 일본은 조선의 지배권을 둘러싸고 청국과는 1894년, 러시아와는 1904년 각각 전쟁을 벌여 승리하였다. 두 전쟁을 승리한 일본은 본격적으로 조선을 침탈하기 시작하였다. 일본의 안전을 위하여 한국의 안전이 필요하다는 구실이었다.

이토는 1905년 11월 17일 고종과 대신들을 위협해 조선의 외교권을 박탈하는 을사늑약을 강제로 체결시켰다. 을사늑약 체결 이후 1906년 3월 이토가 초대 통감(총독)으로 취임해 조선에 대한 실질적 지배권을 행사했다. 1907년 7월에는, 헤이그 특사 사건을 빌미로 고종을 강제로 퇴위시켰다. 1909년 강제 합병 방침이 결정된 이후, 이토는 같은 해 6월 14일 통감직을 사임하면서 동시에 추밀원 의장에 임명되었다.

1909년 10월 26일 오전, 러시아 재무장관 블라디미르 코콥초프와 회담하기 위해 만주의 하얼빈역에 내렸다가 대한의군大韓義軍 참모중장 안중근安重根 의사에게 사살되었다. 안중근 의사가 수사 및 재판 과정에서 밝힌 이토의 15개 죄목은 다음과 같다.•

• 15개 죄목 가운데 13번째는 이토가 메이지 천황을 속이고 있다는 것이고, 15번

1. 명성황후를 시해한 죄

2. 고종 황제를 강제로 폐위시킨 죄

3. 을사 5조약과 정미 7조약을 강제로 체결한 죄

4. 무고한 한국인을 학살한 죄

5. 정권을 강제로 빼앗은 죄

6. 철도 · 광산 · 산림 · 천택川澤을 강제로 빼앗은 죄

7. 일본의 제일은행권 지폐를 조선에서 강제로 통용시킨 죄

8. 군대를 강제로 해산시킨 죄

9. 교육을 방해한 죄

10. 한국인들의 외국 유학을 금지시킨 죄

11. 교과서를 압수하여 불태워 버린 죄

12. 한국인은 일본인의 보호를 받고 싶어 한다고 세계에 거짓말을 퍼뜨린 죄

13. 현재 한국과 일본 사이에 경쟁이 쉬지 않고 살육이 끊이지 않는데, 한국이 태평무사한 것처럼 위로 일본 천황을 속인 죄

14. 동양의 평화를 깨뜨린 죄

15. 일본 천황의 아버지 태황제를 살해한 죄

째는 이토가 메이지 천황의 아버지인 고메이 천황을 살해하는 데 관여하였다는 것으로 한국과는 아무런 연관이 없다. 안중근 의사는 기본적으로 메이지 천황이나 일본인에 대하여는 유감이 없는데 이토가 메이지 천황을 속이고 동양 평화를 깨뜨리고 있어 그를 처단할 필요가 있다고 보아 사살한 것이다.

이토 히로부미는 우리에게는 침략의 원흉이지만, 일본에게는 근대화에 결정적 역할을 한 정치가임을 부인할 수 없다. 이러한 관점에서 하타노 아키라秦野章 일본 중의원 의원(나중에 법무대신)은 1982년 8월 10일 일본 의회에서 "한국에서 안중근이 영웅인 것은 당연하다. 일본에서는 이토 히로부미가 위대한 정치가인 것도 당연하다. 이것은 모순되는 것이 아니다. 상호 간에도 이렇게 생각하지 않으면 양국 간의 우호관계는 있을 수 없다"라고 연설하였다.

이타가키 다이스케

板垣退助(1837~1919)

국민의 자유와 권리를 위해 노력한 정당 정치가

도사번 출신의 메이지 시대 정치가이다. 막말 에도 막부를 타도하는 활동에 참여하고 신정부에서 중요한 역할을 하였지만, 오쿠보 도시미치 등과 대립하고 사직하였다. 그 후 정치단체를 만들어 자유민권운동(국민이 자유롭게 정치에 참여할 권리를 정부에 요구하는 활동)을 주도하였고, 의회 개설을 위한 활동을 전개하였다. 일본 최초의 근대적 정당인 자유당自由黨을 창당하였다.

***

이타가키는 도사번 상급 무사 출신으로 막부 토벌에 가담하였다. 보신전쟁 때 도사번사藩司들을 이끌고 전투에 참여하여 막부군의 곤도 이사미를 격퇴하는 등 승승장구하여 신정부군의 승리에 공헌하였다.

신정부에서 참의參議로 활동하였으나 정한론과 관련하여 이와쿠라 도모미, 오쿠보 도시미치 등과 의견이 대립하여 정한론자인 사이고 다카모리와 함께 사직하였다. 이후 사이고가 무력으로 정부에 대항하는 길을 택했음에 반하여 이타가키는 평화적 방법으로 메이지 정부에 대항하는 자유민권운동을 택했다. 정치가 일부 고관들에 의해 좌지우지되는 것에 대한 불만 때문이었다.

당시 민중들 사이에는 징세, 징집, 억압 등으로 인한 불만이 팽배해 있었다. 이타가키는 민중의 권리를 보호할 민선 국회를 설립하고자 활동에 나섰다. 국민이 선출한 정치가가 정치를 해야 한다는 취지에서 1874년 정부에 '민선의원 설립 건백서建白書'를 제출하였다. 정부는 거부하였지만 이에 굴하지 않고 전국을 돌며 강연을 하였다. 당시 자유민권운동을 한 지도자는 사쓰마나 조슈번이 아니라 주로 도사번 출신들이었다.

많은 국민이 호응하여 국회 개설 요구가 비등했다. 정부가 이를 막기 위해 노력하였지만 그 열기는 식지 않았다. 1881년 드디어 정부는 장차 국회를 개설할 것을 약속하였다. 당시 총리였던 이토 히로부미는 이를 10년 후로 정했다. 이타가키는 같은 생각을 가진 사람들을 결집하여 전국 규모의 정당인 자유당을 결성하였다.

국회 개설까지 자유와 권리를 계몽하는 전국 순회 강연을 계속하였다. 1882년에는 이를 못마땅하게 생각한 사람이 기후시에서 연설 중인 이타가키를 칼로 찔렀으나 다행히 목숨을 잃지 않았다. 암살범에게 피습을 당했을 때, "이타가키는 죽어도 자유는 죽지 않는다"는 유명한 말을 남기기도 했다. 그 범인은 형무소 내에서 이타가키의 사상을 오해했음을 깨닫고 출옥 후 이타가키를 만나 사죄하였다.

드디어 1890년 국회가 개설되고 그는 내무대신이 되었다. 8대 총리인 오쿠마 시게노부 내각에서였다. 일본 최초의 정당 내각이었다. 정당 내각이란 다수 의석을 가진 정당의 당수가 총리가 되어 내각을 구성하는 형태의 내각으로 천황이 총리를 임명하는 것과 대비된다.

1900년 입헌정우회 창당과 함께 은퇴했으며, 은퇴 후에는 대만을 방문해 대만동화회의 창설에 관여했고, 《일본은 침략국이 아니다》라는 저작을 남겼다. 조선 병합에 관해서는 청이나 러시아가 조선을 점령할 경우, 일본에 위협이 되고 조선은 자력으로 방위가 불가능한 상황이므로 부득이하게 조선을 병합한 것이라고 변명하였다. 이토 히로부미의 주장에 동조하는 내용이다.

보신전쟁에서의 공훈과 메이지 유신에 대한 공적으로 1887년 백작 작위를 받았다. 특권 계급이 되려고 유신을 하려고 한 게 아니라며 작위를 사양하기도 했지만 메이지 천황의 뜻을 거역하는 것은 불경하다는 설득에 결국 백작위를 받았다.

일본 국회의사당에는 3개의 동상이 있는데 그중 하나가 이타가키 다이스케의 동상이며 나머지는 이토 히로부미와 오쿠마 시게노부의 동상이다. 1950년 일본 100엔권 지폐에 초상 인물로 등장하기도 하였다.

이타가키는 일본 의회의 수립을 이끈 정치인이며 자유민권운동의 중심 인물이었지만, 군사를 동원해 조선을 정벌해야 한다는 정한론자였다. 이런 점에서 그의 자유주의 운동은 일본의 국경을 넘지 못하는 한계를 보여주었다.

오쿠마 시게노부

大隈重信(1838~1922)

일본 최초 정당 내각의 총리이자
와세다대학을 건립한 교육자

메이지 시대의 정치가이자 교육자이다. 막말幕末에 영어와 서양 학문을 배워 신정부에서 주로 재정 업무를 담당하였다. 1882년 정부를 떠나 입헌개진당을 결성하고, 도쿄전문학교(와세다대학의 전신)를 설립했다. 1898년에는 이타가키 다이스케와 협력하여 일본 최초의 정당 내각을 조직하여 8대 내각 총리대신이 되었으며, 다시 17대 총리대신을 지냈다.

＊＊＊

오쿠마는 사가번佐賀藩의 무사의 아들로 태어나 어렸을 때 한학에 이어 난학을 배웠으며, 20대 전반에는 영어와 해외 사정에 대하여 열심히 공부하였다. 메이지 정부에서 외국과의 교섭 업무, 재정 업무를 담당하여 1873년에는 대장경이 되었다. 이후 자유민권운동이 전개되자 오쿠마는 이에 동조하여 헌법 제정과 국회 개설을 요청하여 이후 정책 차이를 둘러싸고 친구였던 이토 히로부미 등과 대립하였다. 오쿠마는 이토 히로부미에게 국회 개설을 요구하였으나 이토는 시기상조이므로 10년 후에나 가능하다는 입장이었다. 오쿠마는 1881년 참의에서 해임되어 사실상 정부에서 추방되었다(메이지 14년의 정변).

오쿠마는 1882년 장차 국회 개설에 대비하여 입헌개진당을 결성하였다. 입헌개진당은 왕과 국민이 공존하는 영국식 의회정치를 목표로 했던 반면, 이타가키의 자유당은 프랑스식으로 민중의 권리를 중시한다는 점에서 차이가 있었다. 또한 그는 온건한 프로이센식의 입헌군주제를 선호하는 이토 히로부미와도 차이를 보였다.

오쿠마는 교육을 통한 인재 양성의 필요성을 느끼고 도쿄전문학교를 설립하였다. 오쿠마의 외교 능력을 높이 평가하던 당시의 총리 이토는 서구 열강과 맺은 불평등 조약을 개정하기 위해 1888년 2월 정적이었던 오쿠마를 외무대신으로 임명하였다. 이후 오쿠마의 정책이 불평등 조약 개정에 미온적이라고 불만을 가진 극우단체 현양사玄洋社 조직원이 던진 폭탄에 의해 오쿠마는 오른쪽 다리를 잃었다.

1898년 이타가키 다이스케와 협력하여 헌정당을 결성하고 내각총리대신이 되었다. 일본 최초로 다수 의석을 가진 정당이 내각을 구성하는 이른바 정당 내각이었다. 또한 오쿠마는 사쓰마나 조슈 출신이 아닌 정치인이 총리대신이 된 최초의 인물이었다. 그러나 당내의 파벌 다툼이 격심하여 헌정당은 해산되었고, 4개월 만에 내각은 총사직하였다.

1907년에는 자신이 만든 와세다대학 총장에 취임하여 후학 양성에 전념하면서 유럽 문헌의 일본어 번역 사업, 남극 탐험 사업 등을

도쿄 와세다대학에 세워져 있는 오쿠마 시게노부의 동상.

추진하였다. 그 후 정치에 복귀해 1914년 두 번째로 총리가 되어 2년간 봉직하다 퇴직했는데 당시 78세로 역대 최연장자 총리였다.

총리 취임 후 석 달 만에 제 1차 세계대전이 발발하자 중국 대륙에서 독일의 이권을 빼앗기 위해 영일英日동맹을 명분으로 독일에 선전포고를 하기도 하였다. 다음 해에는 중화민국에 제국주의적인 21개조를 요구하여 중국인의 반일 감정을 부추기는 결과를 초래했다.

그리고 내각 내 대신의 독직瀆職 사건이 알려지자 국민의 지지를 잃고 1916년 10월 사퇴하여 정계에서 완전히 은퇴하였다. 1922년 85세에 사망하였는데 히비야공원에서 열린 장례식에 30만 명의 시민이 참가하였다. 그는 특히 연설을 잘하는 명연설가였지만 때론 실현 불가능한 이야기도 곧잘 하여 '허풍쟁이'라는 별명도 갖고 있었다.

오쿠마 시게노부는 일본 정치가 정당 중심의 의회정치로 나아가야 한다는 선진적 생각을 갖고 이를 실현하였다. 교육의 중요성을 인식하여 와세다대학을 설립하였고, 1908년 11월 22일 도쓰카 구장에서 열린 리치 올 아메리칸즈 대 와세다대학 야구부의 친선 경기에서 일본 야구 역사상 최초로 시구始球를 하였다. 이처럼 그는 우리에겐 낯설지만 시대를 앞서가는 진취적 생각을 가진 정치인이자 교육자였다.

시부사와 에이이치

澁澤榮一(1840~1931)

일본 자본주의의 아버지

시부사와 에이이치는 메이지 시대, 다이쇼 시대에 수많은 은행, 철도, 해운, 상사뿐만 아니라 증권거래소, 히토쓰바시대학, 도쿄경제대학, 제국호텔 등 다양한 학교와 기관 설립 및 운영에 관여함으로써 일본의 근대 산업국가로의 발전에 기여하여 '일본 자본주의의 아버지'로 불린다.

2024년 일본 지폐 1만 엔권에 후쿠자와 유키치에 이어 초상 인물로 등장하였다.

***

1840년 지금의 도쿄 인근, 사이타마현 후카야시에서 부농이자 양잠, 염료 생산 등을 하던 상공업자의 아들로 태어나 유복한 환경에서 자라며 아버지로부터 상업과 유학을 배웠다. 한때 서양 세력과 막부를 타도하기 위한 운동에 가담하기도 하였으나 도쿠가와 요시노부 밑으로 들어가 막부의 신하가 되었다.

이후 27세가 되던 1867년 요시노부의 동생 도쿠가와 아키타케를 수행하여 프랑스 파리 만국박람회에 참가하고, 그 기회에 유럽 금융 제도와 산업에 관해 공부하고 돌아왔다. 그사이 메이지 유신이 단행되어 막부는 사라졌다.

유럽에서 돌아와 잠시 시즈오카로 물러난 요시노부를 돕다가 메이지 정부의 대장성 관료로 들어가 새로운 제도 도입 및 정책 수립에 힘을 쏟았다. 그러나 4년 만에 사임하고 본격적으로 사업에 뛰어들었다.

그가 유럽에 체재하는 동안 가장 흥미롭게 본 것은 주식회사 제도였고, 이를 일본에서 실현해나갔다.

먼저 1873년 일본 최초의 주식회사인 제일국립은행(현 미즈호은행)을 설립하고 초대 총재가 되었다. 이어서 각지에 설립되는 이른바 '난바 은행' 설립에 관여하였다. 이 은행은 이름에 '국립'이 들어가 있지만 민간 기업으로서 발권이 가능했던 독특한 형태의 은행이었다. '국립'이라는 말은 일본국 정부에서 세웠다는 뜻이 아니라 '국법에 의해 세워진 은행'이라는 의미였고, 중앙은행인 일본은행이 정식으로 창립된 것은 1882년이었다.

이어서 도쿄 오지王子제지, 오사카 방적, 도쿄 인조비료, 도쿄 전력, 도쿄 가스, 제국호텔, 북해도 탄광철도, 동양기선, 도쿄해상화재보험, 지치부 시멘트, 지치부 철도, 게이한 전기철도, 기린 맥주, 삿포로 맥주, 대일본 제당, 메이지 제당, 시부사와 창고, 도쿄증권거래소 등 500개 이상의 기업 설립에 참여했다.

그는 자본을 모아 주식회사를 만드는 데 뜻을 두었기에 그 자신은 소수의 지분만을 보유할 뿐 기업을 개인적으로 지배하지 않았다. 이러한 그의 신념과 당시로서는 독보적인 경제적 식견과 능력에 힘입어 자본이 모였기 때문에 그 많은 기업을 설립할 수 있었다.

그는 개인적 기업 활동 외에도 1892년 실업계 전체를 아우르는 협력 조직으로 도쿄상업회의소(후에 상공회의소로 발전)를 만들어 회장이 되었는데, 이는 일본 특유의 재계 협조주의와 민관 협조주의의 바탕이 되었다.

또한 그는 기업의 공공성을 강조하며 자신이 주장하던 도덕경제합일설의 실천에 노력하였다. '사리私利를 쫓지 않고 공익公益을 도모하는' 것이 바로 그것이다. 그는 1916년 이러한 생각을 담은《논어와 주판》을 출간했다. 이 책에서 그는 어린 시절 배운《논어》를 근거로 윤리와 이익의 양립을 내세워, 기업이 경제를 발전시켜 그 이익을 독점하는 것이 아니라 국가 전체를 풍요롭게 하기 위해 이익을 사회에 환원해야 한다고 주장하였다.

우리나라와의 관계에서는 경인철도합자회사와 경부철도주식회사 사장을 지냈으며, 경인선과 경부선 부설권을 인수하여 부설했다. 또한 경성전기(한국전력공사의 전신) 사장을 맡기도 하였으며, 1902년부터 1904년까지 우리나라에서 일본 제일은행 지폐 1원 · 5원 · 10원권을 유통시켰다. 안중근 의사는 이토 히로부미의 죄목 중의 하나로 제일은행권을 대한제국 내에서 유통시킨 것을 들고 있다. 이런 이력 때문에 2024년 일본의 1만 엔권 지폐에 그의 초상이

2024년부터 유통되고 있는 1만 엔권 지폐 속 시부사와 에이이치의 초상.

들어가자 한국에서 비판이 제기되기도 하였지만, 그는 기업인으로서 전형적인 정한론자는 아니었다.

시부사와는 500여 개에 이르는 기업의 설립에 관여하는 등 명실공히 '일본 자본주의의 아버지'라 불려도 손색이 없다. 그 시대에 그와 같은 인물이 배출된 것은 일본의 행운이 아닐 수 없다. 특히 그의 저서《논어와 주판》의 제목이 상징하듯이 기업과 윤리, 도덕과 경제의 합일을 주창한 것은 막스 베버의 명저《프로테스탄티즘의 윤리와 자본주의 정신》을 연상시킨다. 그렇기에 그의 업적은 일본 경제의 한 축인 재벌 체제와는 다른 한 축을 형성하고 있다.

이와사키 야타로

岩崎彌太郎(1835~1885)

메이지 시대에 등장한
재벌 기업 미쓰비시의 창업자

도사번의 몰락한 지하 낭인浪人 집안 출신으로 메이지 시대에 해운업, 무기 거래, 우편 서비스 등으로 큰 부를 쌓아 재벌 기업으로 성장한 미쓰비시三菱 그룹을 창설한 메이지 시대의 대표적 기업인이다. 메이지 시대를 대표하는 또 다른 기업인 시부사와 에이이치와는 여러 면에서 대조적인 모습을 보여준 인물이다.

***

그는 어려운 환경 속에서 자라, 번사로 등용되어 번의 일에 종사하기도 하였으나 정쟁에 휘말려 물러나기도, 다시 등용되기도 하면서 장사에 뛰어들었다. 목재 장사에서 큰 이익을 얻고, 무역업과 해운업을 통해 부를 축적하였다. 또한 메이지 신정부가 새로운 통화를 공표하고 옛 번들이 발행했던 구 통화나 어음, 채권 등을 인수하는 과정에서, 이와사키는 이를 미리 알고 금 10만 냥에 달하는 자금을 융통해 구 채권을 매점하였다. 후에 이것을 신정부에 되팔아 막대한 차익을 얻었다.

1874년 일본 제국의 대만 출병 당시, 군자軍資 수송을 맡았고, 1873년 '사가의 난'과 1877년 '세이난전쟁' 때는 병력과 군수품을 수송하는 업무를 독점해서 부를 축적하였다. 연이어 정부가 주도하는 인프라 사업까지 수주해 그룹을 크게 키웠으나 정경 유착에 의한 그룹 팽창이라는 비난도 뒤따랐다. 이는 시부사와 에이이치와 다른 대목으로 두 사람 각각의 성장 과정에서 영향을 받은 기업 경영철학의 차이이기도 하다.

시부사와가 협조 체제 조직을 통해 사업을 진행하는 협조주의형이었다면, 이와사키는 개인의 판단과 능력에 의지하여 사업을 진행하는 개인주의형이었다. 따라서 시부사와는 많은 사람으로부터 자금을 모아 주식회사 형태로 사업을 하는 것을 선호한 데 반하여, 이와사키는 타인으로부터 빌린 자금을 자기 자본으로 삼아 사업하는 것을 선호하였다.

두 사람의 격돌은 해운사업에서 벌어졌다. 미쓰비시 회사가 해운을 독점하다시피 하며 잘나가자, 독점을 깨기 위하여 시부사와가 중심이 되어 자금을 모아 주식회사 형태의 공동운수共同運輸 회사인 우편기선郵便汽船을 설립하였다. 도쿄와 오사카 사이의 화물 수송을 둘러싸고 격렬한 경쟁이 벌어졌다. 2년여에 걸친 극한 경쟁 속에 운임이 미쓰비시 독점 시절 대비 10분의 1 정도까지 떨어졌다. 결국 공동운수가 도산하여 승패가 갈렸지만, 미쓰비시도 큰 손실을 입었다.

이는 자본과 기술 축적 여부의 결과일 뿐 협조형과 개인형의 차이에 기인한 것은 아닐 것이다. 그러나 이 싸움 끝에 이와사키는 51세의 나이로 세상을 뜨고 말았다. 그의 친동생 이와사키 야노스케가 미쓰비시 그룹을 승계하였다.

시부사와는 많은 사람으로부터 출자를 받아 협조적으로 기업을 운영하는 형태였던 데 반하여, 이와사키는 차금借金을 포함한 자기 자본으로 개인 지배적 기업 운영을 하는 형태였다. 전자는 전문 경영인에, 후자는 이른바 오너에 의존하여 운영되는 구조가 된다. 양자에 장단점이 있을 수 있음은 당연하다. 제도의 출발점의 관점에서는 전자가 원칙일 수 있으나, 현실적 운영의 관점에서는 후자가 보다 실효적 성과를 보인 것으로 평가된다. 특히 전자가 관민 협조체제로까지 연결되면 정부 통제의 영향력이 커져 기업의 창의적 역동성이 떨어질 우려가 있을 수 있었다.

시부사와와 이와사키는 메이지 시대를 대표하는 기업인으로서 일본 경제 발전에 크게 기여하였다. 그러나 두 사람은 기업 경영의 근본 방식에서 각기 협업과 경쟁의 다른 형식을 보여주었고, 이는 오늘날에도 일본 경제계의 두 흐름으로 남아 있다.

무쓰 무네미쓰

陸奧宗光(1844~1897)

불평등 조약을 개선한 일본 외교의 선구자

메이지 시대의 정치가이자 외교관이다. 막말幕末에는 사카모토 료마와 동지로서 활약하였고 메이지 정부에서는 일본이 서구 열강과 맺은 불평등 조약의 개정을 위해 노력하고 멕시코와 최초로 대등한 조약을 체결하였다. 이후 외무대신이 되어 영사 재판권을 폐기하는 데 성공하였으며, 청일전쟁 후 일본에 유리한 내용의 조약 체결을 이끌어냈다.

***

무쓰는 1863년 가쓰 가이슈의 고베 해군 조련소에, 1867년에는 사카모토 료마의 해원대에 참가하는 등 그가 존경하였던 사카모토와 행동을 같이하여 가쓰 가이슈와 사카모토에게서 크게 인정받았다. 료마가 암살된 후, 기슈번 무사 미우라 야스시를 암살 사건의 배후라 생각하여 복수할 계획을 세워 습격하기도 했다.

메이지 유신 후 신정부에서 일하였으나 주로 사쓰마나 조슈 출신만이 출세하는 것에 불만을 품고 정부를 타도하는 계획에 가담하였다. 이후 발각되어 4년간 감옥살이를 하였다.

야마카타 감옥에서 법률과 정치를 열심히 공부하며 출옥한 뒤인 1883년에 영국의 공리주의 철학자 제러미 벤담의《도덕 및 입법의 여러 원리》라는 책도 번역하였다.

그 후 이토 히로부미의 권유로 2년간 유럽에 유학하여, 서양 근대 사회의 구조에 대하여 공부하였다. 내각 제도의 구조는 어떤 것인지, 회의는 어떻게 운영되는지, 영국이 오랜 시간에 걸쳐 창출해 낸 여러 지식과 지혜를 습득하였다. 1886년 귀국 후 외무부에 들어가 주미 공사 겸 주멕시코 공사로서 멕시코와의 사이에서 일본 최초의 평등 조약인 일본·멕시코 수호통상조약을 체결하였다.

당시 일본에서는 막말幕末 일본이 외국과 맺은 불평등 조약, 특히 치외법권에 대한 불만이 비등하였다. 그 무렵 '노르만턴호 사건'이라 하여, 침몰한 영국 선박에서 영국인들은 모두 구출되고 일본인들은 전부 사망하였는데, 영국인 선장이 무죄를 선고받자 일본인들이 크게 격분하였다. 이 일이 그 원인이었다.

이토 히로부미는 무쓰를 불평등 조약을 개정할 수 있는 인물로 생각하여 그를 1892년 외무대신에 임명하였다. 무쓰는 먼저 영국을 상대로 조약 개정 교섭에 나섰다. 영국과 교섭이 이루어지지 않으면 다른 나라와는 불가능하다고 보았던 것이다. 1894년 끈질긴 노력 끝에 영국과 치외법권을 폐지하는 합의에 성공하였다. 영사 재판권을 철폐하고, 최혜국 대우도 편무적에서 쌍무적으로 바꾼 것이다. 그 후 다른 14개국과도 원하는 바대로 교섭이 이루어졌다. 이런 능숙한 일솜씨 때문에 '가미소리'(면도칼)라는 별명을 갖게 되었다.

청일전쟁이 끝난 1895년 이토 히로부미와 함께 강화조약인 시모노세키 조약을 일본에게 유리한 조건으로 종결지었다.

무쓰 무네미쓰는 일본이 근대화하는 과정에서 국제관계 등을 공부하여 전문적 식견을 바탕으로 일본이 맺은 불평등 조약을 개정하여 일본의 위상을 높인 외교관이었다. 그러한 공로로 지금 일본 외무성에 그의 동상이 세워져 있다.

고무라 주타로

小村壽太郎(1855~1911)

관세 자주권을 확보하여 불평등 조약을 개선한 외교관

미야사키 출신으로 메이지 시대의 정치가이자 외교관이다. 도쿄대학의 전신인 대학남교를 거쳐 하버드 로스쿨에 유학하였다. 대심원 판사를 거쳐 외무성에 진출하였으며, 무쓰 무네미쓰에게 인정받아 청나라 대리공사 등 각종 중요한 외교 직책을 맡았다.

그의 가장 큰 공적은, 외무대신으로서 영국과 일영日英 동맹조약을 체결하여 러일전쟁에서 일본을 승리로 이끌고, 막부 말기에 체결된 불평등 조약을 개정하여 관세關稅 자주권을 확보한 것이다.

＊＊＊

1901년 외무대신이 되어 이듬해 영국과 일영 동맹조약을 체결했다. 동아시아로 영토 확장을 꾀하는 러시아를 경계한다는 점에서 양국의 이해가 일치했기 때문이다. 일본은 일영동맹을 기반으로 1904년 러시아를 상대로 전쟁을 일으키고 영국의 협력으로 1905년 전쟁에서 승기를 잡았다. 동해상에서 러시아의 발트 함대를 격침한 것이 계기가 되었다.

그러나 일본 측의 전력도 한계에 부닥쳐 일본이 미국에 부탁하여 종전 협상이 시작되었다. 그리하여 미국의 시어도어 루즈벨트 대통령의 중재하에 미국 뉴햄프셔주 포츠머스 군항에서 강화조약이 체결되었다. 일본은 자국이 승전하였음을 전제로 러시아 측에 한국에 대한 일본의 정치·군사·경제상의 우월적 이익 및 지도·보호·감리의 권리 승인 및 전비戰費 배상이나 영토 할양 등 12개 조건을 제시하였으나, 러시아는 일본의 요구를 수용하지 않았다.

우선 러시아는 전쟁이 전승국과 패전국이 확정되지 않은 상태에서 종결되었다는 점을 강조하며 영토 할양이나 전비 배상, 그리고 러시아의 전략적 이해를 제한하는 문제들에 대한 양보를 모두 거부하였다. 러시아의 강경 자세는 만주 주둔군이 강화되어 전쟁을 계속할 수 있다는 자신감 때문이었다.

일본도 국내 여론을 의식하여 배상과 영토 할양을 강력히 요구함에 따라 회담은 결렬 위기를 맞았으나 루즈벨트 대통령의 중재로 일본은 전비 배상을 포기하였다. 러시아는 사할린 남부(북위 50도선 이남)를 양도하는 선에서 타협하였고, 포츠머스 조약이 체결되었다. 전쟁에서 완전한 승리를 거두었다고 믿었던 일본인의 입장에서는 정작 조약에 별반 유리한 내용이 없자 고무라에 대한 비난이 급등하였다.

8만 명 이상이 전사하였음에도 배상금도 받지 못하는 것에 대한 불만이었다. 이전에 청일전쟁 승리 후 시모노세키 조약에서 일본이 획득한 타이완 할양 등 각종 달콤한 이익과도 확연히 구별되었기 때문이다.

그는 외무대신으로서 막부 말기에 체결된 불평등 조약 내용의 하나인 일본이 관세를 마음대로 부과할 권리가 인정되지 않는 것을 시정하는 노력을 하여 1911년 드디어 관세 자주권을 확보하였다. 1894년의 치외법권 폐지에 이어 관세 자주권을 확보함으로써 막부 말기 체결되어 50여 년간 지속된 불평등 조약을 완전히 개정하였고, 일본은 서양 제국과 동등한 입장에 서게 되었다. 이 일을 마친 후 그는 그해 11월에 사망하였다.

고무라 주타로는 일본 공사로 조선에 근무하면서 1896년 5월 14일 아관파천俄館播遷(고종의 러시아 공사관 피신 사건)에 따른 일본과 러시아의 입장을 조율하는 각서를 체결하기도 하였다. 양국 모두 당시에는 군사적으로 마찰하거나 직접 충돌하는 것을 피해야 하는 상황에 있었기 때문이다. 그러나 이는 양국이 대한제국의 안위를 두고서 맺은 최초의 조약으로, 조선의 주권과 관련된 사항이 포함되어 있어 우리에겐 불만스러운 조약일 수밖에 없다.

시바 고로

柴五郎(1860~1945)

의화단 공격에 용맹하게 맞서
일본의 국익에 기여한 무관

메이지 시대의 군인으로 1900년 베이징 일본공사관에서 무관으로 근무할 당시 일어난 의화단義和團 사건에서 8개국의 수비대를 총지휘하여 2개월에 걸쳐 성공적으로 방어하였다. 이때 높이 평가된 그의 능력, 리더십 등으로 일본의 국격이 덩달아 높아졌고 이것이 영일동맹의 체결, 러일전쟁에서 일본의 승리로 이어졌다고도 평가된다.

***

시바 고로는 1860년, 아이즈번의 상급 무사 가문에서 5번째 남아로 태어났다. 메이지 신정부 측과 구 막부 측 사이의 보신전쟁 중 할머니, 어머니 등을 잃고 살아남은 아버지 그리고 형들과 함께 도나미번斗南藩(현 아오모리현 무쓰시)로 쫓겨가 엄혹한 자연환경 속에서 빈한한 생활을 하였다. 당시 신정부에 맞섰던 아이즈번 주민들이 강제로 집단 이주된 탓이었다.

이러한 고난의 생활 속에서 폐번치현廢藩置縣 후 만들어진 아오모리현청에 급사로 취직하여 성실하게 근무하다가 그를 눈여겨본 상사노다의 배려로 육군유년학교, 뒤이어 육군사관학교를 졸업, 중위로 임관하여 중국에 파견되었다. 지도를 작성하는 등 2년 반 동안 첩보 활동을 하며 청과의 전쟁을 대비했고 중국 전문가가 되었다.

한편 외국어 공부를 열심히 하여 1894년에는 영국, 1898년에는 미국, 1900년에는 청국 주재 무관武官으로 근무하였다.

1900년경, 중국 화북華北 지방에서는 외세 배격을 내세우는 의화단이 결성되었다. 각지에서 외국인과 서양 세력의 상징인 교회와 중국인을 포함한 기독교도들을 습격했고, 수도 베이징까지 쳐들어갔다. 청나라 정부는 이를 막지 않고 사실상 지원하였다.

베이징 시내에서 일본과 독일의 공사관 직원이 살해되는 지경에 이르자, 외국인들과 중국인 기독교도들은 각국 공사관이 모여 있는 구역으로 피난하였지만 외부와 단절되어 고립되었다. 구원군이 올 때까지 8개국(일본·영국·미국·독일·프랑스·러시아·이탈리아·오스트리아) 공사관은 힘을 합쳐 농성하면서 방어하게 되었다. 그러나 의화단과 청나라에 대항할 수 있는 숫자는 500명에 불과하였다.

애당초 총사령관은 영국 공사관의 맥도널드가 맡았으나, 실제로 협력 관계를 유지하며 효율적으로 작전을 수행한 것은 시바 고로였다. 영국 공사관이 위험에 처하자 일본군 25명 중 8명을 긴급 배치하기도 하였다.

그의 분전하는 모습에, 당초에는 작은 체격 때문에 일본인을 깔보던 서구 각국 사람들도 일본인 수비대에게 경의를 표하게 되었다. 특히 시바 고로는 영어뿐만 아니라 프랑스어, 중국어를 자유롭게 구사하였기에 각국 수비대가 협력할 때 중심 역할을 하였다.

농성 개시로부터 약 두 달 후, 일본군을 포함한 8개국 연합군이 베이징北京에 도착함으로써 농성하던 사람들은 두 달 만에 해방을 맞게 되었다. 이 농성전은《북경의 55일55 Days at Peking》이란 제목으로 영화화되기도 했다.

이러한 공로로 시바 고로는 각국으로부터 수많은 훈장을 받았으며, 메이지 신정부와 적대 관계였던 아이즈번 출신임에도 이례적으로 대장으로까지 승진하였다.

시바 고로의 처신이 일본의 신뢰감을 높이는 계기가 된 일화도 있다. 우연이지만 베이징에서 역경을 함께 겪었던 영국인 맥도널드가 일본으로 부임하게 되었다. 이후 시바 고로와 계속 소통하며 본국에 일본을 긍정적으로 보고하였고, '영광스러운 고립정책'을 유지하던 '콧대 높은' 영국은 1902년 일본과 동맹을 맺게 되었다. 이는 1904년 발발한 러일전쟁에서 일본이 승리하는 요인이 되었음은 물론이다. 이처럼 역사의 큰 사건은 우연하고 사소한 일로부터 시작되기도 한다.

도고 헤이하치로

東郷平八郎(1848~1934)

러일전쟁을 승리로 이끈 일본 해군의 영웅

메이지, 다이쇼 시기의 군인으로 동해에서 러시아 발트 함대를 궤멸시킴으로써 러일전쟁을 승리로 이끈 결정적 계기를 만들어, '군신軍神', '동양의 넬슨'으로 불리며 일본인의 영웅으로 남아 있다. 최종 계급은 원수·해군 대장(제독)으로, 정계에 진출하지 않고 군인으로 일생을 마쳤다.

＊＊＊

도고는 사쓰마번의 작은 마을인 '가지야'에서 번사의 아들로 태어나 1863년 아버지와 함께 사쓰마와 영국 사이의 사쓰에이 전쟁에 참전하였다. 영국에 참패한 그때 바다에서 오는 적은 육지가 아니라 바다에서 격퇴해야 한다는 것을 깨닫고 해군의 중요성을 느꼈다.

또한 영국 해군의 강함을 느끼고 해군에 필요한 지식을 습득하기 위하여 메이지 시대에 해군 장교로서 1871년에서 1878년까지 영국 포츠머스에 유학하였다.• 1894년 청일전쟁에서는 나니와함 함장이

• 당시 도고의 유학은 사이고 다카모리의 도움으로 실현되었다. 그러나 사이고는

되어 풍도 해전, 황해 해전 등에 참전하여 활약하였다. 1904년 발발한 러일전쟁에도 참전하였는데 1905년 5월 도고는 전함 '미카사三笠'에 올라 유럽 발트해에서 출발하여 블라디보스톡으로 향하는 러시아 최대 함대인 발트 함대를 대마도 부근에서 맞아 격멸하였다.

당시 러시아는 발트 함대를 보유한 해군 강국이었으므로 일본의 승리는 예상을 뒤엎은 기적과 같은 승리였다. 도고조차도 기적이라고 생각하며 자만해서는 안 된다고 하였다. 그러나 승리에는 나름대로 이유가 있었다.

도고는 적 전함의 장갑 관통에 중점을 두어 포탄을 개발하였던 당시의 사정과는 달리, 포탄의 폭발력과 화재를 일으키는 능력에 역점을 두어 포탄의 두께는 얇지만 화약을 많이 넣어 폭발력이 강한 포탄을 개발하였다. 이로 인해 러시아 군함에 칠해진 부식 방지용 페인트가 쉽게 화염에 휩싸이도록 하였다. 또한 영일동맹에 따른 영국의 개입으로 러시아 해군의 해로海路가 길어져 병력 동원이 늦어진 것도 러시아의 패인 중 하나였다.

뿐만 아니라 전투 중 도고는 포탄이 날아드는 갑판에 꼼짝없이 서서 전투를 지휘함으로써 부하들의 사기를 끌어올렸다. 전투가 끝난

세이난전쟁을 일으켜 메이지 정부에 항거하다 자결하였으며 도고의 형도 사이고 편에 가담하였다가 목숨을 잃었다. 오쿠보 도시미치와 사이고 다카모리와는 같은 마을 출신이다.

전함 갑판에 도고가 서 있던 자리는 물에 젖지 않은 상태로 남아 있었다고 전해질 정도였다.

도고의 활약으로 국토 면적이 60배 큰 러시아에 승리하였다 하여 일본인들은 도고에 열광하였다. 발트 함대 격파 이후 부상을 입고 포로가 된 러시아의 지노비 로제스트벤스키 제독이 일본 병원에 입원하였는데, 도고는 그를 문병하여 위로하였으며 러시아 사령관은 고마움을 표시하였다.

전쟁 후 도고에게 수많은 훈장과 칭호가 수여되었으며 사후 1940년에는 도쿄 도심 하라주쿠에 도고 신사神社가 세워져 신神으로까지 추앙되었다. 고향 가고시마에는 동상이 서 있다.

도고가 대마도 해전에서 대승을 거두고 개선한 후 개최한 축하 석상에서 어떤 사람이 도고를 칭찬하며 넬슨 제독과 필적할 수 있는 군신軍神이라고 하자, "정말 군신은 조선의 이순신이다. 이순신에 비하면 나는 하사관에도 미치지 못한다"고 하였다는 설이 있다. 그러나 진위에 관한 논란이 있으며, 과장된 것이라는 설이 유력하다.

다나카 쇼조

田中正造(1841~1913)

공해 피해자를 위해 투쟁했던
일본 최초의 환경운동가

메이지 시대의 정치인으로서 아시오足尾 구리 광산에서 발생한 광독鑛毒에 의한 공해 문제를 피해자인 농민 편에서 해결하고자 노력한 일본 최초의 환경운동가이자 사회운동가이다. 자신의 건강과 재산을 희생하며 일생 동안 공해로 고통받는 국민 편에 서서 활동했던 인물이다.

＊＊＊

메이지 중기, 지금의 도치기현과 군마현 경계를 흐르는 와타라세강 주변에 위치한 아시오足尾 구리 광산에서 흘러나온 광독으로 산의 나무나 벼 등 농작물이 말라 죽고 농민들이 희생되는 사건이 발생하였다. 산업사회로 나아가기 시작한 일본의 첫 번째 대규모 환경오염 사건이다.

다나카 쇼조는 제 1회 중의원 선거에서 당선된 후, 계속하여 광독 피해 현장을 찾아 확인하고 의회에서 문제를 제기하여 해결을 촉구하였다. 그리고 곳곳을 돌아다니며 국민을 상대로 문제점을 알리는 연설을 하였다. 농민의 광독 반대운동은 격화됐고 도쿄로 진정서가

일본 최초의 환경운동가 다나카 쇼조의 초상 사진(왼쪽)과
보존되어 있는 다나카 쇼조의 옛집(오른쪽).

밀려들었다. 그러나 정부나 기업은 문제 해결에 소극적이었고 그나마 설치된 탈황脫黃 장치들은 효과가 거의 없었다.

농민들이 진정하러 도쿄로 진출하던 중 경찰과 충돌하여 유혈 사건으로까지 번지며 농민 다수가 체포되었다. 광독 피해 주민들은 치안경찰법 위반으로 기소되어 유죄 선고를 받기도 했다. 또한, 피해를 입은 주민들을 강제로 이주시키는 행정조치까지 이루어졌다.

다나카 쇼조는 국회에서, "망국으로 가고 있는 것을 알지 못한다면 이것이 바로 망국으로 가는 것이다"라는 유명한 연설을 하였다. 당시 총리이던 야마가타 아리토모는 질문의 의미를 모르겠다며 답변을 거부했다.

다나카 쇼조는 최후의 수단으로 1901년 중의원 의원직을 사직하고 메이지 천황에게 직접 상소를 올렸다가 저지당한 뒤 관리모독죄로 체포되었다. 직소直訴는 목숨을 거는 행동이어서, 쇼조는 처가 어려움을 당하지 않도록 미리 이혼장을 작성하여 처에게 보내기도 하였다.

그의 직소도 실패로 돌아갔지만, 이를 계기로 아시오 광독 사건은 사람들에게 더욱 널리 알려지게 되었다. 다나카에 대한 구제 운동이 일어나면서 1904년 초 정부가 광산 측에 확실한 조치를 취할 것을 지시함에 따라 어느 정도 사건은 마무리되기에 이른다. 이후에도 와타라세 유수지 조성으로 수몰되던 '야나카촌' 문제 등 다양한 환경 문제에 주민 편에 서서 참여하였다.

이러한 과정에서 다나카 쇼조는 전 재산을 탕진해 가면서 재판이나 항의 연설 등을 계속하다가 1913년 후원자의 집에서 지병인 위암이 악화되어 객사하였다. 화장된 그의 유골은 그의 활동 근거지였던 도치기시 등 6곳에 나뉘어 묻혔다. 다나카 쇼조의 삶과 사상 연구에 평생을 바친 고마쓰 히로시의 저서《참된 문명은 사람을 죽이지 아니하고》가 국내에서도 번역, 소개되어 있다.

다나카 쇼조는 자신의 신분, 재산을 희생하며 공해로 피해를 입은 피해자 구제를 위해 노력한 선각자적 환경운동가였다. 그 시대에 벌써 환경운동이 시작되고 그와 같은 인물이 존재하였다는 것은 놀랄 만한 일이 아닐 수 없다.

요시노 사쿠조

吉野作造(1878~1933)

다이쇼 데모크라시를 대표하는 정치학자이자 사상 운동가

다이쇼大正(1912~1926) 시대를 대표하는 정치학자이자 사상가로서 일본의 기독교 사회주의 운동의 지도적 인물이다. "한 나라의 정치는 일반 국민 모두를 위하여 행해져야 한다"라는 민본주의를 주장하며, 누구나 선거에 참여할 수 있는 보통선거제 도입을 주창하고 일부 실현시켰다.

그는 국민의 정치 참여 확대, 보통선거 제도의 실현, 정당 내각제의 발전 등 일본 정치 개혁을 촉진하는 데 크게 이바지하였다. 이른바 '다이쇼 데모크라시' 시대의 문을 열어 정치적·사회적 자유를 추구하는 국민적 활동에 큰 영향을 미쳤다.

***

고등학교 시절 기독교로 개종하여 평생 독실한 기독교인으로 살면서 기독교 영향을 많이 받은 요시노는 도쿄제국대학 법과에 입학하여 정치학을 공부하고, 대학 졸업 후 당시 중국의 실권자였던 위안스카이袁世凱의 장남을 위한 가정교사로 초청받아 3년(1906~1909) 동안 중국에 체류했다. 이어서 도쿄대학 조교수로 근무하다가 유럽과 미국 유학(1910~1913)을 거쳐 1914년부터 도쿄제국대학에서 정치학 교수로 재직했다.

구미 유학 시 민중의 힘이 정치에 큰 영향을 끼치는 것을 보고, 특히 제한된 국민만이 투표권을 갖는 일본과 달리, 모든 국민에게 투표권이 주어지는 것을 보고 크게 감명을 받았다. 당시 일본에서는 일정액 이상의 세금을 내는 남성에게만 투표권이 주어졌다.

1916년 〈중앙공론〉에 발표한 논문에서, 한 나라의 정치는 일반 국민 모두를 위하여 행해져야 하며, 이것이 데모크라시이며 일본어로 번역하면 '민본주의'라고 주장하였다. 민본주의를 실현하기 위해 보통선거권, 민간에 의한 군대의 통솔, 귀족원의 민선 기구로의 전환, 사회주의 국가의 점진적 설립 등을 주창하였다.

그러자 많은 사람들이 요시노의 주장에 공감했고 정치적·사회적 자유를 요구하는 목소리가 높아졌다. "특권 계급만이 국민은 아니다", "언론의 자유를 보장하라", "여성의 지위를 더 향상시켜라" 등의 주장이 난무하며 '데모크라시'라는 말이 유행어가 되었다.

요시노의 주장은 점점 더 힘을 얻었다. 그는 민중을 위한 정치를 위해서 보통선거의 실현이 필요하다고 보았다. 재산이나 납세액에 관계없이 투표권이 인정되어야 한다는 것이다. 그의 주장과 민중들의 소망에 힘입어 1925년 '보통선거법'이 제정되었다. 여성 투표권은 더 기다려야 했지만, 25세 이상의 남성에게는 납세와 관계없이 투표권이 인정되었다. 이로써 전 인구의 5% 정도에게만 허용되던 투표권이 20% 정도로 확대되었다.

이처럼 그는 민본주의를 옹호하고 확산하기 위하여 신인회新人會, 여명회黎明會 등과 같은 단체를 조직하여 학생과 지식인 사회의 여론 형성에 중심적 역할을 담당했다.

또한 그는 1917년 도쿄제국대학 기독청년회YMCA 이사장직을 맡으면서 조선인 유학생들과 긴밀한 유대관계를 맺었다.

그는 민본주의에는 각각의 민족이 자기의 일을 스스로 결정할 수 있는 민족자결民族自決을 존중하는 것도 포함된다고 하면서, 당시 일본의 식민지였던 조선 문제에 큰 관심을 보였다. 1916년 조선총독부의 통치 현장을 직접 체험하고 나서 시작된 요시노의 식민 정책 비판은 일본의 국익國益과 대의大義 사이에서 고민하는 흔적도 보인다. 하지만 그 비판은 동시대 일본 지식인 누구보다 강했고, 나름의 대안을 제시하기도 하였다.

그는 '반反제국주의자'로, 일본의 제국주의 체제에 강한 비판적 태도를 가졌으며, 제 1차 세계대전 이후 국제질서가 평등한 국제적 민주주의로 이동하고 있다고 전망하며, 일본이 군비 통제에 적극 참여할 것을 제안했다.

아울러 한반도를 비롯해 아시아 국가의 독립운동과 중국의 혁명운동에 적극 지지를 표하기도 하였으며, 일본 제국으로 하여금 식민지에 보다 광범위한 자치를 적용할 것을 주문하였다.

요시노 사쿠조는 일본이 근대화와 더불어 전체주의와 군국주의

화의 흐름이 엿보이는 상황 속에서 기독교 정신을 바탕으로 민주·민본주의와 국제 평화를 지향했던, 일본 지식인을 대표하는 인물이었다.

니토베 이나조

新渡戸稲造(1862~1933)

《무사도》를 저술하여 일본을 알리고
국제연맹 사무차장을 지낸 세계인

메이지·다이쇼·쇼와 시대에 걸쳐 활동했던 사상가, 농경제학자, 교육자이며 국제연맹의 사무차장을 지낸 외교관이기도 하였다. 1900년 미국에서 영문으로 출판한 《무사도Bushido: The soul of Japan》는 세계인에게 일본을 이해시키는 데 큰 역할을 하였다. 구 5천 엔권 지폐(1984~2004년 통용)의 초상 인물로 등장하였다.

＊＊＊

1877년 9월에 삿포로 농학교(현 홋카이도대학)에 입학하여 곧 기독교인이 되었다. 삿포로 농학교 졸업 후 도쿄제국대학(현 도쿄대학)을 거쳐 1884년에 미국 존스홉킨스대학에 입학하였다. 하지만 졸업하지 않고 독일로 건너가 1890년에 할레대학에서 박사학위를 받고 귀국하여 삿포로 농학교 교수에 취임하였다.

1899년에는 일본 최초의 농학박사가 되었으며 일본 농업의 전반적 문제를 다룬《농업본론農業本論》을 집필하였다. 그 무렵 주위의 반대에 불구하고 미국인 메리 패터슨 엘킨튼과 국제결혼을 하였다. 메리는 '마리코萬里子'라는 일본 이름으로 귀화하였다. 삿포로 농학교 교수로 재직할 때 학생들에게 지식의 전달뿐만 아니라, 학생들이 엘리트주의에 빠지는 것을 경계하고, 인격을 함양시키는 데 주력하였다.

그러나 건강이 안 좋아져 퇴직하고 미국으로 건너가 요양하며 1900년《무사도武士道》를 집필하였다. 외국인들에게 일본과 일본인에 대하여 알리기 위함이었다. 서양인의 사고의 토대에는 기독교 정신이 있는 것처럼 일본인의 사고의 토대에는 무사도 정신이 있음을 설명하였다. 용기, 충의, 예의, 명예 등 일본 무사들의 생활 태도를 중심으로 한 내용이었다.

영어로 집필된 이 책은 일본인이 쓴 최초의 전 세계 베스트셀러였으며, 후에 일본어로도 번역되었다. 미국이나 유럽에서 먼저 베스트셀러가 된 뒤 일본에 역수입되어, 서구에 대한 콤플렉스에 시달리던 일본인에게 자부심을 심어주기도 하였다. 일본의 사상과 문화를 쉽게 설명한 이 책은 시어도어 루스벨트 대통령 등 많은 미국인에게 감명을 주었다.

그 후, 니토베는 대만총독부에서 관리로 일시 근무하고, 이어서 교토제국대학 및 도쿄제국대학 교수와 제1고등학교, 도쿄여자대학, 다쿠쇼쿠대학, 도쿄여자경제전문학교, 도쿄식민무역어학교 등 여러 학교의 교장·학장으로 근무하였다.

그는 일본의 식민정책 연구자이기도 하였다. 그는 식민지를 단순히 경제적 자원으로 취급하는 유럽 국가의 방식은 잘못되었으며, 식민지 주민의 이익을 중시하는 정책을 펼쳐야 한다고 주장하였다. 1920년에서 1926년까지는 국제연맹 사무차장으로 근무하며 세계를 돌며 세계 평화에 대해 연설하였다. 1933년에 캐나다 빅토리아섬에서 사망하였다.

니토베는 이처럼 일본인으로서는 드문 세계인이었다. 그러나 일제의 조선에 대한 무단통치 방식을 비판하면서도, 식민지인들은 열등하므로 개화시켜야 한다는 '문명 대 야만'의 구도를 벗어나지는 못했다.

이누카이 쓰요시

犬養毅(1855~1932)

폭주하는 군부에 맞서 헌정을 유지하려다
암살당한 비운의 정치인

1931년 12월 13일 내각 총리대신에 취임하였다가 5개월 만인 1932년 5월 15일 해군 장교들에게 피습당해 사망한 불운한 정치인이다. 자유민주주의적 호헌 운동으로 헌정의 수호신으로 평가받기도 하였으나 군부의 폭주를 통제할 수 없는 시대 상황에서 그의 사망은 정당 내각의 종말과 군국주의의 서막을 열었다.

***

이누카이 쓰요시는 빗추국(지금의 오카야마현) 출신으로 게이오기주쿠慶應義塾(지금의 게이오대학)에서 수학, 중퇴한 뒤 신문기자 생활을 하다가 정치에 뛰어들었다. 1890년 제 1회 총선거에서 오카야마현에서 당선된 이후 제 18회 총선거까지 42년간이나 연속 당선되었다. 나름대로 민주, 자유의 신념을 갖고 오자키 유키오 등과 함께 입헌 정치를 옹호하는 호헌 운동을 벌여 '헌정의 수호신'으로 불렸으며, 문부 대신과 체신 대신을 지내기도 하였다.

한때 정계를 은퇴하기도 하였지만 지지자들의 간곡한 요청으로 복귀하여, 1931년 12월에 내각 총리대신에 취임하였다. 그가 내각 총리대신으로 선출된 배경에는 원로 의원들이 당시 폭주하던 군부를 통제할 수 있는 적임자로 보았기 때문이다. 즉, 당시 만주에 주둔하던 일본 관동군이 만주를 중국 침공을 위한 전쟁의 병참 기지로 만들고 식민지화하기 위해 본국 정부의 승인도 없이 1931년 9월 18일 류타오후柳條湖 사건•을 조작해, 이른바 '만주사변'을 일으켰는데, 이를 해결할 필요가 있었던 것이다.

관동군은 1932년 1월까지 만주 전역을 점령, 3월에는 괴뢰정권으로 만주국을 세우기까지 하였다. 그러나 1932년 2월 20일 시행된 제 18대 총선에서 이누카이가 속한 여당인 입헌정우회가 야당인 민정당을 크게 따돌리자, 이에 힘입은 이누카이는 원로 의원들의 바람대로 군부를 강력하게 지배하려 들었고, 외교 면에서도 개인적으로 온건주의 노선을 지향하려고 노력했다.

즉, 이누카이는 국제연맹 등의 여론이 좋지 않음을 의식하여, 만주국 설립을 막고 일본과 중화민국이 합의하는 선에서 만주에 자치정부를 두어 양국이 함께 관리하고, 일본은 경제권만 갖는 방식의 합의를 보고자 하는 입장이었다.

이에 불만을 품은 군부의 뜻을 따라 젊은 해군 장교 등이 총리 관저에 침입하여 이누카이 총리를 암살하였다. 이것이 5·15사건이다.

• 관동군이 만주 봉천성 인근 류타오후에서 자신들이 철로를 폭파시키고서도 이를 중국의 소행으로 뒤집어 씌워 중국 동북군이 주둔한 북대영을 공격한 사건이다.

사건 다음 날 내각은 총사퇴하고 차기 총리로 군인 출신 사이토 미노루齊藤実가 취임하였다. 총선거에서 제1당이 된 정당의 당수가 총리로 추천되는 관례가 깨진 것이다. 즉, 다이쇼 말기부터 이어져 온 정당 내각제가 쇠퇴한 것이다.

국제연맹은 중국 측의 제소에 따라 리튼 조사단을 파견하고 조사 보고서를 채택하여 일본군의 철수를 권고하였으나 일본은 이를 거부하였으며 1933년 3월 국제연맹을 탈퇴하였다. 5·15 사건의 주모자 11명은 재판에 회부되었으나 가벼운 형을 받고 복역 중 전국적인 구명 운동으로 사면되었다.

이로써 일본 군부는 정국을 장악하고 정당 정치에 종지부를 찍었다. 군국주의 체제를 확립하게 되었으며, 이후 1937년 중일전쟁, 1941년 태평양전쟁 등 침략 전쟁을 시작하였다.

그 과정에서 1936년 2월 26일에는 일부 청년 장교들이 천황의 친정親政(쇼와 유신) 등을 내세우며 원로 중신들을 살해하고자 반란을 일으켰다. 하지만 28일, 천황이 이에 반대하며 원대 복귀 명령을 내리자 천황 친정을 위한 쿠데타는 종식되기도 하였다.

1930년대는 일본에서 일시 꽃피웠던 다이쇼 데모크라시가 끝나고, 일본이 전쟁에 휩쓸리는 결정적 시기였다. 헌정 최후의 보루라고 추앙받던 이누카이 쓰요시의 암살과 함께 일본 제국은 군부의 맹목적 애국심에 사로잡힌 '광기의 시대'를 통과하여 그대로 군국주의의 나락으로 떨어지고 말았다. 그런 점에서 이누카이는 시대의 희생자로서 불운한 정치인이었다.

그는 총리로 취임한 지 1개월도 안 된 1932년 1월 8일, 이봉창李奉昌 의사義士가 히로히토 천황을 처단하려다가 실패하자, 이에 책임을 지고 사임하려 하였다. 하지만 히로히토 천황의 반려로 총리직에 유임하였고, 이때의 유임이 그에게는 불운인 셈이다.

우치무라 간조

内村鑑三(1861~1930)

무교회주의적 기독교 신앙을 추구했던 기독교 사상가

일본의 기독교 사상가로서 눈에 보이는 건물로서의 교회가 아닌, 하나님의 가르침, 즉 말씀인 성경의 실천과 충실한 영성靈性 생활을 추구하는 무교회주의적• 기독교 신앙을 따랐다. 김교신金敎臣, 함석헌, 유달영, 송두용 등이 그의 영향을 받은 한국인 제자들로서 우리나라 기독교계에도 큰 영향을 미쳤다.

그는 삿포로 농학교에 입학해 교수이자 선교사인 미국인 윌리엄 스미스 클라크의 지도로 영어와 성경을 공부했다. 클라크는 "학생들을 기독교로 개종토록 세뇌시켰다"는 이유로 부임 1년 후 추방됐지만 그가 남긴 "소년이여, 야망을 가져라!Boys be ambitious!"는 일본 젊은 이들에게 큰 가르침이 되었다. 앞서 본 니토베 이나조도 우치무라와 동급생으로, 삿포로 농학교는 걸출한 인재들을 배출한 셈이다.

• 그러나 물질적 장소로서의 교회와 관련된 전통과 관습을 배척하는 무교회주의는 자칫 성경에 대한 자의적·이난적 해석을 용인하게 되어 교회 본질에서 벗어날 위험이 있다는 지적이 따른다. 오늘날 일본의 개신교가 부흥하지 못하는 원인 중 하나로 우치무라의 무교회주의가 지적되기도 한다. "모이기에 힘쓰라!"라는 성경 말씀과의 거리가 있기 때문이다.

***

우치무라 간조는 1884년 미국 유학을 떠나 애머스트칼리지와 하트포드신학교를 거쳐 1888년 귀국하여 도쿄 제일고등학교 교원으로 취직하였다.

1891년 일본 천황의 '교육칙어'• 봉독식 때 교육칙어 앞에 머리를 숙여 경의를 표하기를 거부한 사건, 이른바 '불경사건'으로 천황 숭배자들의 미움을 받았다.

또한 당시 일본은 조선과 중국을 점령하여 수많은 사람을 학살하였는데, 일본 내의 기독교는 이러한 침략행위를 미화하거나 정당화하며 심지어 '점령 축하 예배'도 드렸다. 이에 우치무라 간조는 일본 제국주의의 침략 행위를 비난하며 하나님께서 불벼락을 내릴 것이라고 경고하였다. 그의 경고성 예언은 훗날 히로시마, 나가사키 원자폭탄 투하로 현실화되었다고 말해진다.

그는 보복 테러의 표적이 되었고 아내와 사별했으며 1891년 학교에서 쫓겨났다. 그 뒤 성서 연구, 저술과 전도 활동에 전념하였다. 1921년에는 도쿄 한복판에서 일요일마다 로마서를 강의하였고, 수많은 청중들이 모여 이를 들었다.

우치무라 간조는 조선에 대한 강제 병합에도 반대하였다. "조선

• 일본 천황제 이데올로기에 입각한 군국주의 교육 방침으로, 1890년 10월 31일에 제정, 공포되어 1948년 6월까지 약 55년간 시행되었다.

은 정치적 자유와 독립을 잃었다. 그러나 지금 조선은 심령적 자유와 독립을 획득하려고 하고 있다. 하나님은 조선에 육신의 군대를 파견하지 않았다. 그러나 성령을 보냈다. 복이 있는 조선이여! 앞으로 일본을 축복해줄 조선이여! 축복의 통로가 될 조선이여!"라고 말하기도 하였다.

그러나 그는 조국 일본에 대한 비판적 시각은 분명했으나 일본인으로서의 자부심도 작지 않았다. 니토베 이나조가 세계를 향해 일본의 무사도 정신을 자랑하고자 하여 영어로 책을 쓴 것처럼, 우치무라도 청일전쟁 중《일본과 일본인Japan and Japanese》을 저술하여 몇 사람의 일본인을 세계에 자랑스럽게 소개하였다.

그런 가운데 정한론자 사이고 다카모리와 임진왜란을 일으킨 도요토미 히데요시를 위대한 인물로 평가한 것을 보면, 위에 본 다른 사건에 대한 그의 관점과는 모순점을 발견할 수 있다. 그러나 그것은 젊었을 때와 나이 들었을 때의 생각의 변화, 시대 상황의 변화를 고려하면 부정적으로만 볼 수 없을지도 모른다. 그리고 인간은 자기가 속한 국가를 완전히 벗어나 사고하기는 어려울 테니까 말이다.

나는 그가 한 말 가운데 "하나님은 어떤 사람을 벌하고자 할 때는 그 사람 마음에서 감사하는 마음을 빼앗아 버린다. 그러므로 자기 마음속에 감사하는 마음이 들지 않거든 자신이 하나님으로부터 벌을 받고 있다고 생각하라."라는 말을 가끔 생각하거나 인용한다. 감사하는 마음으로 사는 것이 복 있는 삶이라고 믿기 때문이다.

노구치 히데요

野口英世(1876~1928)

세균학 연구에 목숨을 걸었던 세균학자

일본이 자랑하는 세계적 세균학자, 병리학자로서 수많은 전염병균을 발견하여 의학 발전에 크게 기여하였으나 아프리카에서 황열병 연구 중 감염되어 사망하였다. 일본에서는 그를 '일본의 슈바이처'라 칭송하며, 1천 엔권 지폐(2004~2024)의 초상 인물로 등장하였다.

***

히데요는 가난한 농가에서 태어나 한 살 때 화로에 떨어지는 사고로 왼손에 화상을 입어 손가락이 붙어버리는 장애를 입었다. 어릴 적부터 손의 장애로 농사에는 종사할 수 없다고 생각하여 열심히 공부했고, 학문의 세계에서 성공하기를 소망하였다. 집안 형편상 진학이 어려웠지만 그의 우수성을 알아본 고바야시 사카에 교사의 도움으로 중학교를 마쳤고, 학우들과 선생들의 모금으로 수술을 받아 물건을 쥘 수 있게 되었다.

자신의 손을 수술해주고 의사가 될 것을 권유한 의사 와타나베 가나에 박사의 조수로 들어가서 어깨너머로 의학을 배우다가, 의학원인 제중학사濟生學舍(현 니혼의과대학)에 들어가 공부하여 의사 면허시험에 합격하였다. 그는 세균과 병리학 쪽으로 눈을 돌려 임상의사가 아닌 질병의 원인을 연구하는 기초의학자로 변신했다.

히데요는 당시 세계적 생물학자였던 기타사토 시바사부로北里柴三郎 박사의 연구소에 들어가 세균 연구에 매진하였다.• 그는 외국어를 잘해서 외국 논문들을 번역하는 일을 하고 방문 외국인 통역을 했다. 이때 의사이자 생물학자인 미국의 플렉스너 박사를 만나 그 인연으로 1900년 미국으로 건너갔다.

플렉스너 박사의 근무지인 펜실베이니아대학 연구소에서 뱀독 같은 독성학을 연구하여 성과를 거두고 도미 1년 만에 유명해졌다. 그 후 플렉스너 박사를 따라 록펠러 의학연구소로 옮겨가서 질병의 치료·예방을 위한 연구를 계속하여 세계적 학자가 되었다.

그 대표적 성과가 진행성 마비의 연구인데, 마비의 원인이 어디에서 오는가를 추적한 끝에 그것이 '스피로헤타'라는 세균 때문임을 밝혀냈고, 또한 스피로헤타의 발생 원인이 매독에 있음을 증명하였다. 그 밖에도 여러 세균성 질환을 연구하던 끝에 마침내 황열병의 원인균을 찾아내는 데 성공했고, 그로 인해 1914년 노벨 생리·의학상 후보에도 올랐다.

• 2024년부터 발행되고 있는 1천 엔권 지폐의 인물은 노구치 히데요에서 기타사토 시바사부로로 바뀌었다. 기타사토는 페스트균 발견과 파상풍 등 다수의 치료법을 개발하여 일본 의학의 발전을 이끈 인물로, 노구치의 스승이었다. 일본인 최초의 노벨상 후보(1901년)이기도 하다.

미국인 메리와 결혼하고 1915년 15년 만에 큰 환영을 받으며 일본으로 돌아왔다. 1918년 중남미에서 열병 때문에 많은 사람이 고통받는다는 소식을 듣고 에콰도르로 가서 본인의 연구 방법을 통해 백신을 개발하여 많은 사람을 살려냈다. 그러나 얼마 후 아프리카에서 발생한 황열병에 히데요가 개발한 백신이 효과가 없자 1927년 이를 해결하기 위해 가나로 건너갔다. 그러나 1928년 그곳에서 자신이 연구하던 황열병에 걸려 사망하고 말았다.

미국에 있는 그의 묘비에는 "과학 발전에 최선을 나하여, 인류를 위해 살다가 인류를 위해 죽었다"라고 쓰여 있다. 그러나 사후 노구치의 연구 성과에 대한 문제가 제기되기도 하였으나, 어린 시절의 장애에도 불구하고 열심히 노력하여 성과를 냈으며 감염병 연구 과정에서 희생된 점을 고려하면 그의 학자적 열정이나 공적은 높이 평가되어야 할 것이다.

나쓰메 소세키

夏目漱石(1867~1916)

일본 문학의 아버지로 불리는 대문호

메이지 시대를 대표하는 문학가로서, 근현대 일본 문학의 아버지로 추앙받는 인물이다. 소설가로서는 늦은 나이인 30대 후반에 등단하였다. 1905년 발표한 〈나는 고양이로소이다〉가 호평을 받은 것을 시작으로, 소설·수필·하이쿠·한시 등 여러 장르에서 다양한 작품을 남겼다.

고독과 불안 등 인간이 안고 있는 여러 고뇌와 정서를 작품에 잘 녹여내 '일본의 셰익스피어'로 불린다. 그러한 평가 때문에 나쓰메 소세키는 1984년부터 2004년까지 통용된 1천 엔권 지폐에 초상 인물로 등장하였다.

***

소세키는 1867년 에도에서 가세가 기울고 자식이 많은 집안의 막내로 태어났다. 어릴 적 다른 집안에 양자로 갔다가 돌아오는 등 혼란한 가운데 유년기를 보냈다. 본명은 나쓰메 긴노스케였으나 1889년 문학적·인간적 동지로 만난 마사오카 시키의 필명 가운데 '소세키'를 물려받아 자신의 이름으로 삼았다.

1984년부터 2004년까지 통용된 일본의 1천 엔권 지폐.
오른쪽에는 나쓰메 소세키의 초상이 그려져 있다.

소세키漱石는 중국 고전에 나오는 '수석침류漱石枕流'(돌로 양치질하고 흐르는 물을 베개로 삼는다)에서 유래한 것으로, 억지가 강하거나 지는 것을 싫어하는 것을 의미한다.

1893년 도쿄제국대학 영문과를 졸업한 후 도쿄고등사범학교, 에히메현 심상중학교, 구마모토현 제5고등학교 등에서 영어 교사로 근무하였다.

1900년 5월에 문부성 장학생으로 선발되어 영국 유학을 떠났다. 그러나 유학 생활은 순탄치 않았다. 영국 생활에 잘 적응하지 못하고 위장병과 신경쇠약에 시달리다 1903년 조기 귀국하였다.

귀국 이후 도쿄제국대학과 메이지대학의 강사 등을 전전하던 중 알게 된 시인이자 소설가 다카하마 교시高浜虚子를 만나 그의 권유에 따라 1905년 1월에 하이쿠 잡지인 〈호토토기스〉에 데뷔작인 〈나는 고양이로소이다〉•를 발표하여 호평을 얻었다. 원래 한 번만 게재할 계획이었지만, 호평으로 11회나 연재하였다.

"나는 고양이로소이다. 이름은 아직 없다."로 시작되는 이 소설은, 주인 없이 버려진 어느 새끼 고양이가 영어 교사인 구샤미의 집에 들어가 살면서, 고양이 자신이 겪는 일과 고양이의 시선으로 바라본 구샤미 선생과 그의 가족, 친구들의 모습을 이야기하는 소설이다. 풍자적이며 유머러스한 이야기를 어문일치의 문체로 풀어내어 쉽게 읽힌다는 점이 특징이다. 이후《도련님坊っちゃん》,《풀베개草枕》,《산시로三四郎》,《마음心》 등을 연달아 발표하면서 인기를 얻었다.

1907년에 아사히신문사에 입사해 본격적인 직업 작가의 길을 걷기 시작하였다. 같은 해에 직업 작가로서 첫 작품《우미인초虞美人草》 연재를 시작하였고, 1909년에는 친구인 남만주철도 총재 나카무라 요시코토의 초청으로 만주와 조선을 여행한 기록을《만한 이곳저곳満韓ところどころ》이란 제목으로 연재하였다.

소세키의 작품은 세속을 잊고 인생을 관조하는 내용으로 그의 사상과 윤리관은 후대 일본의 많은 근현대 작가들에게 영향을 주었다. 그의 집에는 매주 목요일 당대의 문인들과 학자들이 모여들어 상하 없는 토론이 벌어지곤 했다. 이 모임은 '목요회木曜會'로 불리며 일본 문학사에 중요한 역할을 하였다. 그 멤버들이 일본 문학계를 이끌었

- 소설 제목은 당초 '고양이전(猫傳)'이었으나 다카하마 교시의 권유로 '나는 고양이로소이다'로 바꾸었다.

기 때문이다. 유명 소설가인 아쿠타가와 류노스케芥川龍之介도 그들 중의 한 사람이다. 그러나 소세키는 1916년 위궤양, 당뇨병, 신경쇠약 등 지병으로 48세에 요절하였다.

소세키는 작가로서의 경력은 12년에 불과했지만 '일본의 셰익스피어'로 불리며 일본 문학사에서 후세에 가장 큰 영향을 끼친 작가로서 일본인의 사랑을 받고 있다. 그래서 일본 곳곳의 그가 살았던 곳에는 그를 기리는 기념관 등이 조성되어 있다. 그러나 한국의 한 원로 문인은 나쓰메 소세키를 '표절 작가'라고 평가절하하였다. 성급한 판단으로 보인다.

히구치 이치요

樋口一葉(1872~1896)

25세에 요절한 천재 여성 소설가

메이지 시대의 여성 소설가이다. '이치요'는 필명이며 본명은 히구치 나쓰코夏子이다. 일찍이 아버지를 여의고 소녀 가장으로 어머니와 동생을 돌보면서 1892년 잡지 〈무사시노武藏野〉에 〈밤 벚꽃闇桜〉을 발표함으로써 문단에 데뷔했다. 이어서 발표한 〈키재기たけくらべ〉, 〈섣달그믐大つごもり〉, 〈탁한 강にごりえ〉은 유명 소설가들의 절찬을 받았다. 그러나 이듬해 25세의 젊은 나이에 폐결핵으로 병사하였다. 짧은 작가 생활에도 불구하고 일본의 근대 문학사에 14편의 주옥같은 단편소설을 남겼다. 2004년부터 2024년까지 통용된 5천 엔권 지폐에 초상 인물로 등장하였다.

***

1872년 지요다구(현 도쿄도)에서 가난한 사족 출신의 가정에서 태어났으나 10대 무렵 큰오빠와 아버지를 잃고 가장으로서 가족의 생계를 책임져야 했다. 아버지가 거액의 빚을 남기고 사망한 탓에 빚쟁이들의 독촉에 시달리며 삯바느질과 세탁 등 허드렛일로 돈을 벌어 살림을 꾸려나갔다.

19세 때 소설 쓰기를 시작하였으며 이를 통해 돈을 벌 수 있으리라고 기대하였다. 1892년 소설가로 데뷔해 작품을 발표하였으나 생활은 크게 나아지지 않았다.

1893년에는 막과자 가게를 열었으나 이듬해 가게를 닫고 작가로서 전념해 살아가기로 결심하였다. 근대 일본에서 최초로 글을 써서 돈을 버는 직업 작가가 된 것이다.

1895년 발표한 〈키재기〉는, 사춘기의 미도리와 신뇨 사이의 담담한 연애 이야기를 중심으로 도시 소년·소녀의 미묘한 심리를 잘 그렸다 하여 높은 평가를 받았다.

특히 소설가 모리 오가이森鷗外는 히구치를 훌륭한 작가라고 극찬하며 자신이 몸담은 작가 모임에 어린 나이의 여성임을 괘념치 않고 합류시켜 지속적인 교류를 하기를 원하였다. 또한 고다 로한幸田露伴은 "자질이 부족한 작가들에게 그녀의 문장을 달여 마시게 하고 싶다"고도 하였다.

〈키재기〉는 히구치가 막과자 가게를 하면서 만난 아이들을 모델로 하여 쓴 것이며, 나머지 작품 또한 이때 만났던 젊은이들을 모델로 하여 여성의 애절한 연애 감정을 그린 경우가 많았다.

1895년과 1896년에 걸친 짧은 기간 동안 일본 문학사에 남을 명작을 남겼다는 점에서 이 시기를 '기적의 14개월'이라고도 한다. 우리나라의 여성 문인인 김일엽(본명 원주) 스님의 호 일엽一葉도 이치요에서 따온 것이라고도 한다.

2004년부터 2024년까지 통용된 5천 엔권 지폐.
일본은행이 발행한 최초의 여성 초상 지폐로 히구치 이치요가 그려져 있다.

작가 활동 1년 남짓에 불과 25세로 요절한 젊은 여성 작가를 어떠한 생각으로 지폐의 초상 인물로 등장시킨 것일까? 놀랍고도 한편으로 그 이유가 궁금하다.

이시카와 다쿠보쿠

石川啄木(1886~1912)

26세에 요절한 일본의 국민 시인

생활에서 느낀 슬픔과 서정, 삶의 애환 등을 일본 전통 시가의 5행 형식을 3행으로 변형하여 소박하게 그려내 국민들의 사랑을 받았다. 1910년 발생한 고토쿠 슈스이幸徳秋水 사건(천황 살해음모사건)을 계기로 사회주의에 관심을 나타내며 문학 평론을 발표하기도 하였다. 일제의 조선 침략 과 식민지화에 대해 부정적이고 비판적 견해를 보인 반反제국주의자이기도 했다. 그는 결핵으로 26세에 세상을 떠났다.

***

일본의 동북 지역인 이와테현에서 승려의 아들로 태어나, 중학교 시절부터 문학적 재능을 보였다. 문예 잡지 〈명성明星〉에 시를 기고함으로써 낭만주의 시인으로 두각을 나타냈고 1905년 20세 때, 첫 시집 《동경あこがれ》을 발간하였다.

1907년 22세 때, 다쿠보쿠는 홋카이도에 건너가 임시 교원, 신문기자 등을 하다가 도쿄로 상경하여 아사히신문사에서 교정 일을 하며 소설을 쓰기도 하였다. 그러나 소설가로서는 성공하지 못하였다.

당시 유행하던 자연주의적 리얼리즘 소설과 달리, 그의 작품은 낭만주의적 성향을 띠었기 때문이다.

그는 문학적 좌절을 겪고 생활고에 시달렸다. 이러한 상황에서 괴로움을 달래고자 많은 수의 단가를 지었다.

1910년 초여름, 대역大逆사건이라 불리는 고토쿠 슈스이 사건•을 계기로 대대적인 사회주의자 탄압이 일어나자, 다쿠보쿠는 사회주의 사상에 관심을 보이고, 국가를 부정적으로 인식하게 된다. 같은 해 8월, 메이지 제국주의 사회의 모순을 적나라하게 지적한 평론 〈시대 폐색의 현상〉을 발표하였다. 시가로 담기 어려운 주장을 평론으로 밝히고자 한 것이다.

그러나 그의 문학사적 업적은 어디까지나 단가에 있다. 1910년 12월, 다쿠보쿠는 일본 근대 문학사에 그의 이름을 남긴 단가집《한 줌의 모래一握の砂》를 간행한다. 이 단가집에 담긴 대부분의 단가들은 도시 생활의 애환을 그리고 추억을 회상하는 내용으로 되어 있다. 이 단가집과 그의 사후에 친구인 일본어 학자 도키 아이카土岐哀果가 편집하여 출간한《슬픈 장난감》이 선풍적 인기를 끌며 그를 국민 시인 반열에 올려놓았다.

그의 대표 단가 두 수를 소개한다.

• 일본의 대표적 사회주의 무정부주의자 고토쿠 슈스이가 관련된 천황 살해 음모 사건.

일을 하여도
일을 하여도 나의 생활은 나아지지 않는구나
가만히 손을 들여다본다

동쪽 바다 작은 섬 바닷가 백사장에서
나 울다 젖은 채로
게와 어울려 노네

또한 다쿠보쿠는 한일 병합을 일본이 이웃 나라를 강압적으로 점령한 부당한 행위로 보며, 이를 안타까워하는 다음과 같은 단가를 남기기도 하였다.

지도 위 조선이라는 나라에
새까맣게 되도록 먹을 칠하며
가을바람 소리를 듣노라

아쿠타가와 류노스케

芥川龍之介(1892~1927)

일본 유명 문학상 아쿠타가와상의 원천인 작가

다이쇼 시대에 활약한 소설가이다. 도쿄제국대학 재학 중 집필한 소설 〈라쇼몽羅生門〉, 〈코鼻〉 등이 나쓰메 소세키의 높은 평가를 받으며 등단하였고, 10년이 조금 넘는 짧은 기간 동안 수많은 걸작 단편소설을 발표하였다. 그러나 정신적 불안에 시달리다 36세에 자살하였다.

1935년 친구이자 문예춘추사 사주였던 작가 기쿠치 간菊池寬이 그의 공적을 기리는 '아쿠타가와상'을 제정하였으며, 이 상은 오늘날 일본 최고 권위의 문학상 중 하나로 자리 잡았다.

***

아버지의 사업 실패와 어머니의 정신질환 때문에 불우한 어린 시절을 보내다 11세 때 어머니를 여의고 12세에 외삼촌에게 입양되었다. 본래 성은 니하라新原였으나 이때부터 외가의 성인 '아쿠타가와'를 쓰게 되었다.

1913년, 도쿄제국대학에 입학하여 재학 중인 1915년 〈제국문학〉에 대표작 〈라쇼몽〉을, 1916년 제4차 〈신사조新思潮〉에 〈코〉를,

〈신소설〉에 〈참마죽芋粥〉을 발표하여, 나쓰메 소세키의 격찬을 받았고 문단에 진출했다. 매주 목요일에 소세키의 자택에서 당대 문인들과 학자들이 모여 다양한 주제에 대해 논의하던 '목요회'에도 참여하였다.

대학 졸업 후, 해군기관학교에서 2년 반 정도 영어 교사를 하면서 소설 쓰기를 병행하였다. 그 후 교직에서 물러나 오사카의 마이니치 신문사에 입사하여 본격적인 창작 활동(출근 의무 없이 신문에 기고하는 것이 주된 일이므로)을 하였다. 신문사 해외 시찰원으로 중국을 방문하여 다양한 곳을 취재하여 그 결과를 〈상해유기上海遊記〉, 〈강남유기江南遊記〉 등으로 발표하였다.

1918년에는 〈거미줄蜘蛛の糸〉, 〈지옥변地獄変〉 등을 발표하였다. 〈거미줄〉은 〈라쇼몽〉이나 〈코〉처럼 인간의 에고이즘을 다룬 소설이고, 〈지옥변〉은 예술을 위해서라면 어떤 희생도 감수하고자 하는 화가를 주인공으로 하는 소설로서 작가 자신의 예술지상주의적 사고를 드러낸 작품이다. 아쿠타가와는 순수 창작소설을 쓰기도 했지만 고전, 설화 등에 나오는 소재를 근대적으로 해석하여 각색한 소설도 많이 썼다.

그러나 본래 위장병 등으로 병약했던 체질에다 어머니처럼 자신도 언제 발작할지 모른다는 불안과 장래에 대한 막연한 초조함 때문에 극심한 스트레스와 불면증에 시달렸다. 그러다 1927년 7월 24일, 〈어느 옛 벗에게 남기는 수기或舊友へ送る手記〉라는 유서를 남기고

수면제를 과다 복용해 35세에 음독자살하였다. 죽기 전 〈하동河童〉, 〈톱니바퀴齒車〉 등 자신의 불안정한 심정을 반영한 사소설私小說을 남기기도 했다

한편 앞서 본 바와 같이 "아쿠타가와 류노스케상芥川龍之介賞"은 〈문예춘추〉를 창간한 기쿠치 간이 제정하였으나, 1938년부터는 일본문학진흥회가 주관하고 있다. 이 상은 매년 상·하반기에 두 차례 시상되며, 일본 순수문학계에서 가장 권위 있는 신인상으로 운영된다.

아쿠타가와는 자살로 생을 마감하였다. 다자이 오사무, 가와바타 야스나리, 미시마 유키오 등도 같은 도쿄제국대학 출신으로서 자살했다는 공통점을 지니고 있다. 자살 방법은 제각각이지만(다자이는 투신, 가와바타는 가스 흡입, 미시마는 할복, 그리고 아쿠타가와는 음독), 모두 도쿄제국대학이라는 명문 대학 출신이라는 점에서 이채롭다.

미야자와 겐지

宮沢賢治(1896~1933)

〈은하철도의 밤〉을 쓴 순결한 영혼의 동화 작가

다이쇼 및 쇼와 초기 시대의 동화童話 작가이자 시인이다. 고향 이와테현에서 농학교 교사 및 농업 지도자로 활동하며 창작 활동을 병행하였고, 향토애가 짙은 서정적 작품을 다수 남겼다. 생전에는 큰 주목을 받지 못했으나 사후에 높은 평가를 받아 국민 작가의 반열에 올랐다. 대표작은 시집 《봄과 수라修羅》, 애니메이션 〈은하철도 999〉의 모티브가 된 〈은하철도의 밤〉 등이다.

***

미야자와는 이와테현의 유복한 가정에서 태어나 어린 시절을 큰 어려움 없이 지냈다. 그러나 아버지가 전당포를 하는 고리대금업자였기 때문에, 흉작으로 곤궁에 처한 농민들이 물건을 맡기고 돈을 빌리는 모습을 자주 목격하고선 이를 안타까워하고 부끄러워하였다. 때문에 가난한 농민들이 보다 나은 생활을 할 수 있는 세상을 만들기 위해 노력하였다.

그는 자신의 동화가 모두에게 행복을 전하는 계기가 되기를 바라며 작품 활동을 하였다. 그래서 작품 속에 이상향을 등장시키며, 그 이름을 고향인 이와테의 에스페란토식 발음인 "이하토보Ihatovo"라고 명명하였다.

시집《봄과 수라》, 단편집《주문이 많은 요리점》을 자비로 출판하였으나 거의 팔리지 않았다. 1921년에 어린 누이와 새끼 여우의 교류를 그린 동화 〈눈 날리는 곳〉이 잡지에 실려 원고료를 받았으나 이것이 생애 유일한 원고료 수입이었다.

사랑하는 누이 토시가 세상을 떠나던 날의 감회를 노래한 시 〈영결永訣의 아침〉이 많은 이들의 마음을 울렸다. 이후 겐지는 농민을 도우려면 교사를 하는 것보다는 농민과 같은 생활을 하는 것이 낫다고 생각하였다. 1926년 교사를 그만두고 농촌에 들어가 농민들에게 무료로 농업 기술, 음악, 시, 동화 등을 가르쳤다.

"온 세계가 행복하지 않으면 개인의 행복도 있을 수 없다. 온 세계가 행복해진다면 나는 어찌 되어도 좋다. 나는 다른 사람들을 위해 살아가겠다"고 다짐하였다. 이상의 세계, '이하토보'를 이 땅에 실현시키기 위해 독신으로 살다가 38세의 나이에 폐렴으로 사망하였다.

그 뒤 겐지의 동생은 유품을 정리하던 중 그가 생전에 썼던 100여 편의 동화와 400여 편의 시를 발견하여 이를 출간하였다. 생전에 빛을 보지 못했던 그의 작품들이 세상에 알려지며 많은 이들에게 사랑을 받게 되고 또한 영감을 주었다. 예컨대 〈은하철도의 밤〉은 일본 애니메이션 〈은하철도 999〉의 모티프가 되었다.

겐지의 모든 업적은 그가 죽은 후에야 드러났고 뒤늦게 국민의 사랑을 받게 되었다. 그의 수첩에 적혀 있던 시 〈비에도 지지 않고〉• 는 윤동주의 〈서시〉처럼 나중에야 국민의 사랑을 받는 시가 되었다. 겐지는 국민 작가의 반열에 올랐고, 그의 작품이나 삶은 "진짜 행복이란 무엇인가?"라는 물음을 현대 일본인에게 던지고 있다.

• 비에도 지지 않고,/ 바람에도 지지 않고/ 눈보라에도, 여름의 더위에도 지지 않는/ 튼튼한 몸과 욕심 없는 마음으로/ 결코 화내지 않고 언제나 조용히 웃음 짓고/ 하루에 현미 네 홉과 된장과 나물을 조금 먹으며/ 모든 일에 내 잇속을 챙기지 않고/ 잘 보고 듣고 깨달아 그래서 잊지 않고/ 들판 소나무 숲 그늘 아래 작은 오두막에 살고/ 동쪽에 아픈 아이가 있다면 가서 돌보아 주고/ 서쪽에 고단한 어머니가 있다면 가서 볏짐을 날라 주고/ 남쪽에 죽어가는 사람이 있다면 가서 두려움을 달래주고/ 북쪽에 다툼이나 소송이 있다면 부질없는 일이니 그만두라 말하고/ 가뭄이 들면 눈물 흘리고/ 추위 닥친 여름이면 걱정하며 허둥대고/ 모두에게 바보라 불리고, 칭찬도 듣지 않지만 걱정거리가 없는/ 그런 사람이 나는 되고 싶다.

쓰다 우메코

津田梅子(1864~1929)

7세에 미국 유학을 한 일본 여성 교육의 선구자

메이지, 다이쇼 시대의 교육자로서 일본 최초의 여자 대학인 여자영학숙女子英學塾(현재 쓰다주쿠대학)을 설립한 일본 여성 교육의 선구자이다. 1871년, 7세의 나이에 이와쿠라 사절단 일원으로 미국으로 출국, 11년 후 귀국하여 영어 교사로 일하기도 하고, 이토 히로부미의 통역 겸 아이들의 가정교사로 일하기도 하였다. 1889년 다시 미국으로 건너갔다가 귀국하여 여자영학숙을 설립하였고, 평생 독신으로 살며 고등교육을 통해 여성의 지위를 향상시키기 위하여 노력하였다. 2024년 하반기부터 통용되는 5천 엔권 지폐에 초상 인물로 등장하였다.

***

1871년 7세의 우메코는 여자 유학생으로 선발되어 이와쿠라 사절단과 함께 미국으로 건너갔다.• 유학비용은 당연히 관비官費로 지급

• 우메코의 아버지는 에도 막부의 신하이자 농학자였던 쓰다 센(津田仙)으로 우메코는 평범한 가정의 차녀로 태어났다. 쓰다 센은 1871년 개척사(開拓使) 촉

되었으며 유학 기간은 10년이었다. 당시 여자 유학생은 5명이었고 우메코가 가장 어렸다. 그 가운데 2명은 조기 귀국하였으나 우메코 등 3명은 계획대로 장기 체재하였다. 7세의 어린 여자아이를 10년 기간으로 미국에 유학 보낸다는 것은 실로 대담한 정책이 아닐 수 없다. 우메코는 미국인 랑만 씨 가정에서 생활하며 피아노도 배우고 학업을 이어갔으며, 1873년에는 기독교인이 되었다.

11년 후인 1882년 귀국하였으나 당시 일본은 여성이 사회활동을 하기에 좋은 환경이 아니었다. 주변에서는 결혼하여 평범한 여자로 살아갈 것을 권유하고 구체적으로 혼담을 진행되었으나 우메코는 이를 사양하였다. 이때 이토 히로부미의 권유에 따라 그의 집에 들어가 아이들의 영어 가정교사를 하고 이토의 통역을 맡기도 하였다•. 이토와 우메코는 이와쿠라 사절단의 일원으로 함께 도미한 인연이 있었다.

그 후 이토의 주선으로 귀족 가문의 딸들을 교육하는 화족여학교 등에서 영어 교사로 근무하였다. 여전히 주변에서 결혼을 권유하였으나, 우메코는 평생 독신으로 살면서 여성의 지위 향상에 노력할 계획을 세웠다.

탁(囑託)이 되었고 우메코를 유학생 선발에 응모토록 하였다.

• 우메코가 이토의 집에서 가정교사를 할 때 이토의 권유에 따라 바자회를 열어 모은 성금을 병원에 기부하였다. 이것이 일본 최초의 바자회이다.

1889년 다시 미국으로 건너가 브린모어칼리지에서 생물학을 전공하였다. 졸업 후에는 일본 여성들이 자립하여 살아갈 수 있도록 여성 교육에 전념하기로 마음먹고, 1900년 귀국하여 여자영학숙을 개설하였다. 영어 교육과 개성을 존중하는 교육을 중심으로 한 여성 고등교육의 터전이었다. 한 가지 흥미로운 점은, 우메코의 영어 실력은 모국어 수준인 반면 일본어는 외국인이 배운 듯 서툴렀다는 것이다. 어린 시절부터 11년간 미국 유학을 하여 귀국했을 때 우메코는 일본어를 완전히 잊고 있었다.

한편 그의 완벽한 영어 실력과 미국에 대한 깊은 이해를 바탕으로 필라델피아의 모리스 부인, 브린모어칼리지 학장인 M. 캐리 토머스 등 많은 미국인들의 성금을 모아 우메코는 학교를 설립할 수 있었고, 또한 모리스 부인 등 미국인의 협조로 일본 여성을 미국에 유학 보내기 위한 장학금을 창설할 수 있었다. 또한 1905년에는 일본기독교여자청년회YWCA를 창립하여 회장이 되었다.

그 시절 7세 남짓 어린 여자아이를 10년씩이나 유학을 시킨 메이지 정부는 물론, 어린 딸을 미국으로 유학 보낸 아버지도 참으로 대담하고 진취적인 결정을 한 것이다. 우메코도 기대에 어긋나지 않게 여성 교육과 미국과의 교류를 통해 일본 근대화에 기여하였다. 진취적 기상이 시들어가는 지금, 일본에서 우메코를 지폐의 초상 인물로 등장시킨 이유를 이해할 만하다.

요사노 아키코

與謝野晶子(1878~1942)

여성의 자립과 연애의 자유를 주장한 정열의 가인

메이지·쇼와 시대에 활동했던 가인歌人, 시인, 평론가이다. 여성의 자립과 연애를 주제로 수많은 시가詩歌를 남겼다. 1901년 시가집 《흐트러진 머리카락》을 출판하여 큰 반향을 불러일으켜 '정열의 가인'이라 불렸다. 또 러일전쟁에 참전한 동생의 무사 귀환을 기원하는 시 〈님이여, 죽지 마소서〉가 반전反戰을 둘러싼 사회문제가 되기도 하였다. 대표적 신여성 중 한 명으로 여성해방 운동에 적극 참여하였다.

***

1878년, 오사카 사카이시의 화과자점 셋째 딸로 태어나 집안일을 돌보면서도 틈틈이 《겐지 이야기》, 《마쿠라노소시》 등 일본의 고전 명작과 제국대학에 들어간 오빠가 보내준 당대의 문예 잡지들을 읽으며 작가의 꿈을 키웠다.

1900년 도쿄에서 요사노 뎃칸이 주관하는 시가 잡지 〈명성明星〉에 투고하여 뎃칸의 찬사를 받은 것을 계기로 본격적으로 작품 활동에 나섰다. 스승과 제자로 만난 아키코와 뎃칸 두 사람은 연인 관계로 발전하였다. 이후 아키코와 뎃칸은 결혼하였고 자녀를 11명이나 출산하였다. 뎃칸은 기혼자였으나 본처와 이혼하고 아키코와 결혼하였다.

1901년 출판한 시집《흐트러진 머리카락》이 여성의 정열을 노래하여 그동안 억눌려 살던 많은 여성들의 공감을 얻었다. 작가 자신의 연애 경험을 바탕으로 당시로서는 솔직하고 과감한 표현을 사용하였다. 그러나 이에 익숙하지 않은 남성 중심의 사회로부터 발칙하다는 비난을 받기도 했다.

1904년에는 러일전쟁에 참전한 동생의 무사 귀환을 노래한 시 〈님이여, 죽지 마소서〉를 발표하자, 나라보다도 가족을 중시한 반전시反戰詩로서 비非애국적이라는 사회적 비난이 빗발쳤다.• 그렇지만 전쟁에 끌려간 청년들의 가족들에게는 공감을 충분히 샀다. 실제로 동생도 무사 귀환하였다.

그러나 요사노 아키코는 그 후 만주국으로 가서 종군 위문을 하거나, 태평양전쟁 당시 개전 시를 쓰는 등 전혀 다른 모습을 보여주기도 했다.

아키코는 여권 신장 운동에 관심을 갖고 여성을 얽매는 기존 질서

• "태평함을 들려주신다던 폐하도 어머니의 흰 머리는 이기지 못한다", "여순이 함락되든 말든 무슨 상관이냐?", "너는 죽이다 죽으라고 태어났느냐"라고 하는 등 다분히 반항적이고 전쟁을 반대하는 의미가 짙은 반전시임은 명백하다.

를 비판하는 글을 많이 썼다. 부창부수, 현모양처주의 비판, 여성의 고등교육 불필요 의견에 대한 비판 등을 통해 여성을 남성과 대등한 당당한 인간으로 회복시키려는 목적이었다.

또한 문화학원文化學院을 창립(1921)해 초대 학감에 취임하는 등 여성 교육 활동에도 적극적이었다. 그 밖에도 고전 연구에 관심을 갖고,《겐지 이야기》의 구어판을 출간하는 등 고전문학의 현대화에도 노력하였다.

아키코는 1912년 남편 뎃칸과 함께 프랑스 파리 여행을 하였는데, 거기서 조각가 오귀스트 로댕을 만나기도 했다. 그 때문인지 넷째 아들의 이름을 오귀스트로 짓기도 하였다. 문학적 재능도 뛰어났지만 사고나 행동이 진취적이고 적극적이어서 전형적인 신여성이라 할 만하다. 당시 일본에는 이러한 여성이 적지 않았다.

히라쓰카 라이초

平塚雷鳥(1886~1971)

'원래 여성은 실로 태양이었다'고 주장한
일본 페미니즘의 원조

메이지·쇼와 시대에 활약한 여성 운동가이자 평론가로, 일본 페미니즘의 원조이다. 1911년 일본 최초의 여성에 의한, 여성을 위한 현대문학 동인지 〈세이토青鞜: Blue-stocking〉를 발행하고, 1920년에 여성 운동가 이치카와 후사에와 함께 신부인협회新婦人協會를 창설하여 여성의 지위 향상에 노력하였다.

"원래 여성은 실로 태양이었다"라는 말이 〈세이토〉 창간호에 실렸다. 제 2차 세계대전 후에는 반전·평화운동에 진력하였다.

＊＊＊

라이초는 도쿄에서 아버지가 메이지 정부의 관리인 유복한 집안의 차녀로 태어나서 도쿄여자고등사범학교 부속고등여학교와 니혼여자대학 가정학과를 졸업했다. 그러나 아버지는 여성에게 학문은 필요 없고 현모양처가 되는 것이 중요하다는 완고한 생각을 갖고 있었다. 이에 반발한 라이초는 공부를 더욱 열심히 하며 특히 문학에 흥미를 갖고 22세부터 소설 쓰기를 시작하였다.

젊은 작가와 정사情死 미수 사건을 일으켜 신문에 보도되는 등 당시의 규범을 넘는 자유로운 영혼의 소유자였다. 이 사건을 계기로 라이초는 여성을 차별하는 남성 중심의 사회로부터 여성을 해방시켜야 한다는 생각을 굳혔다.

1911년 라이초는 여성 문학자들을 모아 여성에 의한, 여성을 위한 월간 문학잡지 〈세이토〉를 발행하였다. 〈세이토〉는 '푸른 스타킹'이라는 의미로 영국에서는 문화와 예술에 관심을 가진 여성의 심벌이어서, 이를 본떠 붙인 이름이다. 창간호에 실린 라이초의 발간사 중 "태초에 여성은 바로 태양이었다. 진정한 사람이었다. 지금 여성은 달이다. 다른 것에 기대어 살아가고, 다른 빛에 의해 빛나는 병자 같은 창백한 얼굴을 한 달이다. 우리는 숨겨진 우리들의 태양을 지금 되찾아야만 한다"라는 대목은 여성의 지위를 향상시키고자 하는 라이초의 강한 의지를 그대로 보여준다.

앞서 본 요사노 아키코도 응원하고 나섰다. 그러나 여성의 자유와 연애를 주제로 하는 에세이와 소설이 실린 〈세이토〉는 남성 중심 사회로부터 '남성에 대한 여성의 반란'이라는 비난을 받고, 때로는 발매금지 처분을 당하기도 하였다. 심지어 여자영학숙의 창립자인 쓰다 우메코도 〈세이토〉를 위험한 사상이 가득한 잡지라고 비판하며 학생들에게 읽지 않도록 주의를 주었다.

그러나 〈세이토〉는 당시 '여자'라는 이유로 부당한 어려움을 겪고 있던 여성들에게 위로와 자극을 주었다. 비아냥조로 붙여진 "신여성"이라는 단어를 오히려 적극적으로 받아들이며 참된 신여성이고자 한다는 결의를 다졌다.

라이초는 생각뿐만 아니라 행동도 자유로웠다. 다섯 살 연하의 화가와 두 명의 자녀를 두었지만 정식 결혼은 하지 않았다. 기존 법적 결혼 제도에서의 여성의 지위 문제를 의식한 선택이었다.

1920년 여성 운동가 이치카와 후사에와 함께 신부인협회를 창설하여 여성 참정권 운동에도 나섰다. 전 생애에 걸쳐 양성평등·여성 참정권·자유연애를 주장하고, 베트남전쟁 반대 등 반전·평화운동을 벌이다 85세에 작고하였다.

라이초는 앞서 본 요사노 아키코, 뒤에 살펴볼 이치카와 후사에와 함께 남성 중심 사회에서 여성의 지위 향상을 위해 노력한, 미워할 수 없는 '쎈 언니' 3인방이었다.

이치카와 후사에

市川房枝(1893~1981)

여성 참정권 도입의 최고 공로자, 평화 운동가

다이쇼·쇼와 시대에 활동한 여성 운동가이자 정치인으로 일본의 여성 참정권 운동의 핵심 인물이다. 소학교 교사와 신문기자를 경험한 후 1920년 히라쓰카 라이초와 함께 신부인협회를 설립하여 여성이 정치에 참여할 권리를 요구하는 등 평생 여성의 지위 향상을 위해 노력하였다. 태평양전쟁 후 국회의원이 되어 정치계에서 부정부패를 추방하는 운동을 펼쳤다.

***

이치카와는 1893년 아이치현 비사이시에서 농민의 딸로 태어났다. 당시는 여성의 지위가 낮고 남성에게 복종하는 것이 당연히 여겨지는 시대였다. 실제로 어머니가 아버지로부터 학대당하는 것을 보고 자랐기에 일찍이 여성의 지위에 대해 고민하며 성장했다. 그러나 다행히 아버지는 교육열이 강하여 딸도 공부를 시켰다.

이치카와는 아이치 여성교사학원을 졸업한 후 교사가 되었고, 이어서 1917년 나고야 신문의 첫 여성 기자가 되었다. 교사와 기자로 일하는 동안 급료의 차별, 여성만 차 심부름을 하는 등의 불평등을 체감하였다. 이후 상경하여 노동단체인 대일본노동총동맹우애회에서 근무하였다.

이치카와는 해외 여성들의 상황을 알기 위하여 영어 공부를 열심히 하였고 영어학원에서 선구적인 페미니스트 히라쓰카 라이초를 만났다. 두 사람은 여성의 지위를 높이기 위해서는 여성의 의견이 정치에 반영될 수 있어야 하고, 이를 위해 여성 참정권이 보장되어야 한다는 데 의견이 일치하였다.

그리하여 1920년에는 라이초와 함께 신부인협회를 창립하여 여성의 사회적·정치적 지위 향상을 위한 운동을 시작하였다. 이 단체는 여성의 정치 참여를 금지하는 법률을 개정하기 위한 운동을 벌였다. 그러나 해당 법률에 의해 단체 활동이 금지되자 '강연회'라는 형식으로 행사를 개최하며 운동을 계속하였다.

2년 후, 이치카와는 미국으로 건너가 2년 반 동안 체류하며 여성 참정권 운동가 앨리스 폴과 만나 경험을 전수받았다. 1924년 일본으로 돌아와 국제노동기구 도쿄지부에서 일하면서 일본 최초의 여성 참정권 단체인 일본부인유권자동맹을 결성하여 활동하였다. 여성에게 참정권이 부여되면, 군부가 억제되고 의회 정치가 튼튼해져 평등하고 평화로운 세상이 만들어질 것이라고 주장했다. 나아가 여성에게 참정권이 있었다면 일본이 파괴적인 전쟁에 참전하는 일을 막을 수 있었을 것이라고도 말했다.

그러나 이치카와도 제 2차 세계대전 중에는 전쟁에 대한 대중의 지지를 높이는 활동에 참여하였다. 이미 전쟁이 일어난 마당에 전쟁 협력을 여성 정치 참여의 첫걸음으로 삼는다는 명목이었다. 이 때문에 1950년까지는 공직 추방 대상자로 남는 불운을 겪었다. 결국 여성 참정권은 태평양전쟁이 끝나고서야 인정되었지만, 이에 이르기까지 이치카와의 공로는 실로 컸다.

1953년 주위의 권유에 따라 도쿄 참의원 선거에 출마하여 당선되었다. 이후 의원으로 활동하면서 여성의 지위 향상은 물론 선거 개혁, 정치계의 부정부패 척결, 반전·평화운동에 힘썼다.

이치카와는 사회적 평등을 위해 노력한 공로를 인정받아 1974년 '막사이사이상'을 수상하였다. 1980년 참의원 선거에서는 87세의 나이로 전국 최다득표로 당선되기도 하였다. 그의 평생에 걸친 노력이 제대로 평가받았다는 점에서 행운이었다.

스기하라 지우네

杉原千畝(1900~1986)

유대인 6천 명의 목숨을 구한 일본판 오스카 쉰들러

쇼와 시대 초기의 외교관이다. 1940년 7월 리투아니아 주재 일본영사관에 근무할 때 유대인들이 히틀러 나치 정권의 생명 위협으로부터 피하기 위하여 일본 통과 비자를 신청해 오자, 본국 외무성의 거부 지시에도 불구하고 비자를 발급하여 6천 명의 유대인의 목숨을 구하였다. '일본의 오스카 쉰들러', '열방의 의인義人'으로 불린다.

***

1900년 기후현에서 태어난 스기하라는 1918년 와세다대학 고등사범부 영어과에 입학했다가 1919년 외무성 관비 유학생으로 선발되어 대학을 중퇴하고 중국 만주공관에서 근무하였다. 동시에 외교 관련 교육기관인 하얼빈 학원에서 독일어와 러시아어를 배워 1924년 외무성의 정식 외교관이 되었다.

1939년에 리투아니아로 발령이 나기 전까지 대부분의 기간을 만주에서 근무하였으며 1937년부터는 핀란드 주재 일본공사관 공사로 근무하였다. 당시 외무성 엘리트 코스인 고등문관시험 출신이 아니었지만 러시아어 실력이 뛰어나 나름대로 요직을 차지하였다. 어렸을 적에는 일제강점기 조선 경성부에 부임한 부친을 따라 잠시 서울에서 살기도 하였다.

리투아니아 영사로 임명된 지 얼마 되지 않아 제 2차 세계대전이 발발하였다. 서유럽에서 리투아니아로 도망 온 유대인 난민과 3만 명에 이르던 리투아니아의 유대인들이 위험해진 유럽 탈출을 도모하였다. 그들은 입국 비자를 갖더라도 명목상의 목적지로 향할 제 3국의 통과 비자가 필요하였는데 그 대상으로 떠오른 나라가 시베리아를 거쳐 다다르는 일본이었다.

1940년 7월 18일 아침, 영사관에 유대인이 몰려들었다. 그는 필요한 서류와 충분한 돈이 없는 경우에는 비자를 발급하지 말라는 본국의 지침에 대하여, 영사 재량으로 통과 비자를 발급할 수 있도록 요건을 완화해 달라고 요청하였으나 본국 외무성은 이를 거부하였다.

그러나 스기하라는 유대인들의 생명을 구해야 한다는 인도적 견지에서 파면을 각오하고 네덜란드대사관에서 발급한 입국 비자에 덧붙여 일본 통과 비자를 수기로 발급하였다. 이렇게 하여 비자를 발급받은 유대인이 6천여 명에 이르렀다. 1940년 8월 31일 베를린으로 추방될 때까지 밥 먹는 시간도 아껴 가며 일한 결과였다.

일본 통과 비자를 받은 유대인들은 시베리아를 건너 블라디보스토크에 도착하였으나, 일본 외무성은 스기하라가 발행한 비자는 정부의 훈령을 무시한 불법적인 것이므로 무효라고 블라디보스토크 영사관에 통보하였다.

그러나 블라디보스토크 일본 영사인 네이 사부로根井三郎(스기하라의 하얼빈 학원 2년 후배)는 인도적 이유와, 일단 발급된 문건의 효력을 부정한 경우 발생할 문제점을 들어 본국을 설득하였고 이를 관철시켰다. 결국 블라디보스토크에 입국한 난민들은 일본을 거쳐 상하이나 미국으로 대피할 수 있었다.

스기하라는 1947년 외무성 직원 정리해고 과정에서 해고되었다. 본국의 지시에 어긋난 업무 처리 때문이었다. 이후 무역상, 번역가 등의 활동을 하며 살았다.

1969년 스기하라는 자신이 발급한 비자로 목숨을 구했다는 사람과 감격적 재회를 하였다. 이스라엘의 종교 장관 바루하후티크였다. 스기하라는 이스라엘 정부로부터 훈장을 수여받고, 1985년에는 일본인으로서는 처음으로 '야드바셈'(이스라엘의 홀로코스트 희생자를 추모하는 기념관)상을 수상하였다.

그러나 일본 정부는 이를 애써 외면하다가 2000년에야 그의 업적을 공식적으로 인정하였다. 스기하라 기념관은 현재 기후현에 남아 있으며, 이스라엘과 리투아니아에는 그를 기리는 목적으로 '스기하라'라는 이름의 도로가 있다.

스기하라는 대체로 상부의 지시나 관련 규정에 충실한 일처리에

2004년, 스기하라 지우네를 기리기 위해 리투아니아에서 발행한 우표. 스기하라의 초상, 벚꽃과 함께 당시 비자에 찍혔던 일본 총영사관 도장이 재현되어 있다.

익숙한 일본 관리와는 다르게 본국의 지시를 어기고 유대인들에게 통과 비자를 발급하였다. 위법적 업무 처리가 훗날 일본의 위상을 높여주는 결과가 되었다. 그의 결정은 인간애人間愛에 터 잡은 것이었기에 가능한 일이었다.

도고 시게노리

東鄕茂德(1882~1950)

외무대신을 두 번 지내고 전범으로 몰려
옥사한 한국계 일본인

한국계 일본인으로 정유재란 때 조선에서 끌려온 도공陶工의 후손이다. 본래의 이름은 박무덕朴茂德으로 제 2차 세계대전 중 두 번에 걸쳐 외무대신을 지냈다. 미국과의 전쟁을 피하고, 일단 시작된 전쟁을 종료하기 위해 노력한 평화주의자였으나 시대의 불운으로 전범으로 기소되어 유죄 판결을 받고 복역 중 사망하였다.

***

정유재란 때 사쓰마번(지금 가고시마현)에 끌려온 조선인 도공들은 번주의 특별관리 아래 일본인들과 별도로 조선인 마을을 형성하여 조선인 혈통을 유지하며 도자기를 제작하며 살았다. 도고東鄕 집안은 정유재란 당시 남원성 전투에서 사쓰마번 시마즈 요시히로島津義弘 부대에 잡혀 온 도공 박평의朴平意의 후손이다. 시게노리의 아버지 박수승朴壽勝은 개화기를 맞아 도자기를 만들던 가업을 산업화하여 외국에 수출함으로써 상당한 부를 쌓았고, 도고東鄕로 개성改姓하였다. 그리고 아들 시게노리를 본격적으로 공부시켰다.

시게노리는 명문 가고시마 제7고등학교를 거쳐, 도쿄제국대학 독문과에 진학해 1908년 7월 졸업한다. 법과 출신이 아니어서 합격에 불리하였으나 1912년 3수 끝에 30세의 나이에 고등문관시험 외교과에 합격했다.

아들이 외교관이 되자 아버지는 본적을 옮겨 조선인 출신이란 흔적을 없앴다. 아들의 출세에 장애가 되지 않도록 하려는 아버지의 배려였다.

독일 베를린에서 근무할 때, 5살 연하인 유대계 독일인 에디타 데 랄란데Editha de Lalande(1887~1967)를 만나 1922년 40세의 늦은 나이에 결혼하였다. 그녀는 4명의 딸과 1명의 아들을 둔 과부였다. 시게노리는 에디타와의 사이에 딸 하나를 두었다. 도고 후미히코東鄕文彦라는 외교관을 데릴사위로 맞았다. 시게노리는 1937년 독일 대사, 1938년 소련 대사를 지냈다.

1941년 도조 히데키 내각이 출범하면서 외무대신으로 입각하여 미국과의 전쟁을 피하기 위해 노력하였으나, 군부가 반대하고 진주만 공습을 감행하는 바람에 실패하였다. 그 후 도조 히데키와의 갈등으로 외무대신을 사임했다. 1945년 스즈키 간타로 내각에서 다시 외무대신으로 입각하였다. 종전을 원하는 스즈키는 줄곧 전쟁을 반대해 온 시게노리를 외무대신으로 임명하여 종전을 이끌고자 하였다.

그러나 나가사키와 히로시마에 원자폭탄이 투하되고 소련이 참전하자, 도고는 천황제만 남기고 다 양보하는 항복을 주장했고 총리인

한국계 일본인으로서 종전을 위해 노력한 외무대신 도고 시게노리의 모습.

스즈키 간타로와 천황 히로히토는 이에 찬동하였다. 도고는 이어진 히가시쿠니노미야 내각에서도 외무대신으로 유임할 것을 요청받았으나 자신의 역할은 끝났다며 사임하였다. 따라서 미주리호에서 항복 문서에 사인을 한 외무대신은 후임자 시게미쓰 마모루였다.

그러나 불운하게도 시게노리는 1946년 5월 1일에 전범으로 기소되어 진주만 공습 직전에 거짓 협상을 벌여 연합군을 기만했다는 이유로 20년 징역형을 선고받고 복역 중 1950년에 사망하였다.

시게노리를 이 책에서 소개한 것은 시게노리의 손자인 도고 가즈히코를 만나 자세한 가족사를 들었기 때문이다. 가즈히코도 네덜란드 대사를 지낸 외교관으로 안중근 의사 연구자이기도 하다.

가즈히코가 들려준 어머니 도고 이세의 다음과 같은 유언이 기억에 남는다.

"외교관으로서 명심할 것은, 정부에 진언할 것을 판단할 때 자국에 49, 상대국에 51을 놓을 것."

나는 그의 요청에 따라 가고시마 미야마美山 마을에 있는 시게노리 기념관을 방문하였다. 그 옆에는 심수관요沈壽官窯(가마)가 나란히 자리 잡고 있다.

유카와 히데키

湯川秀樹(1907~1981)

일본인의 사기를 드높여준
일본 최초의 노벨상 수상자

쇼와 시대의 이론물리학자로서 1935년 '중간자론中間子論'을 발표하여 그 공로로 1949년에 일본인으로서는 최초로 노벨 물리학상을 수상하여 패전 후 실의에 빠져 있던 일본인들의 사기를 고양시켰다. 그 후 연구 활동을 계속하면서 과학자의 사회적 책임을 자각하며 핵무기 폐지 운동이나 평화운동에 적극적으로 참여하였다. 이를 위한 '러셀-아인슈타인 선언'에 공동 선언자로 이름을 올렸다.

***

1907년 도쿄에서 지질학자인 오가와 다쿠지(나중에 유카와가의 데릴사위가 되면서 성이 '오가와'에서 '유카와'로 바뀜)의 3남으로 태어났다. 이듬해 부친이 교토제국대학의 교수로 취임하자 가족 모두가 교토로 이주하여 그곳에서 살며 1929년 교토제국대학을 졸업하였다.

어렸을 적에는 외할아버지로부터 한학을 배웠다. 대학 졸업 후 잠시 오사카나 니시노미야에서 살았지만 일생 대부분을 교토에서 보냈다. 일본의 많은 노벨상 수상 과학자들이 해외 유학을 하였지만,

유카와는 순수 일본 내 연구만으로 노벨상을 수상하였다.

대학 졸업 후 연구실 조수와 강사 생활을 시작할 무렵 원자핵原子核은 양자와 중성자로 구성되어 있는 것으로 이해되었다. 유카와는 1935년 〈소립자素粒子의 상호 작용에 대해〉라는 논문을 통해, 원자핵 내부에 양자와 중성자를 강하게 매개해주는 입자가 존재할 것이라고 이론적으로 예측하였다. 그리고 이를 중간자(현재의 '파이 중간자')로 명명하였다. 그러나 알 수 없는 입자의 존재를 주장하는 이 학설에 대해서 세계의 과학자들은 대부분 부정적이었다. 양자론 개척자인 닐스 보어도 마찬가지였다.

그러나 중간자와 비슷한 무게의 새로운 입자(뮤 입자)가 '우주선' 안에서 발견됐다고 칼 데이비드 앤더슨이 발표함으로써 유카와의 중간자론은 세계적으로 주목받게 됐다. 그리하여 유카와는 1943년 최연소로 일본국 문화훈장을 수상했다. 더 나아가 1947년에 세실 프랭크 파월 등이 실제로 '파이 중간자'를 발견함으로써 유카와 이론이 증명돼 이러한 공적을 인정받아 1949년 노벨 물리학상을 수상하였다.

아시아인 노벨상 수상자로서는 인도의 작가 라빈드라나트 타고르나 물리학자 찬드라세카라 벵카타 라만에 이은 세 번째였고, 일본인으로서는 최초였다. 이 소식은 패전과 연합국 점령으로 실의에 빠져 있던 일본 국민에게 큰 힘을 주었다.

그리고 전후에는 반핵·평화 운동에 적극적으로 참여하여 '러셀-아인슈타인 선언'에 막스 보른, 퍼시 브리지먼 등과 함께 공동 선언자로 이름을 올렸다.

한편, 흥미롭게도 1965년 노벨 물리학상을 받은 도모나가 신이치로는 유카와 히데키와 교토 제3고등학교, 교토제국대학 동기동창으로, 평생의 동료이자 라이벌이었다. 두 친구가 16년 간격을 두고 노벨상을 수상한 것은 대단하고 부러운 일이 아닐 수 없다.

2025년 현재 일본 국적의 노벨상 수상자는 25명(단체 1개 제외)에 이르고 있다. 그 시작을 끊은 사람이 바로 유카와 히데키였고, 특히 일본이 패전 후 실의에 빠져 있을 때 이룬 수상이었기에 그의 노벨상 수상은 특별한 의미를 지닌다.

요시다 시게루

吉田茂(1878~1967)

전후 일본을 재건한
보수 본류의 시조 격 정치인

제 2차 세계대전 이후 1946년 5월 45대 총리에 취임했다가 1947년 5월 퇴임하였고, 1948년 10월 다시 48대 총리로 취임해 1954년 12월 51대 총리로 퇴임하였다. 일본 보수 본류의 시조 격인 정치가로 평가된다.

재직 중 GHQ(연합군 최고사령부)와 협력하며 1946년 11월 일본국 헌법을 제정하고 일본을 재건하는 국가 전략을 세웠다. 1951년에는 샌프란시스코 평화조약을 체결하여 일본을 명실상부한 독립국가로 이끌었다.

***

1878년 도쿄에서 태어나 1906년 도쿄제국대학 법학부 정치과를 졸업하고 같은 해 외교관 및 영사관 시험에 합격해 외무성에 들어갔다. 이탈리아, 영국 등에서 직업 외교관 생활을 하다가 외무차관을 마지막으로 1939년에 퇴직하였다. 이후 일본이 패전하기까지 은밀히 반전 운동을 하였으며, 전후 첫 내각인 히가시쿠니노미야 내각에서 외무대신으로 등용되었다가 1946년 5월 제 45대 총리가 되었다.

그러나 그가 속한 자유당은 1947년 5월 총선에서 제 2당이 됨으로써 총리직에서 물러났다. 1948년 10월 15일 다시 총리로 돌아와 집권한 이후 계속 선거에서 승리하여 1954년 12월까지 총리직을 수행하였다.

그가 재직 중 제정·공포된 일본국 헌법은 천황을 국가의 상징으로 하고, 국민 주권과 기본권 보장을 규정하고, 제 9조에서는 "전쟁의 포기, 전력의 불보유, 교전권의 부인"을 명시하여 "평화 헌법平和憲法"으로도 불린다.

요시다는 사실상 GHQ의 지도 아래 만들어진 이 평화헌법을 지지하며, 최소한의 방위력만 보유한 채 미국으로부터 안전을 보장받는 정책을 썼다. 그리하여 일본과 미국은 1951년에 미일 안전보장조약을 체결하였다.

그는 경제성장에 주력하지 않을 경우 빈곤과 가난이 심각해져 공산주의자들의 영향력이 강해지리라고 생각했다 이러한 요시다의 국가 전략 노선은 일본이 미국으로부터 안전을 보장받으며 경제성장을 이루어 평화와 번영을 누리게 되는 기반이 되었다. 그러나 당시에도 평화헌법에 반대하며 재무장을 주장하는 정치적 라이벌인 하토야마 이치로 등의 반대가 거셌으며, 이 문제는 지금까지도 일본의 핫 이슈가 되어 왔다.

1951년 9월 8일에는 제 2차 세계대전을 종식시키기 위해 일본과 연합국 48개국이 미국 샌프란시스코에서 평화조약을 체결함으로써 일본은 완전한 독립을 회복하였다. 요시다는 이 조약문을 화해와 신뢰의 문서로 평가하고 일본에 대한 배려라고 연합국에 감사를 표하기도 했다. 그러나 오키나와에 대한 미국의 점령이 계속되는 것에 유감을 표하고 일본 경제 발전에 협력해줄 것을 촉구하였다. 같은 날 미일 안전보장조약이 체결되었다.

1953년에는 의회 질의응답 과정에서 야당 의원인 니시무라 에이이치와 언쟁 중 "바카야로(바보)"라고 혼잣말로 욕을 했는데, 이 발언이 알려져 내각 불신임결의가 이루어지고 의회가 해산되는 일도 있었다. 이 사건을 '바카야로 해산'이라고 부른다.

그러나 그의 재임 중 발발한 한국전쟁은 일본 경제에 큰 도움을 주었다. 그래서 요시다가 한국전쟁 발발을 행운으로 여기는 발언을 했다는 소문의 진위와 그 구체적 내용을 둘러싸고 논란이 되기도 하였다. 아무튼 그는 전후 일본의 재건 과정에서 큰 역할을 한 정치가로서 5대에 걸친 집권기간이 7년 2개월에 이르러, 전후 일본에서 재임 기간이 아베 신조, 사토 에이사쿠 다음으로 긴 장수 총리였다.

요시다 시게루는 독일의 콘라트 아데나워 총리, 우리나라 이승만 대통령과 여러모로 비슷한 점이 많다. 모두 강한 반공주의자이고 각각 군부, 나치, 식민 지배국의 탄압을 당했으며, 전후 점령군과의 마찰을 극복하고 외교를 통해 국익을 극대화했다는 점에서 그러하다.•

• 요시다 시게루가 총리로 재직할 때 소속 정당은 자유당이었으나 그가 퇴임한 다음 해인 1955년 자유당과 민주당이 합당하여 현재의 자유민주당(자민당)이 되었다. 요시다는 1957년 자민당에 입당하면서 보수의 원로로서 활약하였다.

마쓰시타 고노스케

松下幸之助(1894~1989)

일본식 경영방식과 철학을 창출한 경영의 신

노동자로 시작하여 세계적 대기업을 일군 사업가로 '경영의 신'으로 불린다. 독창적 아이디어로 전기산업 발전에 공헌하는 한편, 독자적 경영사상과 근로관을 가진 철학자로서 물심양면의 번영에 의한 평화와 행복을 추구하는 PHP Peace and Happiness through Prosperity 운동을 전개하였으며, 일본의 정치를 개혁하기 위한 인재 양성 목적으로 마쓰시타 정경학원松下政経塾을 창설하여 일본 사회에 큰 영향을 미쳤다.

***

와카야마현 가이소군에서 태어나 9살의 어린 나이에 소학교 4학년을 중퇴하고 오사카로 올라가 화로를 제조·판매하는 상점에서 3개월간 견습공으로, 자전거 점포에서 5년간 점원으로 일했다. 이어서 1910년에 오사카 전등회사에 취업하여 전기를 만나게 된다.

1917년에 독립하여 '2등용燈用 소켓'을 만들고, 이듬해 오사카의 오히라의 조그만 2층 집을 빌려 '마쓰시타 전기기구 제작소'를 설립하여, '어태치먼트(연결) 플러그'를 생산하기 시작한다. 이런 신제품들은 한 개의 전원에서 여러 개의 배선이 가능하고, 한 개의 소켓에 두 개의 등을 밝힐 수 있게 하여 큰 인기를 얻었다. 또한, 자전거용 전기 램프도 발명하여 히트 상품이 되었다.

1931년에는 NHK 방송국이 값싸게 라디오를 보급하기 위한 목적으로 행한 표준형 수신기 콩쿠르에서 마쓰시타 제품이 1등으로 당선됨으로써 대량생산을 하게 되어 큰 수익을 올리게 되었다. 사업 규모가 커지자 사업부제事業部制를 채택하여 세부 전문화하였다.

2차 세계대전이 발발하자 무선기기, 레이더, 항공기용 전기기기 등을 생산하였다. 그 때문에 패전 후 GHQ로부터 '재벌'로 지정되어 공직 추방의 대상이 되었다. 그러나 1947년 노조의 항의로 공직 추방이 취소되어 복권되었다. 사장으로 복귀한 1955년에는 소득세 납부액 전국 1위를 차지하기도 하였다.

그 뒤 3종三種 신기神器라고도 불리는 흑백텔레비전, 냉장고, 세탁기의 생산 보급으로 파나소닉 브랜드를 세계적 브랜드로 만들었다.

마쓰시타는 연공서열제(경력에 따라 승진을 시키는 인사제도)와 종신고용제를 시행하여 근로자의 생활 안정을 도모하였다. 예컨대, 1930년대 심각한 불경기로 많은 회사들이 직원들을 해고했지만, 마쓰시타는 한 명의 직원도 해고하지 않았다. 정리 해고와 임금 삭감을 하지 않는 대신 노동자들이 적극적으로 나서서 재고를 모두 소진하기로 타협하였다. 그 약속은 이루어졌다. 원원하는 노사관계의 전형이었다.

마쓰시타 고노스케의 모습.
일본 국회도서관 소장.

1965년 4월부터는 주 5일 근무제를 실시하여 직원들이 적당한 휴식으로 노동 의욕을 높일 수 있도록 하였다.

마쓰시타 전기산업은 물심양면의 번영에 의한 평화와 행복을 추구하는 PHP 운동을 전개하였으며, 1979년에는 일본의 정치를 개혁하기 위한 인재 양성 목적으로 '마쓰시타 정경학원'을 창설하였다. 여기에서 노다 총리를 비롯한 수많은 정치인들이 배출되었다. 또한 마쓰시타의 파나소닉이 출연한 기금으로 세계적 권위가 인정된 '도쿄 국제상'이 운영되고 있다. 이처럼 그는 경제뿐만이 아니라 정치, 사회 면에서도 일본 사회에 큰 영향을 미쳤다.

번영의 쇼와 시대가 막을 내린 지 4개월 후, 그는 94세 나이로 세상을 떴다.

마쓰시타는 기업인으로서는 드물게 국민적 영웅 대접을 받는다. 《일본을 만든 12인》에서 사카이야 다이이치는 그 이유를 다음과 같이 분석한다.

첫째, 소학교 중퇴의 학력으로 세계적 대기업을 일군 입신출세의 성공 스토리 때문이다. 특히 체구도 작고 몸이 허약했음에도 모든 난관을 극복한 것이 마치 도요토미 히데요시와 비견된다는 것이다.

둘째, 그의 성공의 도정道程이 신선하다는 점이다. 개량 소켓, 자전거용 전지, 보급형 라디오, 3종 신기인 텔레비전·냉장고·세탁기 등 소비자 친화적 제품을 생산하는 혁신성이 그렇다. 정부의 보호·보조 없이 순수하게 자신의 실력과 능력으로 이룬 성과이기 때문이다.

셋째, 종신고용이라는 일본식 경영을 시행한 점이다. 종신고용은 일본의 전통이 아니었다. 대공황 시기인 1930년경 마쓰시타는 종업원을 해고하지 않고 반일 조업, 재고 처리에 전 직원이 함께 나서는 등의 방법으로 난국을 극복하고 종업원의 생활을 책임진다는 발상을 했다. 이렇게 시작된 종신고용이 일본 기업의 관행이 되었다. 물론 지금은 문제점이 지적되고 있으나, 그 시대에는 효과적으로 작동하였다. 무엇보다 인간애가 바탕에 있었음을 생각하면 결코 저평가할 일은 아니다. 특히 마쓰시타는 기술 개발자이면서도 인간관계를 중시하여, 특히 판매망인 대리점을 잘 관리하였으며, 사업부제를 도입하고 집단주의적 의사결정을 존중하였다.

넷째, PHP 운동을 발안하여 실시한 점이다. 그 배경은 다음과 같은 마쓰시타의 경영 철학이다. 국민에게 편리한 제품을 대량으로 값

싸게 공급하여 소비자의 생활 개선에 기여함과 동시에 사원의 임금 인상과 대리점의 수익 증대를 꾀한다. 이는 근면하게 일할 때 가능하며 모두가 행복해지는 길이기 때문이다.

이케다 하야토

池田勇人(1899~1965)

소득배증계획의 성공적 실천으로
일본을 경제대국으로 이끈 총리

경제관료 출신 정치인으로 1960년 7월부터 도쿄올림픽이 끝난 1964년 11월까지 총리를 지냈다. 총리 재임 시 10년 내 국민소득을 2배로 늘리는 것을 목표로 하는 소득배증계획所得倍增計劃을 내세웠으며, 실제로 일본 경제는 연평균 10.9% 성장하여 7년 만에 목표를 달성하여 전후 일본을 경제대국으로 이끌었다. 후임 총리이자 라이벌인 사토 에이사쿠와 함께 자민당의 최전성기를 열었다.

***

구마모토 제5고등학교를 거쳐 교토제국대학 법학부를 졸업하고 1925년 고등문관시험에 합격하여 대장성 관료를 시작으로 공직에 입문하였다. 그러나 아내와 사별하고 본인도 병세가 악화되어 치료차 휴직하는 등 어려운 관료 생활을 이어 나갔다. 보직에 있어 이른바 출세 코스에서는 벗어나 있었다. 그러나 실력을 키우고 인내심 있게 기회를 기다렸고, 종전終戰으로 대장성 상층부가 GHQ에 의해 공직에서 추방되자 이케다는 일약 사무차관에 올랐다. 행운이었다.

사무차관에서 물러난 뒤 1949년 중의원에 당선되어 요시다 내각의 대장대신으로 파격적으로 발탁되었다. 이것도 드문 케이스의 행운이었다. 3차 요시다 내각에서 통산대신도 겸임하며 요시다 시게루의 오른팔이자 경제 참모로서 중추적 역할을 맡았다. 이후 이케다는 보수당의 제1재정통으로 이시바시 내각과 기시 내각에서도 여러 부처의 대신으로 재직하였다.

1960년 '60년 안보'• 문제로 기시 노부스케 내각이 총사퇴하자 자민당 총재가 되어 내각 총리대신으로 취임하였다. 그때까지 이케다는 '요시다 학교의 우등생' 정도로 여겨졌으나 이후 본격적으로 실력을 발휘하기 시작하였다. '관용과 인내'라는 슬로건 아래 '이케다는 정직하며 경제는 이케다'라고 내세웠고 '소득배증계획'을 수립하여 추진하였다. 이를 통해 미일 안보 문제로 뒤숭숭한 사회 분위기를 경제문제로 전환시켰고, 관민의 관심을 일본 경제 발전에 집중시켰다. 말하자면 "문제는 경제야, 바보들아!"라는 후대의 슬로건의 선구자였던 셈이다.

이케다는 10년 안에 국민소득을 두 배로 늘리겠다는 목표를 제시하고 국민이 체감할 수 있는 구체적이고 현실적인 정책들을 순차적으로 발표하였다. 다행히 소득배증계획 발표 무렵부터 일본 경제는 호황기로 접어들어 고도성장을 시작하였다. 1960년대에 연평균

• 1951년 10년의 기간을 정해 체결된 미일 안전보장조약의 연장 등을 둘러싸고 일본 사회에서 발생한 논쟁이다.

10.9%의 고도성장이 지속되어 목표를 앞당겨 7년 만에 달성하였다. '신무神武 이래의 호경기'로 불릴 정도로 일본 역사상 최고의 호경기였다.

이 모든 것은 그가 경제관료로서의 전문성과 경륜을 갖추고, 원칙에 충실하였기 때문이다. 제 3차 요시다 내각의 대장대신이었을 때, 그는 의회에서 "중소기업이 도산하고 업주가 자살해도 어쩔 수 없다", "가난한 사람은 보리라도 먹으라"라고 발언한 것으로 보도되어 큰 비난을 받았다. 그 취지는 "부실한 기업은 속히 청산해서 다른 기업의 발목을 잡는 일이 없도록 해야 하고, 서민들이 보리를 먹게 되더라도 경제기조를 바꿔서는 안 된다"는 기본 원칙을 밝힌 것이었다. 그러나 언론은 이를 비틀고 선정적으로 보도하여 많은 사람들의 공분公憤을 자아냈고 요시다 내각의 지지율을 크게 깎아 먹는 결과가 되었다.

실제로 이케다는 '자살'이라는 표현도 사용하지 않았다고 말한다. 당시는 전후 불황기로 인플레이션 억제를 위해 닷지• 라인이라는 강력한 긴축재정성책을 실행하던 시기이기도 하였다. 이러한 상황에서 이케다는 경제 원칙에 충실하였을 뿐이었다. 그러나 이케다는 언론에 항의하거나 화내지 않고 대범하게 넘어갔다. 이케다의 그런 태

• 닷지는 당시 주일 미국공사로서 악성 인플레이션을 막기 위하여 일본 정부에 강력한 긴축재정을 촉구했던 인물이다.

도가 대중으로부터 인기를 얻는 또 다른 원인이 되었다.

이케다는 요시다 내각에서는 긴축재정 정책을 추진했으나, 그 후 1950년대 중반 이시바시 내각에서는 적극재정, 계획유도 정책으로 전환하였다. 시대 상황의 변화에 따른 정책 전환이었다. 자신이 총리에 오르자, 보다 적극적으로 '소득배증계획'을 들고 나온 것이다. 아울러 감세·사회보장·공공사업을 세 축으로 하여 경제정책을 추진하였다. 경공업 중심에서 중공업 중심으로의 전환이 이 시기에 이루어졌다.

그가 내세운 정치적 기조는 '관용과 인내'였다.• 반대파를 관용하고 인내를 갖고 대화하는 저자세 정책이었다. 이러한 개인적 매력과 정책적 성과 때문에 이케다는 국민의 큰 지지를 받았다.

그는 도쿄올림픽이 성공적으로 끝난 1964년 말 후두암 발병으로 총리직에서 물러났다. 학우이면서도 평생 정치적 라이벌이었던 사토 에이사쿠에게 총리직을 물려주고 이듬해 사망하였다.••

• 이 '관용과 인내'가 후임 사토(佐藤) 총리 때는 '관용과 조화'로 진일보 변화하였고, 이것이 이후 자유민주당의 기본 자세가 되었다.

•• 사토 에이사쿠와는 구마모토 제5고등학교 동창이며, 요시다 시게루의 밑에서 함께 정치를 한 사이였지만, 내각 총리대신에 이르기까지 평생 동안 두 사람은 치열하게 경쟁한 라이벌이었다. 그러나 이케다는 마지막에 사토에게 총리직을 넘겨주었다. 친구로서의 우정과 신뢰가 있었던 모양이다.

이게다 하야토의 초상 사진.
일본 국회도서관 소장.

그가 소득배증계획을 실천하기 위하여 규격 대량생산과 효율성을 지향하다 생긴 관료주의적 폐해, 정·관·재계의 유착, 지역의 과밀過密 및 과소화過疏化 문제, 공해 등은 아직 문제로 남아 있다. 그럼에도 불구하고 그가 일본을 경제국가로 우뚝 세운 공적은 높이 평가하여야 할 것이다.

엔도 슈사쿠

遠藤周作(1923~1996)

"인간이 이렇게도 슬픈데,
주여! 바다가 너무나 푸릅니다"의 작가

쇼와 시대에 활약한 일본 소설가로서 대문호로까지 추앙받는 인물이다. 독실한 가톨릭 신자로 신학자이기도 하였으며 노벨 문학상 후보가 되기도 하였다. 많은 종교소설을 집필하였으며, 그 가운데 〈침묵〉은 그의 대표작으로 우리나라는 물론 세계 각국에서 번역되어 독자들의 사랑을 받았다. 소설 〈침묵〉은 1971년에 일본에서, 2016년에는 미국에서 영화화되었다.

***

어릴 적 12세 때 가톨릭 신자였던 이모의 영향으로 세례를 받고 가톨릭 신자가 되었다. 세례명은 바오로이다. 조치대학上智大学 예과予科를 거쳐 게이오대학慶應義塾大学 문학부 불문과를 졸업한 뒤, 1950년에 프랑스 리옹 가톨릭대학에 유학하였다.

귀국한 뒤 비평가로서 활동하였으며, 1955년 발표한 소설 〈하얀 사람〉으로 '아쿠타가와상芥川賞'을 수상하였다. 그 뒤 기독교를 주제로 한 작품들을 많이 집필하였으며, 1966년 그의 대표적 종교소설인 〈침묵〉을 발표하였다.

엔도 슈사쿠를 이 책에 소개하는 것은 그의 소설 〈침묵〉 때문이기에 그 줄거리를 간략하게 소개한다.

포르투갈의 존경받는 페레이라 신부가 일본에서 혹독한 박해에 굴복하여 배교背教했다는 소식을 들은 그의 제자 세바스티안 로드리고 신부와 프란시스 카르베 신부는 이를 확인하기 위하여 일본으로 향한다. 중간에 마카오에서 만난 일본인 기치지로의 안내를 받아 일본에 잠입하게 되고, 로드리고 신부는 곧 나가사키 봉행소로부터 쫓기는 신세가 된다. 로드리고 신부는 하나님의 기적과 승리를 기원하지만, 하나님은 '침묵'할 뿐이었다.

도망치던 로드리고 신부는 기치지로의 배신으로 밀고되어 체포되고 만다. 이 과정에서 로드리고 신부는 수많은 신자들의 죽음과 박해, 그리고 막부에 체포당해 몸이 묶인 채 바다에 던져져 순교殉教하는 신자들의 모습을 보게 된다. 또한 자신의 스승이자 신앙의 선배인 페리이라 신부를 직접 만나 그가 순교하지 않고 배교했다는 것을 확인하며 정신적 혼란은 극에 달한다.

그리고 끝내 로드리고는 자신이 배교하지 않으면 고문당하는 신자들을 구할 수 없는 상황에 처해 고뇌하게 된다. 결국 로드리고도 후미에(예수님이 그려진 그림)를 밟게 되는데, 그 위에 발을 가져다 대자 통증과 함께 거기에 그려진 예수가 말하는 것을 듣게 된다.

예수는 로드리고 신부에게 "밟아라. 성화聖畫를 밟아라! 나는 너희에게 밟히기 위해 존재하느니라. 밟는 너의 발이 아플 것이니. 그 아픔만으로 충분하느니라"고 말한다. 로드리고 신부는 하느님이 침묵하고 있었던 것이 아니라 자신들과 함께 고통받고 있었다는 것을 깨닫고 하느님의 뜻을 헤아리게 된다. 그리고 자신을 배신한 기치지로마저 용서하게 된다.

〈침묵〉은 "하느님이 존재한다면 왜 고통받는 사람들을 모른 체하는가?"라는 질문을 예수회 선교사인 로드리고를 통해 독자에게 하면서도 억지로 답을 구하려고 하지 않는다.

슈사쿠의 "인간이 이렇게도 슬픈데, 주여! 바다가 너무나 푸릅니다"(人間がこんなに哀しいのに、主よ、海があまりに碧いのです)라는 독백은 우리의 신앙적 고뇌를 아프게 표현하여 스스로 답을 찾게 하는 소설 〈침묵〉의 명문장이 아닐 수 없다. 이 구절은 나가사키 소토메에 있는 '침묵의 비'에도 새겨져 있다. 엔도 슈사쿠가 죽었을 때 그의 관에는 유언대로 〈침묵〉과 〈깊은 강〉, 그의 두 작품이 함께 넣어졌다.

이나모리 가즈오

稲盛和夫(1932~2022)

‘경영의 신’으로 불리는 교세라 창업자, 우장춘 박사의 사위

교세라京セラ, 제2전전기획주식회사第二電電企劃株式會社(지금 KDDI)의 창업주이며, 일본항공 JAL 회장을 역임한 기업인으로서 ‘경영의 신’으로 불리며 마쓰시다 고노스케와 더불어 일본에서 가장 존경받는 경영인 중 한 명으로 평가받는 인물이다. 그의 처 아사코 여사가 한국인 육종학자 우장춘 박사의 딸이어서 한국의 사위이기도 하다.

***

이나모리는 가고시마현 출신으로 가고시마대학 공학부를 졸업하고 교토에 있는 송풍공업松風工業이라는 회사에 취업하였으나 얼마 되지 않아 퇴직했다.

1959년 27세의 나이에 자본금 300만 엔을 빌려 전 직장에서 함께 근무했던 부하 직원 8명과 함께 교토에 교세라의 전신인 ‘교토 세라믹’을 설립하였다. 전 직장인 송풍공업 연구과에서 자기磁器 연구에 몰두하였던 것이 그 기반이 되었다. 다른 회사의 공장 한구석을 빌려 사업을 시작한 교토 세라믹은 소재, 반도체, 전자부품 및 완성품,

이나모리 가즈오의 모습.
미국 과학사연구소 소장.

시스템에 이르기까지 폭넓은 제품군을 갖춘 세계 유수의 우량 기업으로 발전하였다.

1984년에 전기통신사업이 자유화되자 이나모리는 민간 최초로 제2전전DDI을 설립하여 국내 장거리 전화의 요금 인하를 실현하고, 1987년에는 이동통신사업을 하는 회사 8개를 순차적으로 설립하여 전국을 망라하는 통신 네트워크를 구축하였다(이후 KDD, IDO와 합병하여 현재의 KDDI가 되었다).

1998년에는 복사기 제조사인 미타공업三田工業이 경영난에 빠져 회사갱생 신청을 하였고, 미타공업의 요청으로 지원에 나섰다. 2000년에 갱생계획 인가를 받고 그 회사를 '교세라 미타 주식회사'로 상호 변경하였다. 자회사로 삼아 경영하여 9년 예정이던 갱생계획을 2년 만에 달성하였다.

2010년 2월에는 일본항공이 법정관리에 들어가자 하토야마 유키오 총리의 부탁으로 일본항공JAL 회장으로 취임했다. 적자 경영 타개를 위한 솔선수범 차원에서 무보수를 조건으로 취임하였다. 'JAL 필로소피'를 강조하며 적극적인 사원 의식 개혁에 나서고 전 종업원의 3분의 1인 1만 6,000명에 대한 구조조정을 단행하였다. 45개 적자 노선을 폐지하고 경쟁력을 잃은 4발기(엔진이 4개인 항공기)들을 퇴역시켰다.

이러한 각고의 노력 끝에 파산 직전의 JAL을 8개월 만에 흑자로 만들고 이듬해 1,800억 엔의 영업이익을 내는 등 2년 연속 최고 실적을 기록했다. 이후 3년이 지나지 않은 기간에 일본항공을 재상장시키고 2013년 3월에 명예롭게 퇴임하였다.

그의 독특한 경영관리 기법은 '아메바 경영'•이라고 불리며, 전국에 지부를 둔 성화학원盛和塾과 출판된 다수의 경영지침서 및 자기계발서를 통해 보급되었다.

그의 경영 방식이나 관련 책자는 한국이나 중국에서도 널리 알려

• 큰 조직을 독립채산으로 운영하는 소집단으로 나누어 그 소조직(小組織)마다 리더를 임명하여 공동경영과 같은 형태로 회사를 운영하는 경영 방식이다. 이 방식에 의하면 회사 구석구석이 제대로 파악되어 세심한 회사 운영이 가능하다는 것이다. 즉 아메바 경영은, 조직을 소집단으로 나누어 시장에 직결하는 독립채산제로 운영하고, 경영자 의식을 갖는 리더를 사내에서 육성함과 동시에 전 종업원이 경영에 참여하는 '전원 참가 경영'을 실현시키는 경영 방식이다.

지고 베스트셀러가 되었다. 특히 중국에서 그러하였다. 그가 서거하였을 때 중국 외교부는 정례 회견에서 이나모리의 죽음에 애도를 표할 정도였다.

그는 마쓰시다 고노스케가 '마쓰시다 정경학원'을 개설하여 젊은 지도자를 양성한 것처럼 기업가 육성과 교육을 위해 1983년에는 젊은 경영자 공부 모임인 '성화학원'을 개설했다. 1984년에는 "사람과 세상을 위하여 헌신하는 것이 인간으로서 최고의 행위이다"라는 이나모리의 신념을 실천하기 위하여 이나모리재단稲盛財団을 설립하였다. 1985년부터는 "교토상賞"을 창설하여 인류 사회의 발전에 공적이 있는 학자들을 표창해 오고 있다.•

이나모리 가즈오의 처 아사코朝子는 한국의 육종학자 우장춘 박사의 딸이어서 이나모리는 한국의 사위인 셈이다. 축구선수 박지성과도 인연이 깊다. 박지성이 처음 프로 생활을 시작했던 일본 J리그 '교토퍼플상가'의 구단주였기 때문이다. 박지성이 일본을 떠나 네덜란드로 진출하기 직전 천황배 대회 결승전을 뛰면서 1골 1어시스트로 교토퍼플상가의 우승을 이끌었는데, 이것이 구단의 첫 우승 타이틀이었다. 이모저모로 한국과 인연이 있는 일본 기업인이다.

• 교토상은 '도쿄국제상'과 더불어 일본의 양대 상으로 매년 11월 초 시상식이 교토에서 열리며, 시상은 선진기술, 기초과학, 사상·예술의 3개 부문, 상금은 각각 1억 엔이다.

무라카미 하루키

村上春樹(1949~)

현대 일본을 대표하는 베스트셀러 작가로
강력한 노벨 문학상 후보자

현대 일본 문학을 대표하는 소설가, 수필가이자 번역가이다. 평이하면서도 감각적인 문체로 대중적이면서도 철학적인 내용을 다룬 작품을 통해 일본 국내만이 아니라 해외에서도 널리 사랑을 받으며 많은 독자층을 확보하고 있다. 한국에서도 그의 작품은 대부분 번역되었고, 출판되었다 하면 베스트셀러가 되었다. 해마다 노벨 문학상의 강력한 수상 후보로 거론된다.

***

하루키는 1949년 두 분 모두 국어 교사인 부모 사이에서 태어나, 책을 좋아하는 부모의 영향으로 어릴 적부터 책을 가까이하며 자랐다. 그러나 부모와 달리 일본 문학보다는 서구 문학에 심취하였다.

그는 1968년 와세다대학 제 1문학부 연극과에 진학하여 영화 시나리오를 탐독하며 시나리오를 집필하기도 하고, 학교 출석은 등한히 한 채 영화관이나 재즈 찻집을 드나들며 음악에 심취하였다. 그 때문인지 레코드 가게나 재즈 찻집에서 종업원으로 일하기도 하였다. 1971년에는 학생 신분으로 학교 친구인 다카하시 요코와 결혼하였다.

학교를 7년 만에 졸업하기 전인 1974년에 도쿄도의 고쿠분지시에 '피터 캣'이라는 커피숍(저녁에는 재즈바)을 개업해서 1981년까지 운영하였다. 가게 이름은 집에서 기르던 고양이의 이름에서 따온 것이었다. 그렇게 재즈 찻집을 운영하던 어느 날 야구장에서 야구 구경을 하다가 불현듯 소설가가 되고자 하는 생각이 떠올라 매일 밤 부엌 테이블에서 글을 쓰기 시작하였다.

1979년, 〈군조〉群像에 응모한《바람의 노래를 들어라》로 군조 신인문학상을 수상하며 작가로 데뷔했다. 이 소설은 미국 문학의 영향을 받은 문체로 현대의 도시 생활을 그린 작품이다.

1981년에는 소설 쓰기에 전념하기로 하고 '피터 캣' 영업도 그만두었다. 이듬해에는 장편소설《양을 쫓는 모험》을 발표해 노마문예 신인상을 탔고, 1985년에는 장편《세계의 끝과 하드보일드 원더랜드》를 발표해 다니자키 준이치로상을 수상하였다. 1986년부터 1989년까지 그리스, 이탈리아, 영국 등 유럽에 체재하며 집필 활동을 계속하였다. 이때 장편소설《노르웨이의 숲》(1987년)을 발간했는데 일본 내 소설 최대 발행 부수 신기록을 세우는 등 이른바 '하루키 신드롬'을 일으켰다.

한국에서도 마찬가지였다. 한국에서는《상실의 시대》라는 제목으로 발간되었는데 내가 하루키의 작품을 접한 것은 이 책이 처음이었다. 하루키의 소설가로서의 재능에 감탄하였던 기억이 지금도 생생하다.

이어서 1991년에는 미국으로 건너가 프린스턴대학 등에 머물며 강연, 강의, 연구 및 번역 등 문학 활동을 하다가 1995년 일본으로 돌아왔다.

1997년 3월에는 옴진리교에 의한 지하철 사린 사건 피해자들의 인터뷰를 정리한 논픽션《언더그라운드》를, 1999년에는 옴진리교 신자들과의 인터뷰를 정리한《약속된 장소》를 출판했다. 이전까지 사회문제에 무관심했던 하루키로서 새로운 변화였다.

2002년에 장편 소설《해변의 카프카》, 2004년에는《애프터 다크》를 발표하여 세계의 주목을 받았고, 하루키에 대한 국제적 평가는 날로 높아졌다.

2006년에는 프란츠 카프카상과 프랭크 오코너 국제 단편상 등 국제적인 문학상을 연거푸 수상하여 그해 노벨 문학상 후보로 떠오른 이래로 해마다 강력한 수상 후보로 등장하고 있다. 그 후로 이스라엘의 예루살렘상, 스페인 예술문학훈장 및 카탈로니아 국제상, 독일의 벨트 문학상, 덴마크의 안데르센 문학상, 미국의 아메리카 문학상, 프랑스의 치노 델 두카상, 스페인의 아스투리아스 공주상 등을 연거푸 수상하였고, 프린스턴대학을 비롯한 여러 대학으로부터 명예박사 학위를 받았다.

하루키의 진면목을 엿볼 수 있는 대목은 2009년 이스라엘의 예루살렘상 수상과 관련하여서이다. 2009년 하루키가 예루살렘상 수상자로 결정되었을 때, 당시 이스라엘은 가자 침공으로 국제적인 비난을 받고 있었으므로, 많은 독자들은 이스라엘에 가지 말라고 요청하였고 만약 불응하면 책 불매 운동을 벌이겠다고까지 경고하였다.

그러나 하루키는 고민 끝에 시상식에 참석하여 기념 연설을 하였다. 현안 문제에 시선을 돌리고 침묵하기보다는 직접 방문하여 자신의 생각을 말하고 싶었기 때문이다. 연설에서 그는 "높고 단단한 벽과 그 벽에 부딪쳐 깨지는 달걀이 있다면, 저는 달걀 편에 설 것입니다. 아무리 벽이 옳고 달걀이 잘못되었다고 하더라도 달걀 편에 설 것입니다"라며 자신의 생각을 당당히 밝혔다.

수상식에 참석한 페레스 이스라엘 대통령의 얼굴이 연설 중반부터 굳어졌다지만 많은 이스라엘 사람들은 박수로 화답하였다. 그는 일본의 침략에 대해 피해자가 "됐다"고 할 때까지 사과해야 하며 사죄는 부끄러운 일이 아니라고 말하는 등 적극적 활동은 아니더라도 할 말은 하는 양심적 작가이다.

하루키는 재즈, 록, 클래식 등 서양 문화 등에 대한 큰 관심, 장기간의 해외 생활 경험과 외국어 능력 등에 있어서 여느 일본 작가들과는 달라, 그의 작품 세계도 일본적인 것을 넘어 세계적 보편성에 접근하고 있다.

이 점이 세계적 명성을 얻는 요소이기도 하지만 일본 내에서는 다른 평가를 하는 사람도 있다. '하루키의 루틴'이라고 불릴 정도의 규칙적인 생활, 즉 글쓰기와 음악 감상 및 달리기를 통한 자기 관리로 성과와 취미 생활을 성공적으로 이끌고 있다는 점이 사람들의 부러움을 살 만하다.•

• 그는 저녁 9시 취침, 새벽 5시 기상, 하루 1시간에서 2시간씩 달리기, 오전에 글쓰기, 오후에 음악 감상 등 취미 생활을 지속한다. 그는 각종 마라톤 대회와 철인 삼종 경기에 수십 번 출전하였으며 일본 홋카이도에서 열린 울트라마라톤 대회에서 첫 100km 코스를 완주하기도 하였다

오타니 쇼헤이

大谷翔平(1994~)

실력과 인품으로 일본의 자긍심을 높이고 있는 '이도류' 야구 선수

메이저리그의 LA 다저스에서 활동하고 있는 일본 출신 야구 선수로 투수와 타자를 겸하여 '이도류二刀流' 선수로 불린다. 모든 부분에서 정상급 실력을 보여 만화에나 나올 법한 선수이다. 2013년 일본 프로야구리그의 닛폰햄 파이터스에 입단하여 성공적인 선수 생활을 마치고, 2018년 샌프란시스코 LA 에인절스에 입단하여 메이저리그에 진출하였으며, 2024년에는 역대 최고액인 10년간 7억 달러의 연봉으로 LA 다저스로 이적하였다. 2023년에는 WBC 대회에서 일본팀을 우승으로 이끌며 대회 MVP로 선정되기도 하였다. 그는 자기 관리에 철저하여 야구 실력뿐 아니라 인성에 있어서도 높은 평가를 받고 있다.

***

오타니는 1994년 이와테현 오슈시에서 사회인 야구 선수인 아버지와 배드민턴 선수였던 어머니 사이에서 태어났다. 초등학교 3학년 때 야구를 시작하여 고등학교 3학년 여름에 열린 이와테 대회에서 아마추어 야구 사상 최초로 최고 구속이 시속 160km를 기록하기도 하였다. 2013년 일본 프로야구팀 닛폰햄 파이터스에 입단하여 2016년에는 투수와 지명타자 2개 부문에서 베스트 나인에 선정되고 팀의 일본시리즈 우승에 기여하는 등의 성과를 거두었다.

2018년 LA 에인절스에 입단함으로써 메이저리그MLB에 진출하였다. 진출 첫해인 2018년 신인상을 받았으며, 2019년 6월 13일 탬파베이 레이스와의 경기에서 사이클링 히트를 달성했다. 2021년에는 MLB 최우수 선수상MVP을 수상했고, 2022년 8월 9일에는 MLB에서 베이브 루스 이후 약 104년 만에 두 자릿수 승수와 홈런 둘 다 달성했다. 10월 5일에는 MLB 역사상 최초로 투수의 규정 투구 수와 타자의 규정 타석 수를 모두 채웠다. 2023년에는 44개의 홈런을 기록하며 아시아인 최초로 MLB 홈런왕(아메리칸리그)에 올랐다.

2024년에는 LA 다저스로 이적하여 9월 19일 열린 마이애미 말린스와의 원정 경기에서 MLB 역사상 최초로 시즌 50홈런과 50도루를 달성했다. 포스트시즌에서는 뉴욕 양키스를 꺾고 월드시리즈에서 우승했다. 그리고 지명타자로서는 처음으로 정규시즌 MVP를 수상하였다.

뛰어난 야구 실력에 못지않게 오타니의 성실함이나 인품이 사람들의 관심을 끌고 있다. 젊은 스포츠맨 오타니를 이 책에서 다루고자 한 것은 바로 이 때문이다.

오타니는 고등학교 1학년 때 '8개 구단 드래프트 1순위'의 선수로 스카우트되는 것을 최종 목표로 설정하고 이를 달성하기 위한 방책으로써 구체적 내용을 적은 목표달성도표(만다라 차트•)를 작성하여 활용하였다. 중앙 큰 정사각형 한가운데에 최종 목표(8개 구단 드래프트 1순위)를 적어 놓고 그 주위에 이를 이루기 위한 수단인 8가지의 하위 목표를 적어 놓는다. 다시 그 하위 목표마다 8가지의 구체적인 실천 방법들을 적어 놓은 것이다. 8가지의 하위 목표는 몸 만들기, 제구(컨트롤), 구질, 스피드 160km/h, 변화구, 멘탈, 인간성, 운運이다. 8개 하위 목표 가운데 몸 만들기, 제구, 구질, 스피드, 변화구, 멘탈 등은 야구 실력과 직접 관련된 사항이지만 그 밖에 인간성이나 운을 포함시킨 것이 흥미롭다.

인간성 아래에는 감사, 배려, 예의, 감성, 사랑받는 사람, 신뢰받는 사람, 계획성, 지속성을 적어놓았고, 운 아래에는 쓰레기 줍기, 실내 청소, 인사하기, 물건 소중히 다루기, 긍정적 사고, 응원받는 사람, 책 읽기, 심판을 대하는 태도를 적어놓았다. 특히 운이라는 것을 우연한 것으로 보지 않고 자신이 합당한 행위를 했을 때 따라오는 것으로 보았다는 점에서 인상적이다.

그는 과거 고교 시절부터 일본 프로야구를 거쳐 현재 메이저리그에 이르기까지 자신이 작성한 만다라 차트를 잘 따르고 있다. 예컨대,

• 아이디어를 정리, 언어화하여 목표 달성 계획을 도표로 정리하는 이 방법은 1987년 경영컨설팅회사 대표인 마쓰무라(松村寧雄) 씨가 고안한 것이다. 규칙성을 갖는 복수의 우상을 배치한 만다라(曼荼羅)에서는 모든 우상이 상호 영향을 주어 하나의 세계를 형성한다는 불교적 아이디어에서 붙여진 이름이다.

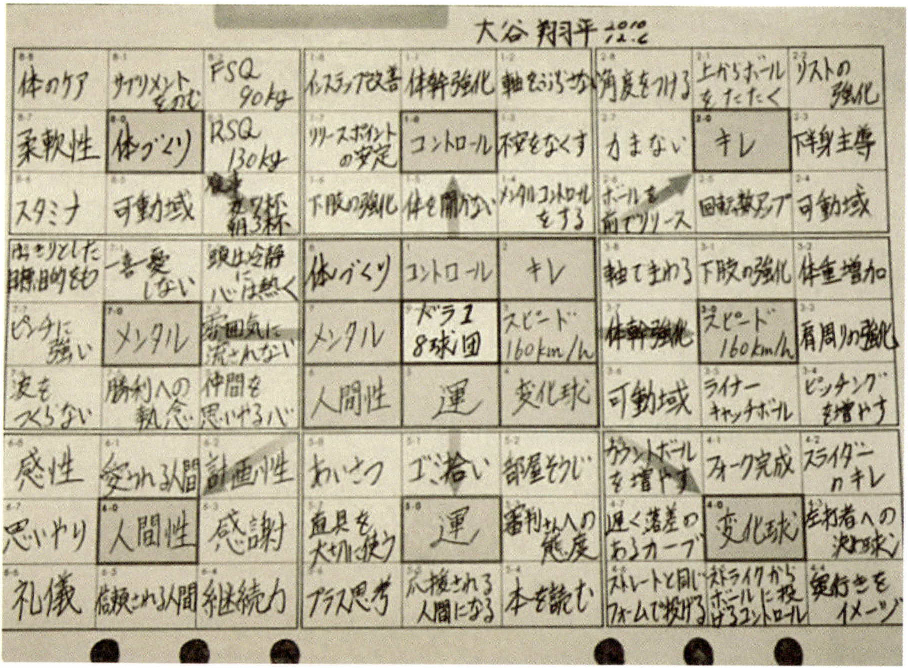
大谷翔平
体のケア
サプリメントをのむ
FSQ 90kg
インステップ改善
体幹強化
軸をぶらさない
角度をつける
上からボールをたたく
リストの強化
柔軟性
体づくり
RSQ 130kg
リリースポイントの安定
コントロール
不安をなくす
力まない
キレ
下半身主導
スタミナ
可動域
下肢の強化
体を開かない
メンタルコントロールをする
ボールを前でリリース
回転数アップ
可動域
はっきりとした目標、目的をもつ
一喜一憂しない
頭は冷静に心は熱く
体づくり
コントロール
キレ
軸でまわる
下肢の強化
体重増加
ピンチに強い
メンタル
雰囲気に流されない
メンタル
ドラ1 8球団
スピード 160km/h
体幹強化
スピード 160km/h
肩周りの強化
波をつくらない
勝利への執念
仲間を思いやる心
人間性
運
変化球
可動域
ライナーキャッチボール
ピッチングを増やす
感性
愛される人間
計画性
あいさつ
ゴミ拾い
部屋そうじ
カウントボールを増やす
フォーク完成
スライダーのキレ
思いやり
人間性
感謝
道具を大切に使う
運
審判さんへの態度
遅く落差のあるカーブ
変化球
左打者への決め球
礼儀
信頼される人間
継続力
プラス思考
応援される人間になる
本を読む
ストレートと同じフォームで投げる
ストライクからボールに投げるコントロール
奥行きをイメージ

오타니 쇼헤이가 '8개 구단 드래프트 1순위'라는 목표 달성을 위해
고등학교 1학년 때 작성한 만다라 차트.

그라운드에서 쓰레기가 보이면 줍거나, 상대 선수의 부러진 배트를 직접 주워서 배트 보이에게 건넨다. 심판의 명백한 오심 판정이나 불쾌할 수 있는 부정 투구 검사에도 담담하게 웃으며 대처하고, 빈볼 시비 때도 관용적인 태도를 취하며 갈등을 피한다. 그는 쓰레기를 줍는 이유로, "다른 사람이 무심코 버린 운을 줍는 겁니다"라고 답하기도 하였다. 이 정도면 달관한 성인聖人과 같다.

오타니는 일본 스포츠 스타로서는 이례적으로 우리나라에서 인기와 호감도가 매우 높다. 야구 선수로서의 뛰어난 재능, 훤칠하게 잘생긴 외모와 겸손한 언행이 그 이유일 것이다. 그동안 한국에 대하여도 호감 있는 언행을 해온 점도 그 이유 중 하나일 것이다. 아무튼 일본이 자랑할 만한 인물이다.

나남출판 원고지

나남출판 원고지